LE MÉDECIN ET LA LOI

ÉTUDE JURIDIQUE

SUR LA CONDITION DU MÉDECIN EN DROIT FRANÇAIS

SUIVIE

D'une Annexe comprenant le texte de la loi du 30 novembre 1892 et celui
des décrets, arrêtés ministériels et circulaires s'y rattachant.

THÈSE POUR LE DOCTORAT

L'ACTE PUBLIC SUR LES MATIÈRES CI-APRÈS

Sera soutenu le jeudi 24 mars 1898, à 10 heures

PAR

Albert SALOMÉ

PARIS

LIBRAIRIE NOUVELLE DE DROIT ET DE JURISPRUDENCE

ARTHUR ROUSSEAU, ÉDITEUR

14, RUE SOUFFLOT ET RUE TOULLIER, 13

1898

THÈSE

POUR LE DOCTORAT

LE MÉDECIN ET LA LOI

ÉTUDE JURIDIQUE

SUR LA CONDITION DU MÉDECIN EN DROIT FRANÇAIS

SUIVIE

D'une Annexe comprenant le texte de la loi du 30 novembre 1892 et celui
des décrets, arrêtés ministériels et circulaires s'y rattachant.

THÈSE POUR LE DOCTORAT

L'ACTE PUBLIC SUR LES MATIÈRES CI-APRÈS

Sera soutenu le jeudi 24 mars 1898, à 10 heures

PAR

ALBERT SALOMÉ

Président : M. WEISS,

Suffragants : { MM. DUCROCQ, MASSIGLI, } *professeurs.*

PARIS

LIBRAIRIE NOUVELLE DE DROIT ET DE JURISPRUDENCE

ARTHUR ROUSSEAU, ÉDITEUR

14, RUE SOUFFLOT ET RUE TOULLIER, 13

1898

MEIS   ET   AMICIS

INTRODUCTION

La loi du 30 novembre 1892 a apporté de nombreuses
et importantes modifications à l'organisation de la profession médicale et à ses conditions d'exercice. Ces diffé
rentes innovations qui intéressent au plus haut degré le
praticien, soucieux des devoirs que sa profession lui impose
et des droits qu'elle lui confère, feront l'objet de notre
étude. Mais, comme l'examen exclusif de cette loi spéciale,
donnerait une idée très incomplète de la condition juridique
du médecin dans notre droit, nous avons ajouté à son commentaire l'analyse des autres dispositions législatives qui
concernent particulièrement ceux qui exercent l'art de
guérir. Enfin dans une *Annexe* qui termine cette brochure,
nous donnons le texte de la loi du 30 novembre 1892 et
celui des décrets, arrêtés ministériels et circulaires inter-
venus depuis sa promulgation pour en assurer l'exécution
dans tous ses détails. Nous nous bornons au cours de notre
travail à renvoyer à la lecture de ces documents complémentaires, quand leur interprétation ne soulève aucune
difficulté.

LE MÉDECIN ET LA LOI

ÉTUDE JURIDIQUE SUR LA CONDITION DU MÉDECIN

EN DROIT FRANÇAIS

CHAPITRE PRÉLIMINAIRE

NOTIONS HISTORIQUES

Dans l'antiquité, l'exercice de la médecine ne paraît pas avoir fait l'objet d'une réglementation spéciale. Au dire de Montesquieu, à Rome s'ingérait de la médecine qui voulait (1). L'art de guérir y fut généralement exercé par des esclaves ou des affranchis n'ayant pour toute garantie que leur expérience ou leurs talents personnels.

En France, aucune espèce de contrôle n'intervint avant le quatorzième siècle. C'est seulement à partir de cette époque que le besoin d'une réglementation se fit sentir et donna naissance à une série de lettres patentes, de déclarations royales, et d'arrêts de parlements tendant à exiger

(1) *Esprit des Lois*, tome III, chap. 14.

des médecins certaines garanties de capacité. Voici les principales décisions qui furent prises à cet effet : des lettres patentes de Charles VI, du mois d'août 1352, ordonnèrent au prévôt de Paris de veiller à ce que nul praticien tant en médecine qu'en chirurgie n'exerçât les dites sciences avant d'être reconnu expert. Un arrêt du Parlement de Paris du 12 septembre 1598 défendit à tous empiriques de pratiquer ou d'exercer l'art de la médecine à peine d'amende arbitraire. Cette prohibition fut renouvelée par deux déclarations royales des 3 mai 1694 et 19 juillet 1696. Enfin un édit de mars 1707 réglementa l'étude de la médecine dans le royaume.

A la différence de ce qui existe aujourd'hui, la chirurgie fut sous l'ancien régime longtemps tenue dans un état d'infériorité marquée vis-à-vis de la médecine. Malgré le vif éclat qu'Ambroise Paré avait jeté sur cette branche de l'art de guérir, les chirurgiens furent considérés pendant plusieurs siècles comme les confrères des barbiers. Ainsi en 1611, des lettres patentes donnaient au premier barbier du Roi juridiction sur tous les chirurgiens du royaume et en 1613 de nouvelles lettres patentes fusionnaient les deux corporations. C'est seulement vers le milieu du dix-huitième siècle que la chirurgie reprit le rang qui lui appartenait. Une déclaration royale du 24 avril 1743 la sépara de la profession de barbier et des lettres patentes de 1748 achevèrent sa réhabilitation en confirmant l'institution de l'Académie de chirurgie autorisée quelques années auparavant.

Telle était dans ses grandes lignes l'organisation de la médecine et de la chirurgie quand intervint la Révolution française. La Convention, entraînée par la préoccupation de supprimer toutes les corporations et tout ce qui pouvait en rappeler le souvenir, abolit par un décret du 18 août 1793 les universités, les facultés et les corps savants. En agissant ainsi, elle oubliait que les grades obtenus sont la récompense du travail personnel et ne sauraient être assimilés aux privilèges de caste et de naissance qu'elle voulait faire disparaître. La suppression de la réception régulière des médecins et des chirurgiens eut pour fatale conséquence de donner libre cours au charlatanisme le plus dangereux. Pour remédier à cette situation déplorable, le Corps législatif vota la loi du 29 ventôse an XI, sur l'exercice de la médecine, qui récemment encore était la loi fondamentale régissant l'art de guérir. Plusieurs fois, dans le cours de ce siècle, en 1825, en 1833, en 1847, et en 1871 des projets de revision de la loi de l'an XI furent déposés sur le bureau des Chambres. Plusieurs d'entre eux furent bien près d'aboutir ; mais c'est seulement en 1892 que la proposition de revision, renouvelée à maintes reprises dans ces dernières années, eut enfin la bonne fortune d'être définitivement accueillie et votée par le Parlement.

Cette loi qui porte la date du 30 novembre 1892 n'a été exécutoire qu'un an après sa promulgation (art. 34). Elle abroge la loi du 19 ventôse an XI, et généralement toutes les dispositions de lois et de règlements qui lui sont contraires (art. 36). Elle apporte à l'ancienne législation de nombreuses et importantes modifications; nous les examinerons successivement au cours de cette étude.

CHAPITRE PREMIER

DE L'EXERCICE LÉGAL DE LA MÉDECINE

SECTION I. — DOCTEURS

Aux termes de l'art. 1er de la loi du 30 novembre 1892 sur l'exercice de la médecine : « Nul ne peut exercer la médecine en France s'il n'est muni d'un diplôme de docteur en médecine, délivré par le gouvernement français, à la suite d'examens subis devant un établissement d'enseignement supérieur médical de l'Etat (Facultés, écoles de plein exercice et écoles préparatoires réorganisées conformément aux règlements rendus après avis du Conseil supérieur de l'Instruction publique.)

Les inscriptions précédant les deux premiers examens probatoires pourront être prises et les deux premiers examens probatoires subis dans une école préparatoire réorganisée comme il est dit ci-dessus. »

Les établissements spéciaux qui délivrent le diplôme de docteur, ont pris successivement : le nom d'Ecoles de santé (L. 14 frimaire an III), Ecoles de médecine (L. 11 floréal an X), et Facultés de médecine (Décr.

15 mars 1808). Cette dernière dénomination subsiste encore aujourd'hui.

Il existe en France trois Facultés de médecine, celles de Paris, de Montpellier et de Nancy, et quatre Facultés mixtes de médecine et de pharmacie créées depuis 1875 à Bordeaux, Lyon, Lille, Toulouse. A côté des Facultés, il y a des écoles secondaires comprenant trois écoles de plein exercice de médecine et de pharmacie (Marseille, Nantes, Alger), et 14 écoles préparatoires de médecine et de pharmacie (Amiens, Arras, Angers, Besançon, Caen, Clermont, Dijon, Grenoble. Limoges, Poitiers, Reims, Rennes, Rouen, Tours). Parmi ces dernières, quatre sont dites réorganisées (celles de Caen, de Reims, de Rennes et de Besançon), c'est-à-dire ayant le droit de faire passer les deux premiers examens probatoires du doctorat. Toutes les écoles préparatoires sont du reste susceptibles d'être réorganisées. Celle d'Arras a provisoirement cessé de fonctionner. Il existe aussi à Lille une faculté libre de médecine et de pharmacie créée conformément aux dispositions des lois du 12 juillet 1875 et du 18 mars 1880 relatives à la liberté de l'enseignement supérieur. Enfin il y a certaines écoles de médecine dans plusieurs colonies et à Tunis.

Les conditions d'examen pour obtenir le diplôme de docteur ont subi de nombreuses variations. Actuellement, la matière est régie par un décret du 31 juillet 1893 (V. son texte, *Annexe* p. 315). Les aspirants au doctorat en médecine doivent produire pour prendre leur première inscription. le diplôme de bachelier de l'enseignement secondaire classique (lettres-philosophie) et le certificat d'études physiques, chimiques et naturelles institué par un autre décret du même jour (V. son texte *Annexe,* p. 311).

Les études durent quatre ans, elles peuvent être faites durant les trois premières années dans une faculté, une faculté mixte de médecine et de pharmacie, une école de plein exercice, ou une école préparatoire de médecine ou de pharmacie. Les études de quatrième année ne peuvent être faites que dans une faculté, une faculté mixte ou une école de plein exercice. Les inscriptions représentant les quatre années d'études sont au nombre de 16. Les aspirants subissent cinq examens et soutiennent une thèse. Le premier examen a lieu entre la 6e et la 8e inscription ; le deuxième entre la 8e et la 10e inscription ; le troisième divisé en deux parties entre la 13e et la 16e inscription ; le quatrième et le cinquième (ce dernier divisé en deux parties) après la 16e inscription.

Les écoles de plein exercice peuvent recevoir les seize inscriptions de doctorat comme les Facultés et faire passer les trois premiers examens probatoires. (V. décret du 31 déc. 1894. *Annexe,* p. 317).

Les écoles préparatoires réorganisées peuvent toujours comme auparavant recevoir les douze premières inscriptions, et depuis la loi de 1892, art. 1er, *in fine,* faire passer les deux premiers examens probatoires en entier (le second ne comprend plus qu'une seule partie). Avant 1892, elles ne pouvaient faire passer que le premier examen probatoire et la première partie du second.

Les écoles préparatoires non encore réorganisées, ne peuvent recevoir que les douze premières inscriptions et ne peuvent faire passer aucun examen de doctorat.

Les deux derniers examens et la thèse doivent toujours être passés devant une Faculté.

Les aspirants au doctorat sont tenus de faire des travaux pratiques de dissection et de laboratoire, ainsi qu'un stage dans les hôpitaux. Un décret du 20 novembre 1893 (V. son texte, *Annexe,* p. 318) élève la durée de ce stage à trois ans, dont un trimestre au moins dans un service obstétrical.

Les notes obtenues, soit aux travaux pratiques, soit aux interrogatoires, soit dans les services cliniques, sont communiquées aux jurys qui en tiennent compte pour le résultat des examens. Le montant des droits à acquitter est arrêté par deux décrets du 14 février 1894. (V. leur texte, *Annexe,* p. 322).

Les aspirants au doctorat en médecine sont dispensés de deux années de service militaire, pourvu qu'ils obtiennent ce grade avant l'âge de 27 ans ou qu'ils soient reçus au concours internes des hôpitaux.

Quand ils ont obtenu leur diplôme, les docteurs en médecine peuvent exercer leur profession dans toutes les communes de la République. Le grade spécial de docteur en chirurgie délaissé depuis longtemps parce qu'il ne conférait pas d'autres droits que le grade de docteur en médecine, est supprimé par l'article 8 de la loi de 1892.

Ajoutons qu'aucune loi n'empêche une femme de se faire recevoir docteur en médecine. Deux arrêtés du préfet de la Seine, des 17 janvier 1882 et 31 juillet 1885 autorisent même les femmes à concourir pour l'internat et l'externat des hôpitaux.

L'article 6 apporte une exception à la règle formulée par l'article 1er. Il décide que les internes des hôpitaux et hospices français nommés au concours et munis de douze inscriptions, et les étudiants dont la scolarité est terminée, pourront être autorisés à exercer la médecine pendant une épidémie ou à titre de remplaçants de docteurs en médecine ou d'officiers de santé maintenus transitoirement.

L'autorisation délivrée par le préfet du département est limitée à trois mois, mais est renouvelable dans les mêmes conditions. Il s'agit ici du préfet du département, non du domicile de l'impétrant, mais du lieu où doit s'exercer la médecine.

Aucune disposition semblable ne figurait dans la loi de ventôse. Cette dérogation à l'article 1er se justifie facilement. Avant 1892, en temps d'épidémie, on faisait fréquemment appel au dévouement des internes et des étudiants. Bien que leur intervention dans cette hypothèse fût digne d'éloges, ils pouvaient à la rigueur être poursuivis pour avoir exercé illégalement. Il en était de même dans le cas de remplacement d'un médecin temporairement empêché d'exercer. L'article 6 a voulu régulariser cette situation de fait rarement poursuivie, souvent tolérée, parfois même encouragée.

SECTION II. — OFFICIER DE SANTÉ MAINTENUS
TRANSITOIREMENT

L'officiat de santé avait été sacrifié par la loi militaire du 29 juillet 1889 : aucune dispense de service n'est, en effet, accordée à l'étudiant visant l'officiat ; il doit passer trois années sous les drapeaux. Cette loi ne lui réserve même pas en cas d'appel le grade de médecin auxiliaire, elle en fait une sorte d'infirmier ayant le rang de sous-officier.

La loi de 1892 va plus loin : en ne permettant dans son article 1er l'exercice de la médecine qu'à ceux qui ont obtenu le diplôme de docteur, elle supprime implicitement à l'avenir les officiers de santé.

L'article 31 permet toutefois aux élèves, qui, au moment de son application, (un an après sa promulgation), auront pris leur première inscription, de continuer leurs études en vue d'obtenir le diplôme d'officier de santé.

De plus, l'article 29 maintient transitoirement les officiers de santé reçus antérieurement à son application. Il étend même leurs droits à deux points de vue .

1⁰ Il les autorise à sortir du département pour lequel ils ont été reçus et à exercer sur tout le territoire de la République.

Avant 1892, l'officier de santé qui voulait pratiquer dans un autre département devait subir de nouveaux examens et obtenir un nouveau certificat d'aptitude.

2⁰ Il leur permet de pratiquer seuls de grandes opérations chirurgicales. Aujourd'hui, les officiers de santé n'ont plus à redouter la responsabilité spéciale qui les atteignait autrefois en cas d'accident grave pour n'avoir pas requis, dans l'hypothèse d'une grande opération, l'assistance d'un docteur.

Mais, si les officiers de santé maintenus transitoirement sont en fait assimilés aux docteurs en médecine, s'ils ont les mêmes droits, ils sont soumis aux mêmes obligations, nous le verrons, notamment au point de vue des réquisitions de justice.

L'article 30 permet la conversion de l'officiat en doctorat. Un décret du 31 juillet 1893 (V. son texte, *Annexe* p. 321) en réglemente les conditions. Il n'impose aux officiers de santé que les 3ᵉ, 5ᵉ examens de doctorat et la thèse, et n'exige ni le baccalauréat ni aucune durée d'exercice de l'officiat.

Ajoutons qu'un décret du 25 juillet 1893 (V. son texte, *Annexe*, p. 321) permet aux aspirants au titre d'officier de santé, en cours d'études à cette date, de convertir leurs inscriptions d'officiat en inscriptions de doctorat, à la condition de justifier de l'un des diplômes de bachelier ès lettres, de bachelier de l'enseignement secondaire classique, de bachelier ès sciences complet ou de bachelier de l'enseignement secondaire spécial.

Il est à remarquer qu'aucune disposition de la loi de 1892 ne punit l'officier de santé qui usurpe le titre de docteur.

Comme il est de principe que les Tribunaux ne peuvent jamais, par voie d'analogie, punir un fait qui n'est pas formellement déclaré punissable par la loi, il en résulte que cette usurpation ne constitue pas un délit (1).

Mais si une peine est inapplicable, nous estimons que les docteurs en médecine établis dans le lieu où l'officier de santé commet cette usurpation pourraient lui intenter utilement une action en dommages-intérêts devant les Tribunaux civils.

SECTION III. — DENTISTES

Sous l'ancien régime, l'édit du mois de mai 1767 exigeait pour l'exercice de l'art dentaire l'obtention d'un certificat constatant la qualité de dentiste expert. Cette obligation n'ayant pas été reproduite par la loi du 19 ventôse an XI, la jurisprudence en avait conclu que la profession était devenue complètement libre, tout en

(1) Voyez en ce sens un arrêt de la Cour de Paris du 15 avril 1896. P. F. 97. 3. 83.

considérant cependant l'emploi des anesthésiques généraux comme un acte d'exercice de la médecine permis
seulement aux personnes munies de diplôme (1). Il n'en
est plus ainsi depuis la loi de 1892. D'après l'article 2 :
« Nul ne peut exercer la profession de dentiste, s'il n'est
muni d'un diplôme de docteur en médecine ou de chirurgien-dentiste. Le diplôme de chirurgien-dentiste est
délivré par le gouvernement français à la suite d'études
organisées suivant un règlement rendu après avis du Conseil supérieur de l'Instruction publique et d'examens subis
devant un établissement d'enseignement supérieur de
l'Etat. »

Deux décrets du 25 juillet 1893 et un décret du 31 décembre 1894 (V. leur texte, *Annexe*, p. 325, 326, 328), régle-
mentent l'instruction et la réception des dentistes. Aux termes de ces décrets, les aspirants doivent pour prendre leur
première inscription produire soit un diplôme de bachelier,
soit le certificat d'études exigé des candidats aux grades
d'officier de santé et de pharmacien de 2e classe, soit le
certificat d'études primaires supérieures. La scolarité dure
trois années, les inscriptions sont au nombre de 12. Les
candidats subissent après la douzième inscription trois
examens au siège des Facultés et Ecoles de médecine où
l'enseignement dentaire est organisé.

Un décret du 14 février 1894 (V. son texte, *Annexe*,
p. 330) fixe le montant des droits à percevoir.

____

(1) Douai, 26 mai 1873. *Droit*, 13 juin 1873.

Aux termes d'un autre décret du 31 décembre 1894, (V. texte, *Annexe*, p. 329), les aspirants au doctorat en médecine, pourvus de 12 inscriptions qui justifient d'une année de stage dans un service dentaire hospitalier, sont admis à subir les examens en vue du diplôme de chirurgien-dentiste avec dispense du premier de ces examens.

Ceux qui auront obtenu le diplôme de chirurgien-dentiste peuvent pratiquer seuls l'anesthésie générale ou locale, et prescrire des médicaments dans les limites de leur spécialité.

Il est utile toutefois de rappeler que, d'après l'article 5 de l'ordonnance du 29 octobre 1846, les substances vénéneuses ne peuvent être délivrées que sur la prescription d'un officier de santé ou d'un vétérinaire breveté. Ne faudrait-il pas ajouter aujourd'hui : ou d'un dentiste diplômé ?

D'après le rapport de M. Cornil au Sénat, les dentistes peuvent traiter non seulement les maladies de la dent, mais encore les maladies des gencives, de la muqueuse buccale, en général, et même jusqu'à un certain point des maxillaires. Ils peuvent aussi naturellement extraire des dents, les plomber, fabriquer des appareils de prothèse dentaire et les poser.

Il résulte clairement de l'article 29 *in fine* que les officiers de santé peuvent, comme les docteurs et les chirurgiens-dentistes, exercer l'art dentaire.

L'article 32 maintient transitoirement tout dentiste justifiant qu'il est inscrit au rôle des patentes au 1er janvier 1892, mais il lui interdit sous les peines portées au paragraphe 2 de l'article 19, de pratiquer l'anesthésie locale ou générale sans l'assistance d'un docteur ou d'un officier de santé (1). Ne pourrait-on pas ajouter aujourd'hui : ou d'un dentiste diplômé, puisque ce dernier peut opérer seul ? D'après un jugement du Tribunal correctionnel de la Seine du 10 novembre 1896 (2) les dentistes maintenus transitoirement, qui, avant la loi de 1892 et conformément à l'usage, joignaient à leur titre de dentiste le titre de chirurgien, ne peuvent plus depuis cette loi maintenir cette adjonction, s'ils ne justifient pas avoir obtenu de l'Etat le diplôme de chirurgien-dentiste créé par l'article 2.

Un décret du 25 juillet 1893 (V. son texte, *Annexe*, p. 325) détermine les conditions dans lesquelles un dentiste qui bénéficie des dispositions transitoires peut obtenir le diplôme de chirurgien-dentiste :

Ceux qui sont inscrits au rôle des patentes au 1er janvier 1892 peuvent l'obtenir à la seule condition de subir les trois examens.

Les dentistes de nationalité française, inscrits à ce rôle antérieurement au 1er janvier 1889 sont dispensés en outre du premier examen.

Et ceux pourvus avant le 1er novembre 1893 d'un diplôme, délivré par l'une des Ecoles d'enseignement dentaire existant en France au 25 juillet 1893, n'ont qu'à subir le second examen.

---

(1) Trib. corr. Montbéliard, 30 janvier 1896. D. 96, 2, 168.
(2) S. 97, 2, 102.

Enfin, signalons un décret du 31 décembre 1894 concernant les établissements d'enseignement supérieur libre dentaire. (V. son texte, *Annexe*, p. 329.

SECTION IV. — SAGES-FEMMES

La nouvelle législation médicale maintient dans l'article 3 les deux classes de sages-femmes, tandis qu'elle supprime à l'avenir, nous l'avons vu, les officiers de santé en quelque sorte médecins de seconde classe.

Un décret du 25 juillet 1893, (v. son texte, *Annexe, in fine*), réglemente l'instruction et la réception des sages-femmes ; il énumère également les pièces que les aspirantes doivent déposer en se faisant inscrire. Les études durent deux années et comprennent un examen à la fin de chaque année. Pour le diplôme de 1re classe, il faut présenter le brevet de capacité élémentaire de l'enseignement primaire ; pour le diplôme de 2e classe, il suffit de justifier du certificat obtenu à la suite de l'examen prévu par la loi du 1er août 1879. Un décret du 14 février 1894 (V. son texte, *Annexe*, p. 334) fixe les droits à percevoir des aspirantes au diplôme de sage-femme et leur âge. A la différence des sages-femmes de 1re classe, qui peuvent exercer sur tout le territoire, les sages-femmes de 2e classe ne peuvent pratiquer que dans le département pour lequel elles ont été reçues. Si elles exerçaient en dehors de leur circonscription, elles s'exposeraient à des poursuites correctionnelles pour exercice illégal. Celles qui veulent exercer dans un autre département doivent passer de nouveaux examens et obtenir un nouveaudiplôme (art. 3, *in fine* L. 30 nov. 1892 et art. 19 du Déc. du 22 août 1854).

La loi de ventôse défendait aux sages-femmes d'employer des instruments en cas d'accouchement laborieux sans appeler un docteur. La loi de 1892 paraît plus restrictive : l'article 4, en effet, formule à leur égard deux règles distinctes :

1° Il interdit d'une façon absolue aux sages-femmes de 1re ou de 2e classe l'emploi des instruments, même dans le seul but d'accélérer un accouchement un peu long, mais qui n'aurait pas le caractère « laborieux ».

2° Il leur prescrit de s'adjoindre le concours d'un médecin dans tous les cas d'accouchement laborieux. Aujourd'hui les sages-femmes peuvent appeler également un officier de santé, puisque ces derniers ne sont plus astreints eux-mêmes comme sous la loi de ventôse à se faire assister par un docteur dans les grandes opérations.

La sage-femme qui contreviendrait à cette double prohibition s'exposerait à être condamnée pour exercice illégal en vertu de l'article 16, § 2 ; et, en cas d'accident grave, elle pourrait être poursuivie pour homicide involontaire ou blessures par imprudence en vertu des articles 319 et 320 du Code pénal, sans préjudice des dommages-intérêts qui pourraient lui être réclamés.

Sous la loi de ventôse, on reconnaissait généralement aux sages-femmes le droit de prescrire tous les remèdes qu'elles jugeaient utiles dans les accouchements auxquels elles procédaient. La jurisprudence admettait même qu'elles pouvaient, sans commettre le délit d'exercice illégal de la médecine, soigner les maladies légères et les accidents sans gravité, qui précédaient, accompagnaient ou suivaient les accouchements (1). Mais elles ne pouvaient ordonner l'administration des substances vénéneuses, puisque l'article 5 de l'ordonnance du 29 octobre 1846 ne permet aux pharmaciens de les délivrer que sur la prescription d'un médecin, d'un chirurgien, d'un officier de santé ou d'un vétérinaire breveté.

Une seule exception relative au seigle ergoté avait été admise par un décret du 23 juin 1873 rendu après avis de l'Académie de médecine.

La loi nouvelle, dans son article 4, § 2, interdit formellement aux sages-femmes d'ordonner des médicaments ; le docteur ou l'officier de santé pourra seul les prescrire.

Elle maintient cependant l'exception relative au seigle ergoté et aux autres médicaments qui pourront être désignés ultérieurement par décrets. M. Roland, p. 53, estime que cette prohibition de l'art. 4, § 2, n'est relative qu'aux substances vénéneuses. Nous croyons au contraire qu'il n'y a pas à distinguer, la formule de la loi étant conçue en termes généraux.

(1) Metz, 27 décembre 1865. D. P. 66. 2. 33.

La sage-femme qui enfreindrait cette défense, serait poursuivie pour exercice illégal. Toutefois, aujourd'hui comme avant 1892, il semble qu'il faille excepter les cas d'urgence avérée (argument § 1, art. 16).

Enfin l'article 4 *in fine* autorise les sages-femmes à pratiquer les vaccinations et les revaccinations antivarioliques. En fait, quand elles s'y livraient auparavant, elles n'étaient pas inquiétées, et recevaient même des récompenses sur la proposition de l'Académie de médecine.

Il existe des maisons de santé, dirigées par des sages-femmes où l'on reçoit moyennant salaire les femmes pendant leur grossesse, et où on leur donne jusqu'à leur complète délivrance la nourriture, le logement et les soins nécessaires à leur état. Ces maisons sont-elles soumises à la surveillance de la police comme les hôtels garnis et autres lieux publics ? L'administration peut-elle notamment, par application de l'article 475, n° 12, du Code pénal, assujettir les sages-femmes à l'obligation d'inscrire sur un registre le nom des personnes qu'elles reçoivent ? La jurisprudence admet unanimement la négative (1), et déclare illégal et non obligatoire l'arrêté municipal qui enjoint aux sages-femmes de tenir un registre nominàtif, destiné à leurs pensionnaires. Une pareille divulgation tomberait du reste sous le coup de l'art. 378 du Code pénal qui soumet les sages-femmes au principe du secret professionnel.

____

(1) Cass. 12 juin 1886. D. P. 87. 1. 92.

Mais la Cour de Cassation a déclaré valable l'arrêté du préfet de police à Paris qui, en vue de prévenir les maladies contagieuses, déterminait le nombre des personnes que l'on pouvait recevoir dans ces établissements, eu égard à leur disposition (1).

SECTION V. — PERSONNES DIPLOMÉES A L'ÉTRANGER

La loi de ventôse conférait au gouvernement la faculté d'accorder à tout médecin gradué dans les universités étrangères l'autorisation d'exercer en France. Cette disposition qui se justifiait en l'an XI par la pénurie des médecins n'a plus de raison d'être aujourd'hui.

Aussi l'article 5 de la loi de 1892 supprime-t-il à l'avenir le droit qui appartenait au gouvernement d'accorder arbitrairement cette autorisation.

Désormais, toute personne diplômée à l'étranger « quelle que soit sa nationalité », par conséquent même un Français, n'aura le droit d'exercer sa profession en France, qu'à la condition d'y conquérir son diplôme. Le texte de la loi étant général s'applique incontestablement aux médecins étrangers qui accompagnent leurs clients dans nos stations thermales ou hivernales. Mais, il a été dit dans les travaux préparatoires qu'on ne pouvait assujettir à une loi sur l'exercice de la médecine les cas particuliers où un médecin

(1) Cass., 3 août 1866, *Bull.* cass. crim., n° 203.

étranger est appelé chez nous, soit pour une consultation, soit pour y pratiquer une opération chirurgicale. C'est là une tolérance réciproque passée dans nos mœurs (1).

La sanction de l'article 5 se trouve dans les articles 18 et 19 qui punissent de peines sévères l'exercice illégal de la médecine en France.

L'article 5 permet cependant au Ministre de l'Instruction publique d'accorder aux médecins, dentistes et sages-femmes diplômés à l'étranger des dispenses de scolarité et d'examens conformément à un règlement délibéré en Conseil supérieur de l'Instruction publique. Deux décrets du 25 juillet 1893 (V. leurs textes, *Annexe*, p.   ), ont réglementé ces dispenses pour les postulants aux grades de docteur et de chirurgien-dentiste. Le Ministre peut accorder remise totale ou partielle des inscriptions. Mais tandis que les postulants au grade de docteur peuvent être dispensés de deux examens, les dentistes, au contraire, subiront tous les examens prescrits, au nombre de trois. Les uns et les autres doivent justifier des baccalauréats et certificats exigés des Français, ou faire prononcer l'équivalence des grades obtenus à l'étranger. Malgré toutes équivalences et dispenses, ils doivent payer les mêmes droits que les nationaux.

Quant aux sages-femmes, aucun décret jusqu'à ce jour n'a statué sur les dispenses qui peuvent leur être accordées. Elles doivent donc remplir les mêmes conditions que les

____

(1) Rapport de M. Chevandier, du 11 juin 1885, p. 38.

Françaises, sauf le bénéfice de l'article 7, qui permet d'accorder des équivalences pour les brevets et certificats d'études antérieures ou des dispenses de ces grades, et enfin des dispenses partielles de scolarité obstétricale. Les personnes diplomées à l'étranger qui veulent conquérir un grade en France, doivent subir les examens en langue française ; ils ne peuvent les passer en langue étrangère à l'aide d'un interprète (1).

L'étranger qui aura conquis son diplôme en France n'aura plus besoin d'autorisation administrative pour exercer. Son diplôme constituera une propriété semblable à celle du médecin français et ne pourra lui être retiré arbitrairement.

L'article 28 maintient toutefois expressément les autorisations accordées antérieurement à l'époque de l'application de la loi de 1892 aux médecins et sages-femmes venus de l'étranger. Mais ces personnes ne continuent à jouir de cette autorisation que dans les conditions où elle leur a été donnée. Il est nécessaire de rappeler à cet égard que l'autorisation accordée par le gouvernement constitue une faveur, qui n'a rien d'irrévocable et qui peut être retirée au gré de l'administration et sans recours possible, malgré le payement de tous les droits universitaires qui ont été exigés de l'impétrant (2). Quant aux dentistes étrangers, ils conservent le droit d'exercer en France, comme transi-

(1) *Rev. jurispr. méd.* 1897, p. 69.
(2) Cour d'Angers, 23 nov. 1868. D. 69. 2. 62. Cons. d'État, 28 fév. 1896. S. 97. 3.22.

toirement maintenus par l'article 32, à la condition de justifier qu'ils étaient inscrits au rôle des patentes au 1er janvier 1892.

Aux termes de l'article 20, les docteurs étrangers autorisés par le gouvernement en France et dont les autorisations ont été transitoirement maintenues, ne peuvent faire précéder ou suivre leur nom du titre de docteur en médecine, sans en indiquer l'origine étrangère, sous peine d'une amende de 100 à 200 francs. Mais cette peine n'est applicable que si l'usurpation de titre est accompagnée de l'exercice de la profession.

Il résulte des travaux préparatoires que les questions relatives aux médecins de frontières continueront, comme par le passé, à être réglées au moyen de conventions diplomatiques.

Mentionnons pour être complet l'article 7 qui règle la situation des étudiants étrangers postulant un grade français. Il les soumet aux mêmes règles de scolarité et d'examens que les étudiants français ; mais il réserve au gouvernement la faculté de leur accorder, en vue de l'inscription dans nos facultés ou écoles de médecine, soit l'équivalence des diplômes ou certificats obtenus par eux à l'étranger, soit la dispense des grades français requis pour cette inscription, ainsi que des dispenses partielles de scolarité correspondant à la durée des études faites par eux dans leur pays.

Dans tous les cas, ils devront acquitter les mêmes droits que les nationaux.

SECTION VI. — PRESCRIPTIONS ADMINISTRATIVES

§ 1ᵉʳ — Enregistrement des titres.

L'article 9 oblige les docteurs en médecine, les chirurgiens-dentistes et les sages-femmes, dans le mois qui suit leur établissement, à faire enregistrer, sans frais, leur titre à la préfecture ou sous-préfecture et au greffe du Tribunal civil de leur arrondissement. La même obligation incombe à ceux qui portent leur domicile dans un autre département ou qui, n'exerçant plus depuis deux ans, veulent se livrer de nouveau à l'exercice de leur profession.

Cette formalité de l'enregistrement et celle de l'établissement des listes dont il sera question dans le paragraphe suivant ont été empruntées avec de légères différences à la loi de ventôse. Ces prescriptions ont pour but de faire connaître exactement au public, à l'autorité judiciaire et à l'autorité administrative, ceux qui ont le droit d'exercer l'art de guérir ; elles facilitent ainsi la répression de l'exercice illégal et permettent de dresser certaines statistiques qu'il est utile et intéressant de connaître. L'enregistrement du diplôme devant avoir lieu pour chaque médecin dans le mois de son établissement, il s'ensuit que cette formalité n'est pas nécessairement préalable à l'exercice de la médecine. Le praticien peut donc exercer du jour où il a reçu son diplôme, sauf l'obligation pour lui de satisfaire à cette prescription dans le délai indiqué par la loi.

L'article 9 ne vise pas les dentistes non diplômés transitoirement maintenus. Quant aux médecins et sages femmes autorisés à exercer dans les communes frontières en vertu de conventions diplomatiques, ils sont soumis par les actes d'autorisation à toutes les prescriptions de nos lois et de nos règlements administratifs, par conséquent à l'obligation de faire enregistrer leur titre. La même prescription devrait, semble-t-il être, imposée aux médecins gradués à l'étranger qui continuent à jouir de l'autorisation d'exercer en France, qui leur a été accordée avant l'application de la loi de 1892, mais l'article 9 ne s'expliquant pas à leur égard, ils ne sont pas astreints à cette obligation.

Dans les premiers temps qui suivirent l'application de la loi on s'est posé la question de savoir si l'article 9 devait s'appliquer aux docteurs en médecine pratiquant déjà leur art au moment de sa mise en vigueur, et qui avaient continué à l'exercer sans interruption ni changement de département. La Cour de Cassation consultée à ce sujet a résolu la question par la négative et elle a décidé que la loi de 1892 ne rétroagissait pas (1).

L'enregistrement du titre aura lieu « sans frais ». Ces

---

(1) Cass., 5 juillet 1895. Pand. Franc. 96. 1. 473, 1er et dernier arrêt.

mots ont été introduits dans l'article 9, afin d'assurer l'enregistrement au greffe, qui, avant 1892, était tombé en désuétude, à cause des frais qu'il entraînait, certains greffiers refusant de procéder à l'inscription sans une ordonnance rendue par le Président du Tribunal, sur requête signée des intéressés. C'est ainsi qu'à Paris aucun enregistrement de diplôme au greffe n'avait eu lieu depuis 1851. L'enregistrement à la Préfecture de la Seine, au contraire, se faisait sans frais. Aujourd'hui l'enregistrement s'effectuera sans frais dans tous les cas.

Le défaut d'enregistrement du diplôme dans les délais et conditions fixés à l'article 9 entraîne, d'après l'article 22, une amende de 25 à 100 francs.

§ 2. Dressé des listes.

Aux termes de l'article 10, il est établi chaque année dans les départements, par les soins des préfets et de l'autorité judiciaire, des listes distinctes, portant les noms et prénoms, la résidence, la date et la provenance du diplôme des médecins, chirurgiens-dentistes et sages-femmes. Ces listes sont affichées chaque année, dans le mois de janvier, dans toutes les communes du département. Des copies certifiées en sont transmises aux ministres de l'Intérieur, de l'Instruction publique et de la Justice.

Cette formalité était déjà prescrite par la loi de ventôse, mais la loi de 1892 exige à l'avenir l'indication de la date et de la provenance du diplôme, c'est-à-dire des lieux de réception, ainsi que l'affichage annuel dans toutes les communes du département.

Le défaut d'inscription sur les listes n'est pas puni, le dressé des listes étant le fait exclusif de l'autorité compétente.

Le docteur n'est pas tenu, pour exercer la médecine, d'attendre l'établissement de la liste, qui se dresse seulement chaque année; il lui suffit de faire enregistrer son diplôme dans le mois qui suit son établissement. Cette formalité lui assure son inscription sur la liste.

La statistique du personnel médical existant en France est dressée tous les ans par les soins du Ministre de l'Intérieur.

SECTION VII. — SYNDICATS

L'utilité pour ceux qui exercent l'art de guérir de se constituer en syndicat apparaît à un triple point de vue :

Tout d'abord, les médecins, chirurgiens-dentistes et sages-femmes ont, comme les agriculteurs, les industriels et les commerçants, des intérêts professionnels à défendre. Ils ont à discuter avec les collectivités avec lesquelles ils entrent en rapport : Sociétés industrielles, sociétés de secours mutuels, compagnies d'assurances. La faculté de se syndiquer leur permet de s'entendre, de se con-

certer sur les mesures communes à prendre et de
déterminer une ligne de conduite uniforme dans les hypothèses délicates qui peuvent se présenter. Ce n'est du
reste que justice, car le plus souvent, c'est en face de
syndicats qu'ils se trouvent, et il est nécessaire qu'ils
puissent combattre à armes égales pour sauvegarder leurs
intérêts.

En second lieu, le syndicat permet de lutter avec plus
d'efficacité contre l'exercice illégal de la médecine : il est,
en effet, hors de doute qu'une poursuite en nom collectif
est plus aisée à exercer qu'une poursuite individuelle.

Enfin, le syndicat a une influence moralisatrice indé-
niable au point de vue professionnel. Il fait connaître à
ceux qui débutent dans la carrière médicale les devoirs
qu'ils ont à remplir envers leurs confrères et leurs clients ;
et il permet d'établir et de développer entre ses membres
des liens étroits de confraternité et d'assistance mutuelle.

En dépit de ces avantages incontestables, la jurisprudence avant la loi de 1892 ne permettait pas aux médecins
de bénéficier des dispositions de la loi du 21 mars 1884 qui
régit les syndicats professionnels. Pour leur refuser ce
droit, la Cour de Cassation, dans un arrêt du 27 juin 1885,
s'appuyait sur les travaux préparatoires de la loi de 1884,
et sur le silence de cette loi relativement aux professions
libérales.

Cependant, si les syndicats de médecins n'avaient pas

____

(1) D. P, 86. 1. 137

d'existence légale, plus de deux cents associations fonctionnaient en fait, et c'est à elles que M. Thévenet, ministre de la Justice, s'adressait pour connaître leur avis sur le relèvement du tarif de 1811.

Depuis la loi de 1892, les médecins peuvent se constituer en syndicats, dans les conditions prévues par la loi du 21 mars 1884, l'article 13 leur en reconnaît formellement le droit. Seulement, d'après ce texte, la constitution des médecins en syndicats ne peut être dirigée contre l'Etat, les départements et les communes.

Voici, d'après les travaux préparatoires, la raison de cette interdiction : les médecins peuvent être appelés à exercer de véritables fonctions publiques, soit comme médecins des hospices, des bureaux de bienfaisance, des enfants assistés des départements, soit comme vaccinateurs, médecins des épidémies, médecins pour la protection des enfants de la première enfance.

De plus, ceux qui participeront à l'organisation de la médecine rurale dans les campagnes deviendront ainsi des fonctionnaires de l'assistance publique, comme le sont actuellement les inspecteurs d'assistance publique nommés par l'Etat ou les médecins nommés par les administrations hospitalières ou préfectorales dans les grandes villes. Eh bien, le gouvernement a déclaré qu'il ne voulait pas avoir en face de lui des fonctionnaires syndiqués et avoir à discuter avec eux sur l'étendue de leurs devoirs et le chiffre de leurs honoraires. C'est pour prévenir ce danger qu'a été votée l'interdiction de l'article 13 *in fine*.

SECTION VIII. — APPLICATION DE LA LOI DE 1892 A L'ALGÉRIE
ET AUX COLONIES

Aux termes de l'article 35 : « Des règlements d'administration publique détermineront les conditions d'application de la loi à l'Algérie et aux colonies, et fixeront les dispositions transitoires ou spéciales, qu'il sera nécessaire d'édicter ou de maintenir. »

Conformément à cet article, un décret portant règlement d'administration publique, a été rendu le 7 août 1896 (V. son texte, *Annexe*, p. 278). Ce décret déclare applicable à l'Algérie la loi de 1892, sous les réserves suivantes :

Les dentistes patentés au 1er janvier 1896 peuvent continuer à exercer dans les conditions de l'article 32 ; les femmes musulmanes peuvent accoucher leurs coreligionnaires et les opérateurs indigènes pratiquer la circoncision sur des musulmans.

Le bénéfice de cette disposition peut être retiré par l'autorité administrative à tout indigène, homme ou femme, signalé coupable d'abus, de manœuvres criminelles ou délictueuses portant préjudice à la santé publique ou contraires au bon ordre. Celui qui continuera à se livrer à la pratique des accouchements ou des circoncisions, malgré cette interdiction. sera passible des peines qui répriment l'exercice illégal, (art. 18 et 19.)

L'article 35 ajoute : « Un règlement délibéré en Conseil supérieur de l'Instruction publique déterminera les épreuves qu'auront à subir pour obtenir le titre de docteur, les jeunes gens des colonies françaises ayant suivi les cours d'une école de médecine existant dans une colonie. » Aucun décret à notre connaissance n'a encore été rendu à ce sujet.

CHAPITRE II

L'exercice illégal de l'art de guérir présente de sérieux dangers pour la santé publique : il expose, en effet, les malades à devenir les victimes d'individus ignorants ou maladroits qui peuvent ordonner des soins inintelligents ou prescrire des remèdes pires que le mal. Le législateur de l'an XI avait essayé de parer à ce danger, et dans l'exposé des motifs présentés au Corps législatif, il semble même avoir eu l'espoir de détruire à jamais la race des empiriques et des charlatans. Il faut avouer que cet espoir a été cruellement déçu, car jamais le charlatanisme ne s'est exercé d'une façon aussi variée et avec autant de succès qu'en notre siècle. Cela s'explique étant donné les pénalités dérisoires et absolument insuffisantes de la loi de ventôse. Aussi, depuis longtemps demandait-on instamment aux pouvoirs publics une législation plus énergique qui protégeât d'une façon plus efficace la société contre ces agissements.

Nous verrons dans ce chapitre que le législateur de 1892 s'efforce de donner satisfaction à ces réclamations, en augmentant considérablement les pénalités d'autrefois; mais, auparavant, déterminons immédiatement quels sont les faits constitutifs du délit d'exercice illégal.

SECTION. I. — DANS QUELS CAS Y A-T-IL EXERCICE ILLÉGAL
DE LA MÉDECINE

De la combinaison des articles 16 et 26 de la loi de 1892, il résulte qu'il y a exercice illégal de l'art de guérir dans les trois hypothèses suivantes :

1° Quand une personne munie d'un titre régulier prend part habituellement ou par une direction suivie au traitement des maladies ou des affections chirurgicales ainsi qu'à la pratique de l'art dentaire et des accouchements, art. 16, § 1.

2° Quand une personne munie d'un titre régulier sort des attributions que la loi lui confère, art. 16, §§ 2 et 3.

3° Quand une personne munie d'un titre régulier se livre à l'exercice de sa profession malgré la suspension temporaire ou l'incapacité absolue prononcée contre elle par les tribunaux, art. 26.

§ 1. Personnes qui exercent habituellement ou par une direction suivie l'art de guérir sans titre régulier.

Aux termes de l'article 16, § 1, toute personne qui,

n'étant pas munie d'un diplôme de docteur en médecine, d'officier de santé, de chirurgien-dentiste ou de sage femme, ou n'étant pas dans les conditions stipulées aux articles 6, 29 et 32 de la loi de 1892, prend part habituellement ou par une direction suivie au traitement des maladies ou des affections chirurgicales, ainsi qu'à la pratique de l'art dentaire et des accouchements, commet le délit d'exercice illégal de la médecine.

Remarquons qu'au point de vue de l'existence de l'infraction, la loi de 1892 est moins rigoureuse que la loi de ventôse. Sous l'empire de celle-ci, une jurisprudence constante décidait que les pénalités édictées pour exercice illégal étaient encourues même à raison d'un fait isolé de pratique médicale ou chirurgicale : l'habitude n'était pas nécessaire. Aujourd'hui, pour exercer illégalement la médecine, il faut en principe l'habitude de traiter les malades ou la direction suivie d'un traitement. En un mot, le délit d'exercice illégal n'est plus un délit simple, mais un délit d'habitude.

Que faut-il entendre par habitude ? C'est là une question de fait laissée à l'appréciation des tribunaux. Le plus souvent trois faits suffiront à motiver une poursuite, parfois deux seulement constitueront le délit.

Il résulte de ce caractère de l'infraction qu'en principe un acte d'exercice de la médecine pris isolément ne tombe pas sous le coup de l'application de la loi. Mais que décider si cet acte isolé a une gravité exceptionnelle, constitue une grande opération chirurgicale, l'amputation d'un membre, par exemple?

La question ne se pose que si l'opération a été faite en dehors du cas d'urgence avérée (car la loi de 1892 contient cette exception) et si elle est isolée, car l'opérateur qui donnerait à l'amputé des soins consécutifs, prendrait part par une direction suivie au traitement de l'affection chirurgicale, et tomberait dès lors sous le coup de l'article 16.

Posée dans ces termes, cette question, embarrassante en fait, ne peut faire aucun doute en droit : une opération pratiquée dans ces conditions, ne constitue pas le délit prévu par la loi de 1892 ; on n'y retrouve pas l'habitude ou la direction suivie qui sont les éléments constitutifs essentiels du délit d'exercice illégal. En matière pénale, tout est de droit étroit, par suite, l'interprète n'a pas le droit de suppléer aux lacunes et au silence du texte (1).

Cette solution est d'autant plus certaine que l'interdiction de pratiquer « des manœuvres opératoires » qui se trouvait dans le projet primitif voté par la Chambre, a disparu du texte définitif. Cependant, en cas d'accident grave survenu à la suite de l'opération, on pourrait trouver dans les principes généraux du droit pénal des moyens de poursuite et de répression.

Cette observation préliminaire étant faite, les pénalités

---

(1) V. en ce sens Cass., 20 juin 1896. S. 97. 2. 105, et la note de M. Lacointa.

qui répriment l'exercice illégal sont applicables à quiconque se livre sans diplôme à l'art de guérir et notamment :

1° à ceux qui se bornent à traiter un seul genre de maladies ou affections, et par conséquent aux rebouteurs, renoueurs, bailleuls, en un mot aux empiriques qui réduisent les luxations et les fractures (1) ; aux oculistes (2) ; à ceux qui soignent le nez et les oreilles ; aux orthopédistes (3) ; à ceux qui pratiquent la lithotritie et la lithotomie (4) ; et à ceux qui se livrent à la chirurgie herniaire.

Quant aux bandagistes, il a été dit dans les travaux préparatoires, qu'ils avaient toute qualité pour faire les appareils herniaires, les essayer et les appliquer.

2° A ceux qui n'emploient qu'un seul mode ou un mode spécial de traitement, par exemple l'électricité (5) ; le somnambulisme (6) ; le magnétisme animal.

Toutefois, en ce qui concerne ce dernier procédé, les tribunaux sont actuellement divisés. Le Tribunal correctionnel de la Seine le 26 janvier 1893 (7), et celui de Lille le 8 juillet 1897, ont décidé que le traitement des malades

_____

(1) Ainsi jugé sous l'ancienne législation, par la C. de Cass., le 27 mai 1854. S. 54. 1. 818, et depuis l'application de la loi nouvelle par le Tr. corr. de Lille, le 22 janvier 1898.

(2) Cass., 14 mars 1839. S. 39. 1. 751.

(3) Weil. *de l'exercice illégal de la médecine,* n° 28.

(4) Briand et Chaudé, tome I, p. 67.

(5) Tr. de la Seine, 8 août 1876. *Ann. d'hyg. et de méd. leg.* 76. p. 455.

(6) Cass., 25 avril 1857. D. P. 57. 1. 269.

(7) S. 94. 2. 281 et la note.

au moyen d'un fluide, qui, suivant la prétention de l'opérateur, leur serait transmis à l'aide du regard et de l'apposition des mains, tombait sous le coup de la loi pénale, alors même que le magnétiseur n'aurait signé aucune ordonnance et n'aurait prescrit aucun remède. La disposition de la loi, disent ces jugements, est absolue, et le mode de traitement importe peu pourvu qu'on soigne et qu'on prétende guérir.

La cour d'Angers, au contraire, dans deux arrêts, du 18 mai 1894 (1) et du 23 juillet 1897 (2) a décidé que ces pratiques ne constituaient pas le délit d'exercice illégal. A l'appui de sa solution, la cour invoquait un passage du rapport de M. Chevandier, aux termes duquel : « Les articles visant et punissant l'exercice illégal de la médecine ne pourraient être appliqués aux magnétiseurs que le jour où ils sortiraient de leurs pratiques habituelles, et où, sous le couvert de leurs procédés, ils prescriraient des médicaments, chercheraient à réduire des luxations et des fractures (3). »

Mais ce passage qui peut n'être que l'expression d'une opinion personnelle à son auteur ne prouve nullement l'intention du législateur de repousser la solution de la jurisprudence antérieure qui considérait ces pratiques comme constituant l'exercice illégal de la médecine (4).

(1) S. 94. 2. 252 et la note.
(2) S. 97. 2. 232.
(3) V. encore en ce sens : Lechopié et Floquet, p. 168.
(4) V. Cass. rej. 18 juin 1884. S. 85. 1. 326. *affaire du zouave Jacob ;* et Lyon, 4 avril 1892. S. 92. 2.84.

D'autre part, cette opinion ne peut, à notre avis, prévaloir contre les termes même de l'article 16, dont les prohibitions, très générales dans leur teneur, permettent sûrement d'atteindre les magnétiseurs (1). Parfois l'emploi du magnétisme par des individus étrangers à la médecine a été poursuivi devant les tribunaux de simple police, en vertu des articles 479, § 7 et 480, § 4 du Code pénal qui punissent ceux qui font métier de deviner, de pronostiquer, ou d'expliquer les songes (2).

3° Aux médecins, aux chirurgiens-dentistes ou sages-femmes, gradués dans les universités étrangères, qui exercent en France sans y avoir conquis leur diplôme, conformément à l'article 5, et qui n'ont pas été pourvus par le gouvernement, avant 1892, de l'autorisation d'exercer.

4° Aux individus diplômés à l'étranger qui, avant 1892, ont été autorisés à exercer leur profession en France, et qui continuent à pratiquer, malgré le retrait de cette autorisation toujours révocable.

5° A ceux qui s'abritent derrière un médecin qui consent à leur prêter son nom et à signer les ordonnances ; et, en particulier, aux pharmaciens qui feraient rédiger l'ordonnance par un médecin, si d'ailleurs cette ordonnance avait été faite par complaisance, sans que le médecin eût visité le malade (3). Le pharmacien n'a même pas le droit de

(1) En ce sens. Pabon, p. 35, Roland, n° 123.
(2) Tr. corr. Seine, 7 déc. 1852. D. P. 53. 53. 3. 8.
(3) Aix, 14 mars 1862. D. 62. 2. 211.

modifier une ordonnance de médecin. Si elle lui paraît insolite ou si elle renferme une erreur manifeste, il doit se borner à en référer au médecin qui a signé l'ordonnance. Si le médecin maintenait sa prescription, le pharmacien pourrait se refuser à l'exécuter dans le cas où il jugerait que sa responsabilité pénale se trouverait engagée (1).

6° A ceux qui, étant réellement diplômés, exercent l'art de guérir sous un pseudonyme, l'article 9 les assimilant aux personnes n'ayant aucun titre.

Quant aux masseurs, pédicures, manicures, ventouseurs, poseurs de sangsues, entrepreneurs de gymnastique raisonnée et d'hydrothérapie, ils ne sont pas considérés comme exerçant l'art de guérir du moment où ils restent dans les limites de leur spécialité (2). Le plus souvent du reste, ils agissent en conformité des prescriptions fournies par les médecins. Mais ils s'exposeraient à des poursuites pour exercice illégal s'ils sortaient de leurs pratiques habituelles, s'ils prescrivaient des médicaments et cherchaient à réduire des luxations et des fractures (3). Les tribunaux auront dans chaque cas un pouvoir souverain d'appréciation.

L'article 16, § 1er, désigne comme pouvant exercer légalement l'art de guérir les personnes visées aux articles 6,

---

(1) Paris 26 mars 1870. S. 70. 2. 183. Tr. corr. de Lectoure, 5 avril 1895. Pand. franç. 96. 2 85.

(2) V. pour le massage, Tr. corr. Bourgoing, 11 déc. 1884. *Gaz. Pol.* 85. 1. 207.

(3) Grenoble, 22 janv. 1885. *Gaz. Pal.*, 85. 2. 47.

29 et 32. Il s'agit des internes et étudiants autorisés à exercer la médecine pendant une épidémie ou à titre de remplaçants de docteurs ou officiers de santé ; des médecins et sages-femmes étrangers autorisés par le gouvernement à exercer en France et des dentistes transitoirement maintenus par l'article 32. Par suite des remaniements successifs dont la loi a été l'objet, une erreur de numérotage s'est glissée dans ce premier paragraphe : il y est question de l'article 29 relatif aux officiers de santé, alors que dans la pensée du législateur le renvoi s'applique à l'article 28 relatif aux médecins et sages-femmes étrangers autorisés à exercer en France.

De plus, l'art. 16, dans son dernier paragraphe, prend soin d'exonérer de toute pénalité les élèves en médecine qui agissent comme aides d'un docteur, ou que celui-ci place auprès de ses malades, ainsi que les gardes-malades, et les personnes, qui, sans prendre le titre de chirurgien-dentiste, opèrent accidentellement l'extraction des dents.

Enfin, il a été dit dans les travaux préparatoires que certaines personnes telles que le père ou la mère de famille, le curé, la sœur de charité, pouvaient, sans exercer illégalement la médecine, conseiller éventuellement l'application de tel ou tel remède simple et donner les soins qui rentrent dans la catégorie des actes d'humanité que nulle loi ne défend et que la morale conseille. Mais on a ajouté que ces personnes tomberaient sous le coup de la loi si, sous le couvert de la complaisance et de la charité, elles donnaient habituellement des conseils.

**§ 2. — Personnes qui, munies d'un titre régulier, sortent
des attributions que la loi leur confère.**

Cette seconde hypothèse est visée par les §§ 2 et 3 de
l'article 16, ainsi conçus :

« Exerce illégalement la médecine :

2° Toute sage-femme qui sort des limites fixées à l'exercice de sa profession par l'article 4 de la présente loi ;

3° Toute personne qui, munie d'un titre régulier, sort
des attributions que la loi lui confère, notamment en prêtant son concours aux personnes visées dans les paragraphes précédents, à l'effet de les soustraire aux prescriptions de la présente loi. »

A vrai dire, le § 2 était inutile, étant donné que le cas
qu'il prévoit rentre dans les termes généraux du § 3. Quoi
qu'il en soit, il résulte de ces textes que les pénalités qui
frappent l'exercice illégal sont encore applicables :

1° A la sage-femme qui, au mépris de l'article 4, emploie
des instruments ou néglige d'appeler un docteur ou un
officier de santé, dans les cas d'accouchement laborieux,
ou encore à la sage-femme qui prescrit des remèdes autres
que ceux dont l'usage lui est permis par le décret du
23 juin 1873 ou par des décrets analogues ;

2° A la sage-femme de 2ᵉ classe qui exerce dans un autre
département que celui pour lequel elle a été reçue, sans
avoir passé de nouveaux examens et obtenu un nouveau
diplôme ;

3º Aux docteurs, officiers de santé, chirurgiens-dentistes, sages-femmes, assez oublieux de leur dignité pour prêter leur concours aux personnes qui veulent exercer illégalement l'art de guérir, à l'effet de les soustraire aux prescriptions de la loi de 1892, et notamment : à ceux qui consentiraient à prêter leur nom à des somnambules, et à signer des ordonnances par complaisance et sans examen (1).

Mais si le médecin s'appropriait les indications données par la somnambule pendant son sommeil magnétique en les modifiant ou non, et s'il ne signait les ordonnances qu'après examen et sous sa responsabilité personnelle, il ne pourrait être poursuivi pour exercice illégal, car il est libre de recourir à tous les moyens qu'il croit propres à l'éclairer, du moment où c'est lui qui en définitive juge et prescrive (2).

4º Aux étudiants munis de seize inscriptions, qui, autorisés à exercer la profession médicale dans un département pendant une épidémie, ou à titre de remplaçants d'un docteur, sortent du mandat limité qui leur a été donné ;

5º Aux dentistes non diplômés, transitoirement maintenus, qui pratiquent l'anesthésie locale ou générale, sans

---

(1) Cass., 18 août 1860. *La Loi*, 60. 1. 667. Nîmes, 26 août 1882, *Le Droit*, 1er oct. 1882. Lyon, 4 avril 1892. S. 92.2. 84. Alger, 17 mars 1894. S. 95. 2. 237.

(2) Limoges, 7 mars 1857. S. 57. 2. 274.

l'assistance d'un docteur ou d'un officier de santé (1). Ces
deux dernières catégories de personnes ne possèdent pas,
il est vrai, de diplôme, mais en fait l'autorisation qui leur
est donnée d'exercer leur profession sous certaines conditions équivaut à un titre régulier : dès lors, du moment
où ils sortent des attributions que la loi leur confère, ils
tombent sous le coup de l'article 16. § 3.

Mais cette disposition ne pourrait s'appliquer au pharmacien qui fournirait sciemment des médicaments à une
personne étrangère à la profession de médecin, pour lui
permettre de se livrer à l'exercice de la médecine. Le pharmacien, en effet, n'est pas muni d'un titre régulier, lui
permettant d'exercer la profession de médecin, par suite
il ne peut être poursuivi que comme co-auteur ou complice
de l'infraction commise par le tiers auquel il a prêté son
concours. Ce fait rentre dans la première hypothèse (2),
c'est-à-dire dans le cas d'exercice de la médecine par une
personne non diplômée.

Remarquons que les paragraphes 2 et 3 de l'article 16,
sont subordonnés aux règles posées par le premier alinéa :
Les différentes personnes qui y sont visées ne commettent
le délit d'exercice illégal que si elles sortent habituellement
des attributions que la loi leur confère, ou si elles se livrent
par une direction suivie à la pratique d'actes qui ne rentrent pas dans la sphère de leurs attributions. On ne peut,

(1) Tr. corr. Montbéliard, 30 janv. 1896. D. 1896. 2. 168.
(2) Bordeaux, 20 mars 96. S. 97. 2. 82.

en effet, les traiter d'une façon plus rigoureuse que celles qui sont dépourvues de toute instruction médicale. Or, nous avons vu qu'une personne qui, sans diplôme, ferait un acte isolé d'exercice illégal ne pourrait pas être poursuivie.

§ 3. — Personnes qui, munies d'un titre régulier, exercent leur profession, malgré la suspension temporaire ou l'incapacité absolue dont elles ont été frappées par les tribunaux.

D'après l'article 26, les personnes munies d'un titre régulier contre lesquelles la suspension temporaire ou l'incapacité absolue d'exercer leur profession a été prononcée par les tribunaux ne peuvent se livrer à l'art de guérir sous peine d'encourir les pénalités de l'article 18, qui réprime l'exercice illégal de la médecine. De plus, s'ils usurpaient un titre qu'ils n'ont pas ou qui n'est pas compris dans celui qu'ils possèdent déjà, ils pourraient être poursuivis en vertu de l'article 19 qui punit plus sévèrement l'exercice illégal accompagné de cette circonstance aggravante. Mais jamais, ils ne peuvent, encourir à raison de ce fait, l'application des articles 20 et 21 absolument étrangers à la question qui nous occupe. C'est par erreur que ces textes sont mentionnés dans l'article 26.

A notre avis, les pénalités réprimant l'exercice illégal ne doivent être infligées aux personnes frappées d'interdiction ou de suspension, qu'autant qu'elles se livrent à la pratique de leur art habituellement ou par une direction suivie. La suspension ou l'interdiction équivaut en réalité à un retrait temporaire ou définitif du diplôme: Cette mesure a donc pour effet de placer l'ex-médecin au rang des personnes non diplômées. Or, puisqu'un individu non diplômé n'est pas punissable pour un fait isolé de pratique médicale, il semble logique d'admettre la même solution en ce qui concerne ceux qui ont été frappés de la suspension ou de l'interdiction.

Dans quels cas la suspension temporaire, ou l'incapacité absolue peuvent-elles être prononcées par les tribunaux?

Cette question est résolue par l'article 25, aux termes duquel la suspension temporaire ou l'incapacité absolue de l'exercice de leur profession peuvent être prononcées par les Cours et Tribunaux, accessoirement à la peine principale, contre tout médecin, officier de santé ou sage-femme, qui est condamné : 1° A une peine afflictive et infamante de droit commun, c'est-à-dire, aux travaux forcés à temps et à la réclusion ;

2° A une peine correctionnelle prononcée pour crime de faux, pour vol et escroquerie, pour crimes ou délits prévus par les articles 316, 317, 331, 332, 334 et 335 du Code pénal, lesquels visent la castration, l'avortement, l'attentat à la pudeur, le viol et l'excitation habituelle des mineurs à la débauche ;

3° A une peine correctionnelle prononcée par une Cour d'assises pour les faits qualifiés crimes par la loi.

L'article 25 ajoute qu'en cas de condamnation prononcée à l'étranger pour un des crimes et délits ci-dessus spécifiés, le coupable pourra également, à la requête du ministère public, être frappé par les tribunaux français de suspension ou d'incapacité.

Dans cette hypothèse, le tribunal compétent sera celui du domicile ou de la résidence en France du condamné. Cette grave mesure de la suspension ou de l'incapacité, qui est une innovation de la loi de 1892, constitue une peine accessoire qui n'est pas obligatoire mais facultative pour les tribunaux. Pour qu'elle soit encourue, il faut qu'elle soit infligée par une disposition expresse du jugement ou de l'arrêt qui prononce la peine principale : elle ne pourrait pas l'être par un jugement postérieur, sauf le cas de condamnation prononcée à l'étranger. La loi ne déterminant pas la durée de la suspension temporaire, les tribunaux auront le droit absolu de la fixer comme ils l'entendront.

L'article 25 renferme en outre une disposition relative à l'exclusion des établissements d'enseignement médical des aspirants ou aspirantes au titre de docteur, de dentiste et de sage-femme, condamnés à l'une des peines énumérées dans ses §§ 1, 2, et 3. L'exclusion est prononcée non par la justice, mais par le Conseil académique, sauf recours au Conseil supérieur de l'Instruction publique. Cette mesure est facultative pour l'autorité académique ; elle peut être temporaire ou définitive.

En aucun cas, les crimes et délits politiques ne peuvent entraîner l'exclusion des étudiants pas plus que la suspension temporaire ou l'incapacité absolue de l'exercice des professions de médecin, de dentiste, ou de sage-femme.

§ 4. — Exception : Cas d'urgence avérée.

Aujourd'hui comme sous la loi de ventôse, celui qui exerce illégalement l'art de guérir ne peut en principe invoquer aucune excuse. C'est en vain qu'il prétendrait avoir agi avec le consentement et même sur la demande du malade, ou qu'il établirait qu'il n'a réclamé aucun salaire pour ses soins et ses conseils. La preuve de ces différents faits ne saurait avoir pour résultat de le soustraire à une condamnation pénale (1).

Toutefois, l'article 16, § 1er, apporte à ce principe une exception, que, par ordre, on eût bien fait de reporter à la fin du texte : il réserve le cas d'urgence avérée. L'exercice même habituel de la médecine, de la chirurgie, de l'art dentaire et de l'art des accouchements n'est pas punissable quand il se produit dans cette hypothèse. L'urgence avérée consiste dans la nécessité extrême de porter immédiatement secours à un malade. Et encore, le remarque M. Weil, n° 14, l'excuse tirée de ce fait ne doit être accueillie que si les soins donnés ou les médicaments administrés ne présentent par eux-mêmes aucun danger sérieux et ne sont pas susceptibles d'entraîner une issue fatale.

(1) V. en ce sens : Cass., 23 avril 1858. P. 58. 1205. Tr. corr. de la Seine, 13 janvier 1880. *Gaz. Pal.*, 19-20 janvier 1880.

De plus, l'urgence doit exister au moment même où
les soins sont donnés, et il ne suffirait pas, pour légitimer
un traitement prescrit ou une opération chirurgicale faite
dans le cours d'une maladie, qu'il y ait eu urgence au
début seulement de cette maladie (1).

La loi de ventôse ne contenait pas cette exception, mais
la jurisprudence l'admettait quand les faits de la cause
ne laissaient aucun doute sur le point de savoir s'il y
avait eu urgence réelle. C'est ainsi que la Cour de Rouen
a renvoyé de la prévention le pharmacien, qui, en l'absence de l'unique médecin de la localité, avait administré
à un enfant atteint du croup une potion contenant de
l'émetique (2).

De même, il a été jugé que le fait de pratiquer une saignée ou de conseiller une application de sangsues dans
une circonstance exceptionnellement urgente ne saurait
constituer le délit d'exercice illégal (3).

On a décidé également qu'il n'y avait pas exercice illégal
de l'art des accouchements dans certains cas de force
majeure bien établis, notamment quand le médecin ou la
sage-femme se trouvent trop éloignés ou empêchés (4).

Mais, le fait du pharmacien, qui a prescrit un traitement

(1) En ce sens : Pabon, n⁰ 31.
(2) Rouen, 13 mars 1880. S. 82. 2. 136.
(3) Cass., 16 août 1863. D. P. 64. 1. 399.
(4) V. Cass., 23 avril 1858. S. 58. 1. 571. C. Paris, 11 avril 1863 et
7 février 1880. D. P. 81. 2. 192. Chambéry, 23 mai 1882. *Gaz. Trib.*,
23 juillet 1882.

complet, externe et interne, pour combattre l'inflammation d'un œil, a été considéré par la Cour de cassation comme constituant l'exercice illégal de la médecine, car, si le pharmacien pouvait faire acte d'humanité, dans les limites posées par l'avis du Conseil d'Etat du 8 vendémiaire an XIV, il lui était interdit de procéder à un examen médical, et de prescrire un traitement non absolument urgent à l'instant même (1).

C'est au prévenu qu'incombe l'obligation de prouver les faits qui constituent l'urgence avérée. Lorsque ces faits ne sont pas suffisamment précisés par les juges du fond, ou lorsque leur qualification légale est erronée, la Cour suprême, exerçant son droit de contrôle, peut casser la décision qui a fait bénéficier à tort le prévenu de l'excuse de force majeure (2).

SECTION II. — RÉPRESSION DE L'EXERCICE ILLÉGAL

§ 1. — Nature de l'infraction.

L'exercice illégal de la médecine, avec ou sans usurpation de titre, est qualifié par la loi de 1892 de délit et frappé de peines correctionnelles. Il en résulte que l'on

______

(1) Cass., 25 mars 1876. S. 76. 1. 182.
(2) Cass., 23 avril 1858. D. P. 58. 1. 170.

doit lui appliquer tous les principes généraux du droit relatifs aux délits et en particulier les règles suivantes :

1° L'exercice illégal est de la compétence des tribunaux correctionnels qui ne statuent qu'à charge d'appel. L'appel est porté devant la Cour d'appel du ressort. (Art. 199, C. Inst. crim.).

2° Les complices de ce délit pourront être poursuivis et punis comme l'auteur lui-même. (Art. 59 et 60, C. pén.)

Le complice peut être un médecin, un officier de santé, un chirurgien-dentiste ou une sage-femme tout aussi bien qu'une personne étrangère à l'art de guérir.

3° En cas de plusieurs délits compris dans la même poursuite, la règle du non cumul des peines s'appliquera et la peine la plus forte sera seule prononcée. (Art. 365. C. Inst. crim.) ;

4° L'action publique se prescrira par 3 ans (art. 638, C. Inst. crim.), et la peine par 5 ans (art. 636 du même code).

Sous l'empire de la loi de ventôse, les règles précédentes s'appliquaient seulement au cas d'exercice illégal avec usurpation de titre, qui constituait un véritable délit. Mais il n'en était pas de même au cas d'exercice illégal simple que la jurisprudence considérait comme une contravention malgré la compétence des tribunaux correctionnels. Il en résultait :

1° Que la faculté d'appel n'existait que si la peine prononcée était celle de l'emprisonnement ou si les réparations civiles dépassaient cinq francs, outre les dépens. L'appel était porté devant la cour d'appel.

2° Qu'il n'y avait pas lieu d'appliquer les règles de la complicité qui ne visent que les crimes et les délits.

3° Que la règle prohibitive du cumul des peines ne s'appliquait pas, et que le juge devait prononcer autant de fois la peine édictée qu'il y avait eu d'actes constitutifs de la contravention.

4° Que l'action contre le délinquant se prescrivait par un an et la peine par deux ans.

§ 2. — Qui peut poursuivre l'exercice illégal ?

Celui qui commet le délit d'exercice illégal de la médecine peut encourir une double responsabilité : une responsabilité pénale à raison de la faute commise contre la société, et une responsabilité civile à raison du préjudice causé par son infraction. De là le droit pour la société d'infliger un châtiment au coupable : c'est l'objet de l'action publique ; et le droit pour la partie lésée par le délit d'obtenir réparation du préjudice causé : c'est l'objet de l'action civile.

1. *Action publique.* — Que l'exercice illégal soit ou non accompagné de l'usurpation de titre, il appartient au ministère public de le poursuivre et de le déférer aux Tribunaux correctionnels compétents pour en connaître. Le parquet peut d'office et sans aucune plainte poursuivre les

faits d'exercice illégal portés à sa connaissance. Il peut aussi agir sur la plainte des personnes lésées par le délit, par exemple des malades ou de leurs parents, ou encore des personnes dont la profession a été usurpée. Suivant les dispositions des articles 23, 63 et 69 du Code d'inst. crim., le tribunal correctionnel compétent sera celui du lieu du délit, du lieu de résidence du prévenu, ou du lieu où le prévenu pourra être retrouvé, ce qu'on appelle le lieu de la capture.

2. *Action civile.* — Les parties lésées par le délit ont le droit de réclamer des dommages-intérêts non seulement en se portant parties civiles, quand les poursuites sont exercées par le ministère public, ou en assignant directement devant les tribunaux correctionnels, mais encore en portant directement leur action devant les tribunaux civils. (L. 1892, art. 17. — C. civ., art. 1382).

Les médecins, chirurgiens-dentistes et sages-femmes, qui ont à se plaindre d'un préjudice, peuvent agir soit individuellement soit collectivement. Dans ce dernier cas, sous la loi de ventôse, chacun d'eux devait figurer nominativement dans la procédure et une association de médecins n'était pas recevable en cette qualité (1). Il en était encore ainsi, même après la loi du 21 mars 1884, régissant les syndicats professionnels, que la Cour

(1) Amiens, 16 janvier 1863. D. 63. 5. 30.

de cassation refusait d'appliquer aux professions libérales
et en particulier aux médecins (1).

La loi de 1892, dans son article 17, accorde désormais
le droit d'agir non seulement aux syndicats professionnels,
dont elle reconnaît formellement la validité dans son article 13, mais encore à toutes les associations de médecins
régulièrement constituées. Il est certain que les associations
de sages-femmes et de dentistes régulièrement constituées
jouiront également du droit de poursuite ; peu importe
d'ailleurs qu'il s'agisse de dentistes diplômés, c'est-à-dire de
chirurgiens-dentistes proprement dits, ou de dentistes non
diplômés transitoirement maintenus. Mais comme l'intérêt
est la mesure des actions, les différentes personnes si-
gnalées par l'article 17 comme ayant le droit de poursuite
ne pourront l'exercer que si elles peuvent justifier d'un
préjudice matériel ou moral à elles causé par le délit; si
l'exercice illégal de la médecine qui fait l'objet de leur
plainte, s'était accompli dans de telles conditions qu'il n'en
pût résulter pour elles aucun espèce de dommage, leur intervention devrait être repoussée. Il a été jugé en ce sens,
que si parmi les médecins d'une ville intervenant en
nombre limité, il n'en est aucun qui puisse articuler un
préjudice causé à ses intérêts privés, l'intervention dans ce
cas ne peut être admise (2).

Mais il importe peu que chacun des intervenants ne puisse

(1) Cass., 27 juin 1885. D., 86. 1. 137.
(2) Grenoble, 26 mai 1859. S. 59. 2. 530. — Roland, p. 118.

exactement préciser la quotité du préjudice matériel qui lui a été causé, alors qu'il est certain que ce préjudice existe; d'ailleurs, il suffit aux parties civiles d'invoquer le préjudice moral que leur cause cette concurrence illicite (1).

En cas de blessures ou d'homicide par imprudence commis dans l'exercice illégal de la médecine, les médecins diplômés ne peuvent agir que du chef d'exercice illégal et non pas en vertu des art. 319 et 320 du Code pénal. Ce droit n'appartient qu'au ministère public et à la victime ou à ses représentants (2).

D'après un jugement du tribunal correctionnel de Paris (3), du 24 novembre 1896, les pharmaciens ne peuvent pas saisir la juridiction correctionnelle d'un délit d'exercice illégal de la médecine.

En sens inverse, les médecins ne peuvent pas poursuivre en leur nom l'exercice illégal de la pharmacie, sauf peut être dans les cas où ils ont exceptionnellement le droit de vendre eux-mêmes des médicaments. Ces cas sont visés par l'article 27 de la loi du 21 germinal an XI.

§ 3. — Des peines.

La loi de 1892, dans ses articles 18 et 19, détermine la quotité des peines qui frappent l'exercice illégal, en distin-

---

(1) Lyon, 22 juin 1860. Mon. Lyon 1860, p. 360.

(2) Tr. de la Seine, 20 février 1863. *Gaz. Pol.*, 21 février 1863, confirmé par C. de Paris. 7 mai 1863.

(3) *Rev. jurisp. méd.*, 1897, p. 61

guant si ce délit est accompagné ou non d'usurpation de titre.

S'il n'y a pas usurpation de titre, l'exercice illégal de la médecine est puni d'une amende de 100 à 500 francs ;

L'exercice illégal de l'art dentaire d'une amende de 50 à 100 francs ;

Et l'exercice illégal de l'art des accouchements d'une amende de 50 à 100 francs (art. 18).

La loi de ventôse, en cas d'exercice illégal simple, ne fixait pas le taux de l'amende. Aussi la jurisprudence décidait-elle unanimement qu'il fallait appliquer dans ce cas l'amende la moins forte admise par le Code pénal, c'est-à-dire l'amende de simple police dont le maximum est de 15 francs, art. 466. Comme on peut en juger par ce qui précède, la loi de 1892 est plus précise et plus rigoureuse.

S'il y a usurpation de titre, ce qui constitue une circonstance aggravante, les pénalités sont augmentées de la manière suivante :

L'exercice illégal de la médecine ou de l'art dentaire, avec usurpation du titre de docteur ou d'officier de santé, est puni d'une amende de 1.000 à 2.000 francs ;

L'usurpation du titre de dentiste d'une amende de 100 à 500 francs ;

L'usurpation du titre de sage-femme d'une amende de 100 à 500 francs. (Art. 19.)

Le paragraphe premier de l'article 19 semble exiger comme la loi de ventôse que l'usurpation de titre, pour être punissable, soit accompagnée de faits d'exercice.

Signalons comme se rapportant à l'usurpation de titre l'article 20 ainsi conçu : « Est considéré comme ayant usurpé le titre français de docteur en médecine quiconque, se livrant à l'exercice de la médecine, fait précéder ou suivre son nom du titre de docteur en médecine, sans en indiquer l'origine étrangère. Il sera puni d'une amende de 100 à 200 francs. »

Cet article contient évidemment un vice de rédaction : il suppose le cas où un individu, docteur en médecine d'une université étrangère, exerce la médecine en France, en faisant précéder ou suivre son nom du titre de docteur en médecine sans en indiquer l'origine étrangère, et l'article le considère comme ayant usurpé le titre français de docteur en médecine. Dès lors, puisque d'après l'article 5 les médecins diplômés à l'étranger ne peuvent exercer leur profession en France qu'à la condition d'y avoir conquis leur diplôme, ce qui n'est pas notre hypothèse, cet individu commet le délit d'exercice illégal de la médecine avec usurpation du titre de docteur et devrait, en conséquence, être passible d'une amende de 1.000 à 2.000 francs et, en cas de récidive, d'un emprisonnement de six mois à un an. Mais l'article 20 ne le punit que d'une amende de 100 à 200 francs; cet adoucissement de la pénalité ne s'explique guère, et logiquement on devrait le faire disparaître. Quoi-qu'il en soit, le texte devra être appliqué tel qu'il a été voté. La jurisprudence décide que l'article 20 a pour but de protéger à la fois l'exercice de la médecine, de l'art dentaire et de l'art des accouchements, et qu'en conséquence il s'applique non seulement aux médecins proprement dits, mais encore aux dentistes et aux sages-femmes (1).

L'article 27 contient une innovation importante : il donne au juge la faculté d'appliquer l'article 463 du Code pénal, c'es-à-dire d'accorder des circonstances atténuantes.

L'application de cet article permet d'abaisser l'emprisonnement au dessous de 6 jours et l'amende au dessous de 16 francs, de prononcer séparément l'une de ces deux peines, et même de substituer l'amende à l'emprisonnement sans qu'en aucun cas elle puisse être au dessous des peines de simple police.

Les tribunaux peuvent également faire bénéficier le prévenu du sursis établi par la loi du 26 mars 1891 et suspendre l'exécution de la peine pendant cinq ans.

Notons que l'article 463 et la loi du 26 mars 1891 ne sont pas seulement applicables au délit d'exercice illégal, mais encore à toutes les infractions prévues par la loi de 1892. (Art. 27.)

§ 4. — De la récidive.

1. *Délai et éléments constitutifs de la récidive.* — Sous la loi de ventôse, pour savoir ce qui caractérisait l'état de récidive, il fallait distinguer entre l'hypothèse

---

(1) V. en ce qui concerne les dentistes un jugement du Tr. corr. de la Seine du 25 mai 1895, S. 96. 2. 21, et un jugement du Tr. corr. de Montpellier, rapporté dans la *Revue de jurispr. méd.* 1896, p. 146.

d'exercice illégal simple et celle d'exercice illégal avec usurpation de titre. — Dans le premier cas, comme il s'agissait d'une véritable contravention, malgré la compétence des tribunaux correctionnels, la jurisprudence décidait généralement que la récidive ne pouvait avoir lieu que dans les conditions établies par l'article 483 du Code pénal, c'est-à-dire qu'il fallait une condamnation précédente, pour même infraction contraventionnelle dans les douze mois précédents et dans le ressort du même tribunal.

Dans le cas d'exercice illégal avec usurpation de titre, qui constituait un véritable délit, une condamnation précédente, à une époque et en un lieu quelconque, pour un fait d'exercice illégal, suffisait pour constituer l'état de récidive.

Aujourd'hui, il n'y a plus à distinguer : l'article 24 décide qu'il n'y a récidive qu'autant que l'agent du délit relevé a été, dans les cinq ans qui précèdent ce délit, condamné pour infraction de qualification identique.

Il résulte de ces derniers mots « qualification identique » que la précédente condamnation devra être relative à un délit de même espèce et non pas à un délit quelconque prévu par la loi de 1892. Il faut qu'il y ait identité entre le premier et le second délit ; en un mot, la récidive a un caractère de spécialité.

Aussi, nous estimons qu'il n'y aura, en principe, de récidive d'exercice illégal simple que si la condamnation précédente a été prononcée pour exercice illégal de même nature (médecine, art dentaire ou des accouchements, et qu'il n'y aura de récidive avec usurpation de titre que si la condamnation antérieure a été prononcée pour usurpation du même titre. De même, nous croyons qu'une condamnation antérieure pour exercice illégal avec usurpation de titre constituera l'état de récidive en cas de condamnation ultérieure pour exercice illégal simple, mais, que si la nouvelle condamnation est encourue, au contraire, pour usurpation de titre, une précédente pour exercice illégal simple constituera tout au plus la récidive d'exercice illégal simple (1).

2. *Conséquences de la récidive.* — La récidive a pour effet d'entraîner une aggravation de peine, qui varie suivant qu'il y a ou non usurpation de titre.

I. — S'il n'y a pas usurpation de titre, l'article 18 punit en cas de récidive, l'exercice illégal de la médecine, d'une amende de 500 à 1000 francs et d'un emprisonnement de six jours à six mois ou de l'une de ces deux peines seulement;

L'exercice illégal de l'art dentaire, d'une amende de 100 à 500 francs;

L'exercice illégal de l'art des accouchements, d'une amende de 100 à 500 francs et d'un emprisonnement de six jours à un mois, ou de l'une de ces deux peines seulement.

____

(1) V. en ce sens : Lechopié et Floquet, p. 198.

Ainsi disparaissent les cinq systèmes qui, sous l'ancienne législation, s'étaient produits sur le point de savoir si la peine édictée par l'article 36, dernier alinéa de la loi de ventôse, en cas de récidive, avec usurpation de titre, s'appliquait aussi à l'exercice de la médecine sans usurpation de titre. Inutile de revenir sur cette question qui ne présente plus qu'un intérêt rétrospectif.

II. — S'il y a usurpation de titre, l'article 19 punit, en sas de récidive, l'exercice illégal de la médecine, d'une amende de 2.000 à 3.000 francs et d'un emprisonnement de six mois à un an, ou de l'une de ces deux peines seulement ;

L'exercice illégal de l'art dentaire, d'une amende de 500 à 1.000 francs et d'un emprisonnement de six jours à un mois, ou de l'une de ces deux peines seulement ;

L'exercice illégal de l'art des accouchements, d'une amende de 500 à 1.000 francs et d'un emprisonnement d'un mois à deux mois, ou de l'une de ces deux peines seulement.

Il est à noter que l'état de récidive ne fait pas obstacle à l'application des circonstances atténuantes. (Art. 463 du C. pén.)

§ 5. — De certains cas d'homicide ou de blessures par imprudence, et d'escroquerie commis dans l'exercice illégal de la médecine.

L'exercice illégal de l'art de guérir peut se compliquer, soit d'homicide ou de blessures par imprudence, soit d'escroquerie. Dans ces hypothèses, le délinquant pourra être poursuivi non seulement en vertu de la loi de 1892, qui réprime l'exercice illégal, mais encore en vertu des articles 319 et 320 du Code pénal, qui visent le délit d'homicide ou de blessures par imprudence, ou en vertu de l'article 405 qui punit l'escroquerie. Toutefois, en cas de concours de ces différents délits, l'article 365 du Code d'Inst. crim., relatif au non cumul des peines, recevra son application.

En ce qui concerne spécialement l'escroquerie, la jurisprudence décide que le simple mensonge, notamment la promesse d'une guérison impossible, ne constitue pas la manœuvre frauduleuse exigée par la loi pour qu'il y ait escroquerie (1).

De même, l'emploi du magnétisme comme agent thérapeutique ne peut à lui seul caractériser la manœuvre frauduleuse dans le sens de l'article 405, mais cet élément essentiel de l'escroquerie peut résulter de la preuve acquise de la mauvaise foi du prévenu, notamment de ce qu'il

(1) Cass., 21 juin 1855. S. 55 1. 681.

simulait le sommeil magnétique (1). Remarquons en passant que les peines de l'escroquerie peuvent s'appliquer non seulement aux individus pratiquant illégalement l'art de guérir, mais parfois même à de véritables médecins (2).

Nous verrons dans le chapitre relatif à la responsabilité médicale qu'il en est de même des peines qui répriment l'homicide ou les blessures par imprudence.

(1) Cass., 25 nov. 1873. D. P. 74. 5. 232.
(2) Cass., 9 janvier 1863. P. 63. 980.

CHAPITRE III

DES HONORAIRES

Les honoraires soulèvent dans la pratique de nombreuses difficultés qui se rapportent :

1° A leur évaluation;

2° Au privilège qui en garantit le payement ;

3° A la prescription spéciale qui court contre eux.

SECTION I. — FIXATION DES HONORAIRES

La première question à résoudre au seuil de ce chapitre est celle de savoir quelle est la valeur de l'engagement pris par un malade au début ou dans le cours de sa maladie de payer au médecin qui le traite une somme déterminée en cas de guérison, Cette convention préalable d'honoraires, assez rare de nos jours, se présente quelquefois et s'explique par des motifs particuliers.

Ainsi, on conçoit parfaitement qu'un médecin, avant d'entreprendre un traitement, qui exigera de sa part des déplacements longs et dispendieux, tienne à fixer à l'avance le montant de ses honoraires, surtout s'il ne connaît pas la personne qu'il va soigner, ou si la parole du malade ne lui inspire pas une confiance suffisante. Il peut arriver aussi qu'une personne, en vue de stimuler le zèle de son médecin, lui garantisse à l'avance une rémunération généreuse de ses soins. Un tel engagement est-il valable ou nul ?

Trébuchet n'hésite pas à le déclarer toujours nul, comme vicié par la violence morale sous la pression de laquelle se trouve nécessairement le malade, et il refuse en conséquence au médecin le droit d'en poursuivre l'exécution.

D'autres, avec plus de raison, ce me semble, ne résolvent pas la question d'une manière aussi absolue. Ils laissent aux tribunaux le soin d'apprécier suivant les circonstances si l'engagement a été ou non librement contracté. Si le médecin, en proposant la stipulation ou en recevant la promesse d'une somme déterminée, n'a exercé aucune influence blâmable sur l'esprit de son client, les tribunaux doivent assurer l'exécution de la convention. Si, au contraire, le malade, terrifié par la maladie et influencé par son médecin, n'a pu débattre librement les conditions de l'engagement, les tribunaux doivent en déclarer la nullité conformément à l'article 112 du Code civil (1).

(1) V. en ce sens : Coffinières : *Encyclopédie du Droit*, v⁰ Art de guérir, n⁰ 99. Dubrac, n⁰ 270, p. 193. Borinans, Tr. de Senlis, 30 juin 1853. *Le Droit*, 24 juillet 1853. Tr. civ. Seine, 20 janv. 1892. *Revue de jurisp. méd.* 1892, p. 8.

Il peut se faire (et l'hypothèse se présente parfois en pratique) qu'un médecin reçoive à l'avance d'un de ses clients une certaine somme comme rémunération des soins qu'il lui donnera pendant une période déterminée et comme représentation des frais de médicaments, d'appareils et de garde qu'il aura à débourser. Si le traitement ne dure que quelques jours, par suite du décès prématuré du malade, le médecin peut-il avoir la prétention de garder intégralement la somme qui lui a été remise ?

Le tribunal de la Seine a décidé le 10 février 1894 (1), qu'à moins de stipulation expresse et formelle contraire, une pareille prétention ne saurait être accueillie et qu'une demande des représentants du client, tendant à obtenir le remboursement d'une partie des honoraires versés, était parfaitement fondée.

Un médecin peut-il, moyennant une certaine rétribution, s'engager à donner, pendant toute sa vie, les soins de son art à une personne et aux gens de sa maison ?

L'affirmative doit être admise. Une telle convention, dit la Cour de cassation, n'est pas contraire à l'article 1780 du Code civil ; cet article ne s'applique qu'aux gens de service, dans la classe desquels on ne saurait faire rentrer les médecins (2).

On ne saurait contester davantage la validité de la convention qui interviendrait entre un chef de famille, un

(1) *Rev. jurispr. méd.*. 1896, p. 51.
(2) Cass. 21 août 1839. S. 39. 1. 663.

chef d'institution ou un directeur d'usine et un médecin, et par laquelle celui-ci s'engage, moyennant une somme déterminée, à soigner les membres de la famille, de l'institution ou de l'usine, quels que soient le nombre des malade, la nature et la gravité de leurs maladies.

Arrivons à ce qui se passe le plus souvent à la fixation des honoraires par le médecin seul, sans qu'il en débatte au préalable le taux avec ses clients.

En France, à la différence de ce qui se passe en Belgique et en Angleterre où il existe, paraît-il, un tarif pour les visites et opérations, le médecin peut déterminer le montant de ses honoraires, comme il l'entend, sauf le droit pour le malade ou sa famille d'en discuter le chiffre, s'il lui paraît trop élevé. Les tribunaux ont à cet égard un très large pouvoir d'appréciation. Aucune règle absolue ne peut leur être imposée. Ils ne sont pas liés par le tarif que dans certaines localités les médecins ont arrêté entre eux, et qui d'ailleurs ne les lie pas eux-mêmes au point de vue légal (1). Ils peuvent régler eux-mêmes le mémoire qui leur est soumis, ou ordonner une expertise, s'ils n'ont pas des éléments suffisants d'appréciation. Voici d'après les différentes décisions judiciaires rendues sur la matière, les considérations auxquelles les juges ou les experts doivent s'attacher pour évaluer le montant des honoraires dus au médecin. Ils doivent tenir compte :

(1) Lyon, 30 janv. 1889. Mon. Lyon, 29 mars 1889. Amiens, 31 juillet 1889. Rec. d'Amiens, 1890. 39.

1° De l'importance de la maladie ou de l'opération ;

2° De la fortune du malade ;

3° De la réputation du médecin ;

4° De la perte de temps et des difficultés que lui ont occasionnées ses déplacements ;

5° Du nombre des visites ;

6° Et enfin du montant des honoraires précédemment réclamés au même malade ou à sa famille (1).

Si la notoriété du médecin et la situation de fortune du client peuvent entrer en ligne de compte pour la fixation des honoraires, le fait que le client est de nationalité étrangère ne justifie pas de la part du médecin une majoration de son tarif. Le tribunal de Bourges l'a décidé avec raison le 27 juillet 1895, malgré l'avis contraire émis par le Syndicat des médecins du département du Cher (2).

Il est à remarquer que si le médecin avait déjà reçu de son client le montant d'une première note d'honoraires, ce règlement impliquerait une convention pour le taux des honoraires futurs. Le médecin pourrait fixer pour l'avenir un taux plus élevé, mais il devrait en informer ses clients, afin de les mettre en mesure d'accepter ses nouvelles conditions ou de changer de médecin (3).

(1) Tr. de Caen, 19 février, 8 déc. 1864. *Gaz. des Tr.* 17 janv. 1865. Tr. de la Seine, 15 juin 1872. *Le Droit*, 20 août 1872 ; — 30 déc. 1875. *Le Droit*, 21 janv. 1876 ; — 5 déc. 1893. Pand. franç., 94, **2**, 192 et la note.

(2) *Rev. jurispr. méd.*, 1896, p. 178.

(3) Tr. de la Seine, 21 août 1884. *Gaz. Pal.*, 85. 1. supplément 82.

On admet généralement que le médecin doit se montrer d'autant moins exigeant pour le prix de chaque visite que ses visites ont été plus nombreuses. Il a été jugé en ce sens, que si un malade reste pendant plusieurs mois dans un état assez grave pour justifier plusieurs visites par jour, il ne peut être question d'appliquer dans toute sa rigueur le tarif fixant le prix d'une visite isolée, et qu'en pareil cas, les honoraires du médecin doivent être appréciés en bloc (1).

Notons que toute opération faite au cours d'une visite, et, en général, tout ce qui prolonge la durée moyenne de la visite autorise le médecin à réclamer des honoraires supérieurs au tarif ordinaire (2). Il en est de même des visites de nuit. Mais le médecin n'est pas recevable à demander des honoraires plus élevés en cas de visites faites à des heures précises de la journée (3). De même, il ne peut pas réclamer le prix d'une consultation, mais celui d'une simple visite, s'il se rencontre fréquemment chez son client avec un chirurgien ou un autre médecin qui suit lui-même le malade (4).

En cas de contestation sur l'existence ou le quantum des honoraires réclamés par le médecin, quelle est la force probante des livres et registres tenus par celui-ci ?

---

(1) Tr. civ. Lyon, 30 janv. 1889. Mon. Lyon, 29 mars 1889.
(2) Bruxelles, 31 déc. 1887. *Le Droit*, 5 fév. 1890.
(3) Bruxelles précité.
(4) Lyon, 21 fév. 1882. *Gaz. Pal.* 82. 2. 466.

En principe, entre non-commerçants, — et le médecin n'a pas la qualité de commerçant, — les registres et papiers domestiques ne forment pas un titre en faveur de celui qui les a écrits. (Art. 1331. C. civ.) Les indications contenues dans les registres du médecin ne peuvent donc constituer une preuve écrite de sa créance. Elles ne sont même pas susceptibles de former un commencement de preuve par écrit suffisant pour donner passage à la preuve testimoniale, car d'après la majorité des auteurs, les registres domestiques ne peuvent pas servir de commencement de preuve par écrit. Ils peuvent seulement être invoqués par celui qui les a tenus, pour compléter une preuve qui résulte déjà d'autres documents. Faut-il en conclure que le médecin dont la créance est supérieure à 150 francs et n'est pas, par suite, susceptible d'être prouvée par témoins ou par présomptions sans commencement de preuve par écrit, ne pourra se prévaloir des mentions portées sur ses registres, s'il ne rapporte ni preuve écrite ni commencement de preuve par écrit de l'objet de sa demande ? L'intérêt de la question vient de ce que les médecins n'exigent pas ordinairement une reconnaissance écrite de leurs clients pour les soins qu'ils leur ont donnés, et qu'ils se bornent à inscrire au jour le jour sur leurs registres leurs visites et leurs consultations. Dès lors, si ces registres sont dénués de toute force probante, les médecins seront réduits la plupart du temps à ne pas pouvoir justifier la demande d'honoraires formée par eux.

Pour obvier à cet inconvénient, on a invoqué l'autorité

d'un arrêt de la Cour de cassation du 20 mars 1876 (1), aux termes duquel les registres et papiers domestiques forment un titre en faveur de celui qui les a 'écrits, quand l'autre partie est convenue de s'en rapporter à ces registres. Et on en a conclu que les registres du médecin peuvent faire preuve des honoraires qu'il réclame, si le client est expressément ou tacitement convenu de s'en rapporter, pour la constatation des soins qu'il a reçus, aux mentions des registres du médecin (2).

Mais ce système déplace la difficulté sans la résoudre : le médecin, avant de pouvoir invoquer les mentions de ses registres, doit, en effet, prouver la convention alléguée. Or, pour la preuve de cette convention, il est soumis au droit commun qui prohibe la preuve testimoniale ou par présomptions au-dessus de 150 francs, sans commencement de preuve par écrit.

C'est ce qui a amené plusieurs tribunaux à se placer à un autre point de vue, pour permettre au médecin d'établir le montant de sa créance d'honoraires au moyen de la production de ses registres. Ils ont décidé que l'usage établi par les médecins de ne pas réclamer une reconnaissance écrite de leurs soins constituait une impossibilité morale autorisant l'application de l'article 1348 du Code civil, aux termes duquel : la preuve par témoins ou par

<hr>

(1) S. **77**. **1**. 338.

(2) En ce sens : Note au *Journ. des arrêts* de la Cour de Bordeaux, **1887**. **2**. p. 33.

présomptions est admise, par exception à la prohibition
établie par l'article 1341, toutes les fois qu'il n'a pas été
possible au créancier de se procurer une preuve littérale
de l'obligation qui a été contractée envers lui. Et ces jugements ont admis, en conséquence, que le médecin n'était
pas soumis à l'obligation de rapporter une preuve écrite
de sa créance, et que les juges pouvaient puiser dans la
production de ses registres des présomptions suffisantes
pour fixer leur conviction (1).

M. Laurent, il est vrai, prétend que l'usage, si général
qu'on le suppose, de ne pas exiger un écrit, ne met pas le
médecin dans l'impossibilité de se procurer une preuve
écrite (2). Mais la majorité des auteurs et la jurisprudence
lui répondent avec raison qu'exiger toujours une impossibilité physique et absolue, c'est se placer en dehors de la
vie réelle, et réduire le plus souvent l'article 1348 à une
lettre morte (3).

Quoi qu'il en soit, une fois le nombre des visites établi,
les tribunaux auront à apprécier si ce nombre a été com-
mandé par la nécessité, ou s'il s'explique par les rapports
plus ou moins intimes existant entre le médecin et son
client. Ils pourraient dans ce dernier cas réduire les pré-

---

(1) En ce sens : Tr. Libourne, 13 janv. 1887 et Annecy, 23 juillet 1887, S. 89. 2. 45 et la note. — Bruxelles, 31 déc. 1889. *Le Droit*,
5 fév. 1890. — Bar-le-Duc, 4 fév. 1893. *Gaz. Pal.* 93. 1. 234. — Tr.
paix. Reims, 23 nov. 1895. Pand. Franç. 96. 2. 26.

(2) Laurent, T. 19, no 579.

(3) Demolombe, T. 30, no 148.

tentions du médecin et parfois même le débouter complè
tement de sa demande (1).

SECTION II. — PRIVILÈGE DES HONORAIRES

Le Code civil continuant à cet égard les traditions de l'ancien droit reconnaît au médecin un privilège pour le payement de ses honoraires. Ce privilège est général, c'est-à-dire qu'il porte sur la généralité des meubles du débiteur et subsidiairement sur ses immeubles.

En l'établissant, le législateur s'est inspiré d'une pensée d'humanité : il a voulu assurer aux débiteurs obérés les secours nécessaires à leur état, secours qui leur auraient été souvent refusés, si ceux dont ils réclamaient les soins avaient eu à craindre de ne pas être payés ou de ne l'être qu'imparfaitement.

Ce privilège appartient à tous ceux qui ont participé d'une façon quelconque au traitement du malade : au médecin, chirurgien, pharmacien, sage-femme, garde-malade. Par gardes-malades, il faut entendre les personnes spécialement louées pour soigner le malade et non les domestiques ordinaires qui lui auraient plus particulièrement donné leurs soins. Ces derniers ne jouissent pas du privilège.

(1) Tr. de la Seine, 14 fév. 1873. *Le Droit*, 1er avril 1873.

Toutes les personnes en faveur de qui la loi a établi ce privilège sont sur le même rang, de sorte que si le patrimoine du débiteur est insuffisant pour les désintéresser toutes, il leur sera partagé par dividendes proportionnellement à leurs créances (art. 2097 et 2101 3° du Code civil).

La personne qui a fourni les fonds nécessaires pour payer les frais de dernière maladie n'est pas subrogée de plein droit aux créanciers privilégiés qu'elle a désintéressés, car la subrogation n'existe pas sans un texte formel. Mais la personne, qui se serait portée caution du payement de ces frais et qui aurait payé, jouirait de la subrogation légale en vertu de l'article 1351, 3° du Code civil.

§ 1. — Frais ou salaires privilégiés.

L'article 2101 du Code civil modifié par l'article 12 de la loi du 30 novembre 1892 est ainsi conçu : « Les créances privilégiées sur la généralité des meubles sont celles ci-après exprimées et s'exercent dans l'ordre suivant : ..., 3° les frais quelconques de la dernière maladie, *quelle qu'en ait été la terminaison,* concurremment entre ceux à qui ils sont dus ;... »

L'ancien article 2101 ne portait pas ces mots : « quelle qu'en ait été la terminaison. » De là avait surgi une grave controverse sur le point de savoir ce qu'il fallait entendre par cette expression : « la dernière maladie. » Était-ce seulement la maladie qui avait conduit le débiteur au tombeau? Était-ce, au contraire, la maladie qui avait précédé l'événement quel qu'il fût (décès, faillite, déconfiture), qui donnait lieu à la distribution des deniers?

La Cour de Cassation, les deux fois où la question s'était présentée devant elle, en 1864 et en 1892, avait jugé que le privilège garantissait exclusivement les frais de la maladie dont le débiteur était mort (1), de sorte qu'en cas de guérison, la créance du médecin n'était pas privilégiée. A l'appui de son système, la Cour suprême invoquait la solution identique admise dans notre ancien droit, la place occupée par ce privilège dans l'article 2101 et le principe que les privilèges sont de droit étroit.

La doctrine, en général, et quelques tribunaux se basaient sur le peu de précision du texte et sur une considération tirée de l'équité pour admettre la solution contraire (2).

C'est cette dernière solution qui a été consacrée par la loi de 1892. Aujourd'hui le privilège garantit les frais de la maladie précédant l'événement quel qu'il soit (décès, faillite, déconfiture) qui donne lieu à une liquidation générale du patrimoine du débiteur.

Dans les premiers temps, qui suivirent l'application de cette nouvelle disposition, on s'est demandé si le législateur en accordant au médecin un privilège pour le payement

(1) S. 65. 1. 25. — S. 92. 1. 360.
(2) Tr. Cor. de Fécamp, 2 sept. 1890. D. P. 91. 2. 121 et la note de M. Planiol.

de ses honoraires, quelle qu'ait été l'issue de la maladie, avait voulu simplement faire une loi interprétative de l'article 2101. 3°, ou si au contraire, il avait entendu modifier une disposition jugée défectueuse. Le législateur ne s'étant pas expliqué à cet égard, il a été jugé par le Tribunal de Sidi-Bel-Abbès, le 8 février 1893 (1), que la loi était interprétative, qu'elle avait un effet rétroactif, et que par suite, elle devait être appliquée pour la décision de tous les litiges, qui, au moment où elle est devenue obligatoire, n'étaient pas encore tranchés par une décision passée en force de chose irrévocablement jugée. La solution contraire nous paraît plus exacte, étant donné que la rétroactivité d'une loi ne peut être admise qu'en vertu d'une volonté certaine du législateur. D'autre part, l'article 34 de la loi de 1892 décide d'une manière générale et sans distinction qu'elle ne sera exécutoire qu'un an après sa promulgation. Nous en concluons que la loi ancienne, avec l'interprétation qu'il plaisait aux tribunaux de lui donner, aurait dû être seule appliquée pour le jugement des contestations dont il s'agit.

Si la loi de 1892 a tranché la controverse qui s'était élevée sur le sens de ces mots : « la dernière maladie », elle en a laissé subsister une autre sur le point de savoir quelle est exactement l'étendue du privilège accordé au médecin. S'étend-il à tous les frais occasionnés par la dernière maladie non seulement du chef de famille,

____

(1) S. 93. 2. 160.

mais encore de sa femme de ses enfants, de tous ceux auxquels l'humanité et la loi lui font un devoir de faire donner des soins? Doit-il au contraire s'appliquer exclusivement aux frais de la dernière maladie du débiteur?

Cette question s'est présentée deux fois devant les tribunaux pendant l'année 1895, à quelques jours d'intervalle, et elle a reçu deux solutions différentes. Le Tribunal de Besançon a étendu le privilège aux frais occasionnés par la maladie de la femme du débiteur. Le Tribunal de Saint-Malo l'a restreint à la maladie du débiteur seul.

C'est ce dernier système qui nous paraît le meilleur. Il est d'abord conforme aux traditions de notre ancien droit où le privilège n'avait qu'une portée restreinte et il est de plus en harmonie avec le texte de l'article 2101 qui ne parle que du débiteur. Il est à remarquer, en effet, que lorsque le législateur veut étendre le privilège à la famille du débiteur, il prend soin de s'en expliquer formellement. C'est ainsi que pour les subsistances, l'article 2101, 5° porte ces mots : « les subsistances faites au débiteur et à sa famille. » Les principes généraux commandent, du reste, la même solution : les privilèges sont des dérogations au principe que le patrimoine du débiteur est le gage commun de tous ses créanciers ; ils ne sauraient par suite, en vertu de leur caractère exceptionnel, être étendus par voie d'analogie à des cas non visés par la loi. La majorité des auteurs se prononcent dans le même sens, et si la Cour de cassation était appelée à statuer sur la question, il est

presque certain qu'elle adopterait la même solution. La
Cour suprême a eu déjà à se prononcer sur des hypothèses analogues en 1831, en 1864, et en 1892, et elle a
nettement déclaré qu'en matière de privilège, l'interprétation restrictive était de rigueur. La thèse contraire adoptée
par le tribunal de Besançon a cependant été soutenue par
quelques jurisconsultes. Mais c'est à tort que nos adversaires invoquent à l'appui de leur système les travaux préparatoires de la loi de 1892. Il y a bien eu un vœu en 1885
tendant à modifier l'article 2101 à deux points de vue :
1° En accordant le privilège quelle qu'ait été la terminaison
de la maladie ; 2° En l'accordant non seulement pour la
maladie du débiteur, mais encore pour celle de ses enfants
et de ses proches parents. Mais il ne faut pas oublier que la
première partie seule de cette proposition a été reproduite
dans les travaux préparatoires, et qu'il n'a été aucunement
question de la seconde. La nouvelle loi ne saurait donc
fournir aucun argument à ce second système. Il en est de
même de la jurisprudence antérieure qui est incertaine.
Voici, en effet, trois ou quatre décisions de tribunaux de
commerce en sens contraire, que nous allons énumérer pour
être complet sur la question. Le Tribunal de commerce de
Montargis, le 3 mai 1860 et un jugement rapporté par la
Semaine médicale du 19 septembre 1888 ont étendu le
privilège aux frais de la maladie des enfants et de la femme
du débiteur. Le Tribunal de commerce de Chartres, le
26 août 1865, et celui du Havre, le 20 mai 1891, ont refusé
au contraire de l'étendre à ces personnes.

En législation, le système que nous combattons, nous parait cependant préférable : la créance du médecin mérite d'être protégée à l'égal de celle du fournisseur. Mais, en présence du silence des textes actuels, il nous parait impossible de nous rallier à cette solution. Les médecins auraient pu facilement faire admettre cette extension du privilège par les Chambres lors de la discussion de la loi de 1892, mais, aucun de ceux qui siègent au Parlement n'a eu l'idée de reprendre sous forme d'amendement le vœu de 1885. Je ne sais s'il eût été adopté, car le privilège nuit toujours à la masse des créanciers et leur fait subir un préjudice. Nous souhaitons que cette innovation réusisse à l'avenir (1).

Après avoir précisé à quelle maladie se rapporte le privilège, demandons-nous maintenant quels salaires sont garantis.

Les auteurs sont généralement d'accord pour reconnaitre comme privilégiés tous les salaires dus pour consultations, opérations, visites, si nombreuses et si onéreuses qu'elles puissent être; c'est seulement dans l'hypothèse assez rare où les visites seraient dues à de simples fantaisies du malade, fantaisies hors de proportion avec sa fortune et non créées par la nature de la maladie, que les tribunaux pourraient s'écarter de cette solution (2).

Mais, en cas de maladie chronique, qui s'est prolongée

____

(1) Cfr. Pand. franç. 1896. 2. 321 et la note de M. Louiche-Défontaine.

(2) V. Aubry et Rau, III, § 260, p. 130. Note 17.

pendant plusieurs mois, plusieurs années peut-être, tous les frais seront-ils privilégiés ?

L'affirmative a été soutenue par Duranton (1) et Troplong (2). Mais la majorité des auteurs et la jurisprudence estiment que ce système n'est pas en conformité avec l'esprit de la loi, esprit révélé par les travaux préparatoires, qui représentent les créances de l'article 2101 comme peu considérables en général ; et ils décident par suite que le privilège garantit seulement les salaires dus au médecin depuis le jour où la maladie a pris un caractère assez grave pour faire redouter une terminaison fatale (3).

Cette solution satisfaisante quand c'est le décès du débiteur qui donne lieu à la distribution des deniers, n'est pas acceptable quand il s'agit de la faillite ou de la déconfiture du débiteur. Il peut se faire, en effet, que la maladie chronique précédant l'un de ces deux événements ne présente pas l'aggravation fatale qui sert de point de départ au privilège dans le système que nous exposons ; et pourtant faudra-t-il décider que les frais de cette maladie ne seront aucunement privilégiés? Evidemment non, ce serait aller à l'encontre du nouvel article 2101. Une autre solution s'impose donc.

On a proposé de restreindre le privilège aux frais qui

_____

(1) XIX, 54.
(2) I. 137.
(3) Aubry et Rau, III. § 260, p. 132, note 18. — Valette, n⁰ 27. p. 33. Tr. de Montdidier. 27 nov. 1884. S. 86. 2. 47.

ne seront pas atteints par la prescription (1), de sorte que le privilège protégera la créance du médecin tout au plus pour deux ans, le surplus étant prescrit à l'égard des autres créanciers qui puisent, dans l'article 2225 du C. Civ, le droit d'opposer la prescription, si le débiteur y renonce. Malheureusement, ce système fait une application erronée de l'article 2225. Cet article s'applique bien aux prescriptions qui élèvent contre l'action du créancier une fin de non recevoir péremptoire, et l'on comprend alors que le débiteur ne puisse pas, par son propre fait, priver ses créanciers du bénéfice de cette exception. Mais la prescription des honoraires de l'article 2272 est tout autre. Elle n'entraîne pas nécessairement une présomption absolue de libération en faveur du débiteur, puisqu'il ne peut s'en prévaloir qu'après avoir prêté, s'il en est rsquis, le serment de l'article 2275. Le médecin ne saurait donc être privé de la faculté de déférer ce serment, par cela seul que la prescription lui est opposée dans une distribution de deniers par d'autres et non par le débiteur ou ses représentants.

C'est pourquoi, en cas de maladie chronique, je préfère laisser aux tribunaux le soin de déterminer l'étendue du privilège eu égard à la fortune du débiteur et en veillant à ce que le prélèvement autorisé par la loi ne porte pas une atteinte trop grave aux droits des autres créanciers (2).

(1) Pont. I. nᵒ 77. Baudry III, nᵒ 1076.
(2) Cfr. Mourlon Com. T. 3. p. 201.

§ 2. — Rang du privilège.

Pour déterminer le rang du privilège des frais de dernière maladie, trois hypothèses sont à distinguer :

I. — Ce privilège est en concours avec les privilèges généraux sur les meubles. Aucune difficulté ne peut se présenter : l'article 2.101 détermine l'ordre à suivre et fait passer le privilège du médecin après celui des frais de justice et des frais funéraires, mais avant tous les autres privilèges généraux.

II. — Ce privilège est en concours avec les privilèges spéciaux sur les immeubles énumérés par l'article 2.103, ce qui se produit, quand, à défaut de mobilier, on l'exerce sur des immeubles.

L'article 2.105 résout le conflit en préférant le médecin aux créanciers privilégiés sur les immeubles.

III. — Enfin, ce privilège est en concours avec les privilèges spéciaux sur les meubles de l'article 2.102.

Cette troisième hypothèse n'étant pas réglée par le Code civil, une controverse délicate s'est élevée sur le point de savoir à qui doit être donnée la préférence.

Il y a en présence trois systèmes qui sont encore soutenus et qui peuvent invoquer chacun des décisions de jurisprudence.

Premier système : Le premier système enseigné par tous les jurisconsultes qui ont concouru à la rédaction du ,

Code civil fait passer les privilèges généraux avant les privilèges spéciaux pour les raisons suivantes :

1° Le privilège du médecin est général; or, cette généralité prouve précisément la préférence que lui accorde le législateur ;

2° Puisque, d'après l'art. 2.105, ce privilège s'exerce avant les privilèges spéciaux sur les immeubles, il doit par analogie avoir la même prééminence sur les privilèges spéciaux sur les meubles;

3° Cela, du reste, est naturel, car les privilèges généraux garantissent des services rendus à l'homme, tandis que les privilèges spéciaux de l'art. 2.101 ne garantissent que des services rendus à la chose (1).

Mais, on a répondu depuis longtemps aux partisans de ce système :

1ᵉ Que le caractère de généralité du privilège du médecin ne prouve nullement la faveur qu'il a aux yeux de la loi, et qu'il s'explique simplement par ce motif que la créance qu'il sauvegarde ne se rapporte à aucun objet particulier du patrimoine;

2° Que l'analogie prétendue n'est pas réelle à cause de

(1) V. en ce sens : Malleville sur art. 2102 ; — Tarrible, Rep. vᵒ privilège III, 1 ; — Favard de Langlade, Rep. vᵒ privilège III, 1 ; — Delvincourt, III, 277 ; — Grenier, II, 298 ; — Troplong, I, 74 ; — Pont, I, 178 ; — Jay, *Rev. crit.* 1858. II, 116 ; — Le Meunet, *Rev. crit.* 1855, VII, 66 ; — Colmet de Santerre, IX, nᵒ 49 bis et suiv. ; Rouen, 30 janv. 1851. S. 51. 2. 283. — Tr. Seine, 5 juillet 1851. *Gaz. Trib.* 10 juillet 1851. — Bordeaux, 12 avril 1853. S. 53. 2, 244.

la différence existant dans l'esprit du législateur entre la valeur des meubles et celle des immeubles ;

3° Que le privilège des frais de justice qui repose sur un service rendu à la chose est classé par l'article 2101 avant le privilège du médecin pour services rendus à la personne. Et on ajoute que ce premier système est de plus en contradiction avec les articles 2073, C. civ. et 661 et 662, C. Proc. civ.

Deuxième système : Un second système aussi absolu en sens inverse donne toujours la préférence aux privilèges spéciaux sur les privilèges généraux, les frais de justice mis à part. Le médecin sera donc primé par le locateur, le créancier gagiste, le voiturier, le conservateur, et le vendeur.

Les privilèges spéciaux, dit-on, se rattachent soit à l'idée d'un nantissement exprès ou tacite, soit à l'idée de création ou de conservation d'un bien dans le patrimoine du débiteur.

Or, d'une part, les créanciers nantis doivent primer le médecin, par suite de la faveur qui est attachée à leur possession, et parce que le médecin n'a pas dû compter pour être payé sur des meubles qui n'étaient pas en la possession du débiteur.

D'autre part, puisque les frais de justice passent avant tous autres comme faits dans l'intérêt de tous, il est naturel que le vendeur et le conservateur passent également avant le médecin comme ayant augmenté ou conservé les biens du débiteur.

Ce système se réclame, de l'autorité de notre ancienne jurisprudence et de Pothier : et ses partisans invoquent, en outre, l'art. 2073, C. civ. qui fait passer le créancier gagiste avant tous les autres créanciers, donc avant le médecin, et l'art. 662, C. Proc. qui prouve que le bailleur l'emporte sur le médecin, puisqu'il passe avant les frais de justice qui priment eux-mêmes les frais de dernière maladie (1). MM. Aubry et Rau (2) font remarquer que ce « système conduirait forcément à préférer indistinctement tous les privilèges spéciaux même aux frais de justice, alors cependant que ces frais profitent d'ordinaire à tous les créanciers et que l'art. 662, C. Proc. autorise le prélèvement des frais de distribution avant toute créance autre que celle pour loyers ».

Troisième système : Enfin d'après un troisième système soutenu par MM. Aubry et Rau et qui a triomphé devant la Cour de cassation (3), il faut pour régler le conflit faire abstraction de la généralité et de la spécialité, et ne tenir compte que d'une seule chose : de la cause plus ou moins favorable des créances que les privilèges garantissent. A ce criterium l'interprète doit joindre l'analogie que fournissent les dispositions spéciales par lesquelles la loi a fixé expressément le rang de certains privilèges et déterminé ainsi le degré de faveur qu'elle leur attribue. En pro-

(1) V. en ce sens : Persil. sur l'art. 2101. — Valette. n° 119. p. 163. Sevin, *Rev. crit.* 1860. XVI, 603. — Thézard. n° 380. Cass. req. rej.. 20 mars 1849. S. 50. 1. 106.

(2) III, § 289, p. 479, note 2.

(3) Civ. rej. 19 janv. 1864. S. 64. 1. 60.

cédant ainsi le privilège du médecin doit, d'après MM. Aubry et Rau, être placé :

1° Après tous les créanciers nantis;

2° Mais avant le conservateur et le vendeur.

I. Le médecin passe après tous les créanciers nantis (locateur, créancier gagiste, aubergiste et voiturier) : « parce que le droit accordé au locateur de faire statuer par voie de référé sur son privilège, et la préférence qui lui est attribuée même sur les frais de distribution, par les art. 661 et 662, C. Proc.) démontrent qu'il a été dans l'intention du législateur de lui donner le pas sur tous les autres privilèges généraux, qui sont eux-mêmes primés par les frais de justice, et l'on doit, par analogie, accorder la même préférence à tous les créanciers nantis. Une considération décisive en faveur de cette proposition, c'est que tous les créanciers nantis jouissent, à l'instar du créancier gagiste, d'un droit de rétention qui leur permet de s'opposer tant qu'ils n'ont pas été complètement satisfaits, aux poursuites de tous les autres créanciers. Art. 95, 106, 547 et 548, C. de Com. (1) »

II. Au contraire, le médecin passe avant le conservateur et le vendeur, par analogie de ce que l'art. 2105 fait passer le médecin avant le vendeur d'immeubles.

Telles sont les trois opinions principales soutenues sur cette difficile question. Mais ces opinions ne sont pas les seules, tous les auteurs ne s'accordant pas sur le classe-

____

(1) Aubry et Rau, III. § 289, p. 481.

ment des différentes causes des privilèges (1). Je n'entrerai pas dans l'examen de tous ces systèmes divergents qui seront, je crois, suffisamment réfutés par les arguments du système auquel je me rallierai.

Le premier me semble devoir être écarté pour les raisons données plus haut.

Quant aux deux autres, ils sont d'accord sur ce point que le médecin doit être primé par le locateur, le créancier gagiste, l'aubergiste et le voiturier, et ils ne diffèrent que sur la question de savoir s'il sera également primé par le conservateur et le vendeur d'effets mobiliers.

Le second système admet l'affirmative, par analogie des dispositions de loi relatives aux frais de justice : De même que les frais passent avant tous autres, comme faits dans l'intérêt de tous les créanciers, de même, le conservateur et le vendeur doivent passer avant le médecin comme ayant conservé ou augmenté son gage.

Le troisième système admet la négative par analogie des dispositions de la loi relatives au vendeur d'immeubles : de même que le médecin est préféré au vendeur d'immeubles, art. 2105, de même doit-il être préféré au vendeur de meubles.

De ces deux arguments d'analogie invoqués de part et d'autre, le premier nous paraît plus concluant : nous avons vu, en effet, que l'analogie entre le vendeur d'immeubles

(1) Demante, Thémis, VI. 130 et 248 ; — Duranton, XIX. 203 ; — Taulier, VII, 192.

et le vendeur de meubles, n'existait pas dans l'esprit des rédacteurs du Code civil.

Nous admettons donc que le médecin sera primé par le conservateur et le vendeur. Et en résumé, nous estimons que le privilège des frais de dernière maladie doit passer après tous les privilèges spéciaux sur les meubles. C'est, d'ailleurs, l'opinion la plus équitable et celle qui a prévalu dans le projet de réforme de notre régime hypothécaire soumis à l'Assemblée législative en 1851.

§ 3. — A qui le payement peut être demandé.

Les honoraires dus au médecin peuvent être recouvrés d'abord contre le client lui-même, puis contre ses héritiers ou ses représentants. Et comme les frais de maladie semblent rentrer dans la classe des aliments (1), le médecin pourra en réclamer le payement à toute personne légalement obligée de fournir des aliments au malade, notamment : au père, à la mère, au tuteur dont il a soigné l'enfant ou le pupille (Art. 205, 384, 385, C. civ.), quelquefois au chef d'institution dont il a soigné l'élève.

De même, la communauté étant tenue des aliments des époux, les frais de maladie sont une dette de communauté qui doit être supportée par moité pour chacun des époux

(1) Demolombe, IV, n° 59, p. 63.

sans qu'il y ait lieu à récompense, lors de la liquidation (Art. 1409, 6° et 1492, C. civ.) (1).

Notons que si le médecin a soigné la femme, celle-ci est en outre, sa débitrice personnelle; il s'est formé entre elle et lui un contrat tacite qui l'oblige à lui payer ses honoraires, si son mari ne peut le faire, sauf son recours contre la communauté et son mari, suivant les principes de l'art. 1494 du Code civil (2). Sur un point plus douteux, il a été jugé qu'en cas de séparation de biens, le médecin qui a soigné la femme n'a pas d'action contre le mari (3), mais cette décision doit être critiquée, car les frais d'un traitement médical incombent certainement au ménage dont le mari est le chef, et il doit les supporter en vertu de l'article 212 du Code civil.

La jurisprudence admet que les honoraires peuvent être réclamés à l'intermédiaire qui a pris l'initiative de l'appel du médecin, quand il résulte des circonstances que ce tiers a quelque raison de s'intéresser à la guérison du malade et qu'il a contracté l'obligation tacite de payer (4). Ainsi, il a été jugé que le patron qui appelle un médecin pour donner des soins à son ouvrier victime d'un accident dans le cours de son travail, est garant du payement des honoraires, et qu'il ne saurait être assimilé à un tiers qui, té-

(1) Tr. civ. Seine, 16 avril 1868. *Gaz. Trib.* 1er mai 1868.
(2) Trib. civ. Seine, 6 juillet 1885. *Gaz. Pal.* 86. 1. 12.
(3) Trib. civ. Seine, 19 mars 1878. *Gaz. Trib.* 5 avril 1878.
(4) Cass. 4 déc. 1872. P. 1872. 1139.

moin d'un accident, s'empresserait par un sentiment d'humanité de prévenir le médecin (1).

Le tribunal de paix de Reims a appliqué les mêmes principes le 23 novembre 1895 (2), et il a décidé que le tiers peut, suivant les circonstances, être considéré comme s'étant obligé soit personnellement d'une façon exclusive, soit solidairement au payement des honoraires. D'après un jugement du Tribunal civil de Murat, du 10 juin 1897 (3), le médecin d'un hospice n'est tenu de donner ses soins gratuitement qu'à ceux qui sont admis dans cet établissement à titre d'indigents. Par suite, les pensionnaires payants ne peuvent se refuser à acquitter les honoraires qu'il leur réclame, qu'à la condition de justifier que le prix de leur pension comprend même les frais d'honoraires.

Le médecin qui a donné des soins aux indigents d'une commune pendant une épidémie, sur la réquisition de l'autorité municipale, a le droit de réclamer des honoraires à la commune (4).

Le malade ne peut se refuser au payement des honoraires que si le médecin a commis dans son traitement une faute grave qui a eu pour effet d'empêcher la guérison et d'engager sa responsabilité (5).

(1) Tr. Vassy. 29 nov. 1882. *Gaz*. *Pal*. 83. 2. 356, 2e partie.
(2) *Pand. franç*. 96. 2. 26 et la note.
(3) *Rev. jurispr. méd*. 1897, p. 290.
(4) Cass. 27 juin 1858. J. P. 58. 273.
(5) Tr. Seine, 7 déc. 1883. *Gaz*. *Pal*. 84. 1. 14.

§ 4. — Compétence.

L'action du médecin étant essentiellement personnelle et mobilière doit être portée devant le juge de paix du domicile du débiteur si la créance est inférieure à 200 francs. Le juge de paix statue en dernier ressort jusqu'à la valeur de 100 francs et à charge d'appel jusqu'à la valeur de 200 francs. L'appel est porté devant le tribunal civil d'arrondissement.

Si la créance dépasse la somme de 200 francs, la demande doit être introduite devant le tribunal civil de première instance du lieu où le débiteur a son domicile. Le tribunal statue en dernier ressort jusqu'à 1.500 francs et à charge d'appel audelà de cette somme. L'appel est porté devant la Cour d'appel.

Si le débiteur n'est pas commerçant et qu'une contribution judiciaire soit ouverte sur lui, le médecin pourra produire à la contribution par l'intermédiaire d'un avoué de première instance, avec demande de privilège conformément aux articles 660 et 661 du Code de Procédure.

Si le débiteur, au contraire, est commerçant et tombe en faillite ou est déclaré en état de liquidation judiciaire, le médecin produira à la faillite ou à la liquidation, entre les mains du greffier du tribunal de commerce ou aux mains des syndics ou des liquidateurs par bordereau indicatif des sommes réclamées et avec demande de privilège. (Art. 491, 492 C. de Com. art. 11. L. 4 mars 1889.)

SECTION III. — PRESCRIPTION DES HONORAIRES

« L'action des médecins, chirurgiens, chirurgiens-dentistes, sages-femmes et pharmaciens pour leurs visites, opérations et médicaments, se prescrit par deux ans » (article 2272 *in fine* du Code civil modifié par la loi du 30 novembre 1892).

Cette loi substitue à l'ancienne prescription d'un an, la prescription de deux ans. La prescription de cinq ans qui figurait dans le projet a été écartée. De plus, elle assimile aux médecins et pharmaciens, les chirurgiens-dentistes et les sages-femmes, qui n'étaient pas visés par l'ancien texte. Elle supprime ainsi les doutes qui s'étaient élevés avant 1892 sur le point de savoir si l'article 2272 leur était applicable.

Cette prescription s'applique aux visites et opérations des médecins, mais la Cour de cassation refuse de l'appliquer aux fournitures d'appareils et aux médicaments. Les principes d'interprétation restrictive qui gouvernent la matière ne permettent pas, dit-elle, d'étendre cette prescription spéciale aux cas non prévus par la loi (1).

(1) Cass. 19 juin 1882. S. 84. 1. 21.

§ 1. — Fondement de cette Prescription.

Cette prescription repose sur une présomption de payement, et s'explique par les deux considérations suivantes :
La loi présume qu'après le laps de deux ans, le débiteur
s'est libéré parce qu'il est d'usage d'acquitter sans un long
retard les honoraires du médecin. D'autre part, cette
créance n'étant pas ordinairement constatée par écrit, le
débiteur néglige souvent en payant d'en retirer quittance.
Aussi, le Code supplée par la prescription au titre qui peut
lui manquer à l'effet d'établir sa libération.

La loi n'exige pas en principe que le débiteur allègue
expressément qu'il a payé. Il peut opposer la prescription
sans préciser davantage. Seulement, le médecin peut exiger qu'il confirme son assertion par le serment de crédulité ou de crédibilité, art. 2.275. Le texte établit une légère
différence entre le cas où il s'agit du débiteur lui-même et
celui où il s'agit de ses ayants cause.

Si la prescription est invoquée par le débiteur lui-même
et que le médecin lui défère le serment, le client n'échap-
pera à une condamnation qu'en jurant qu'il a réellement
payé. La loi exige une affirmation catégorique, parce que
le payement est un fait personnel du débiteur.

Il suffit, au contraire, à la veuve, aux héritiers, ou au
tuteur d'affirmer sous serment qu'ils n'ont pas connaissance de la dette.

Si la mère tutrice s'est remariée, le serment doit être

déféré au mari co-tuteur en même temps qu'à la mère tutrice, car il concourt avec elle à la représentation du mineur. La prescription serait sans force et le médecin obtiendrait gain de cause, s'ils n'étaient pas d'accord pour prêter le serment dont il s'agit (1).

L'énumération du texte étant limitative, nous estimons avec la majorité des auteurs que le serment de crédulité ne pourrait pas être déféré à un syndic de faillite, à un curateur, à un liquidateur, ou à l'administrateur d'une succession vacante. Du reste, ces personnes n'ont pas ordinairement connaissance de la réclamation qui est faite, à quoi servirait dès lors le serment ? (2).

Un jugement du tribunal de la Seine du 7 février 1893 (3) a adopté cette solution en ce qui concerne l'administrateur d'une succession bénéficiaire, quoiqu'un arrêt plus ancien de la Cour de Bordeaux, en date du 31 janvier 1827, ait permis de déférer le serment au syndic de faillite.

Si, d'après la jurisprudence la plus récente, le serment ne peut être déféré à ces personnes, il ne s'ensuit pas qu'elles ne puissent opposer la prescription. Le jugement précité du tribunal de la Seine leur a cependant refusé ce droit, mais MM. Lyon-Caen et Renault (4) estiment avec

(1) V. Tr. de Rennes, 4 janv. 1882. S. 84. 2. 64 et la note de Labbé.

(2) V. en ce sens, Lyon-Caen et Renault. IV. n° 451. — Laurent, tome 32, n° 516.

(3) *Le Droit*, 10 mars 1893.

(4) *Loc. cit.*

raison qu'il y a là une erreur et qu'il est tout à fait contraire à la loi de décider que la prescription ne peut être opposée aux représentants du débiteur auxquels on ne pourrait pas déférer le serment de crédulité.

Le médecin pourrait-il écarter la prescription qui lui est opposée par une preuve autre que celle tirée du serment ?

La jurisprudence assimile au refus de prêter serment l'aveu du débiteur qu'il n'a pas payé. Si la loi permet de condamner le débiteur qui refuse de prêter le serment déféré par le créancier, c'est vraisemblablement parce que ce refus est un aveu tacite de non payement.

Dès lors il semble logique de généraliser cette idée et de décider que tout aveu exprès ou tacite rend la prescription non recevable. C'est ce raisonnement qui a amené la jurisprudence à empêcher le débiteur d'opposer la prescription dans les hypothèses suivantes : quand il a reconnu devant le tribunal qu'il n'a pas payé ; quand il a avoué tacitement le fait du non-paiement en commençant par nier la dette et contester qu'il ait jamais été débiteur (1) ; enfin quand il a commencé par invoquer un moyen de défense exclusif de l'idée de paiement, par exemple une remise de dette (2).

En sens inverse, le fait d'avoir demandé la justification du compte ou soutenu que le créancier ne prouvait pas suffisamment l'exactitude de ses prétentions n'a pas empê-

(1) Bruxelles, 28 janv. 1892. S. 92. 4. 24. Cass, 31 octobre 1894 S. 95. 1. 29.
(2) Cass, 28 janv. 1869. S. 69. 1. 104.

ché le débiteur de pouvoir opposer ensuite la prescription (1).

M. Laurent (2) critique cette jurisprudence et prétend qu'une première concession doit en entraîner d'autres. « Si on admet une preuve autre que le serment, dit-il, il n'y a plus de motifs de s'arrêter à l'aveu. »

Cette critique ne nous paraît pas fondée, et nous estimons qu'il n'y a pas contradiction à admettre l'aveu et à rejeter d'autres modes de preuve, notamment l'interrogatoire. On comprend, en effet, que la loi ait voulu éviter pour ces petits procès les frais et les lenteurs. De plus, est-il admissible que le débiteur puisse invoquer une prescription qui ne repose que sur une présomption de paiement, malgré son aveu qu'il n'a pas payé la dette? Concevrait-on que le débiteur fût autorisé à jurer qu'il a payé après avoir avoué qu'il ne l'a pas fait? Nous admettons donc avec la majorité des auteurs que l'aveu exprès ou tacite du débiteur le rend non recevable à opposer la prescription (3).

Mais il ne faut pas aller plus loin. Et le médecin ne pourrait repousser l'exception de prescription en soutenant qu'il résulte des circonstances de la cause que le paiement

______

(1) Bruxelles précité.

(2) Tome XXXII, n° 420.

(3) V. en ce sens : Cass. 22 avril 1891. S. 91. 1. 208. — 4 nov. 1891. S. 91. 1. 519. — Troplong, n° 995. — Leroux de Bretagne, n° 1298. — Aubry et Rau, VIII, p. 447, § 774, note 85. — Baudry et Tissier, *Prescription*, n° 748 et suiv.

n'a pas eu lieu ; il ne pourrait pas provoquer un aveu par un interrogatoire sur faits ou articles, ou par une comparution personnelle des parties. Il ne pourrait pas davantage écarter la prescription par la preuve testimoniale. Nous sommes en présence d'une présomption *juris et de jure* : Or, nulle preuve n'est admise, dit l'article 1352, contre la présomption de la loi, quand sur le fondement de cette présomption elle dénie l'action en justice. Il est certain que la loi refuse ici au créancier l'action puisqu'elle permet de la repousser par une exception péremptoire. On ne peut donc admettre contre cette présomption que la preuve réservée par le texte et l'esprit de l'article 2275, c'est-à-dire, l'aveu exprès ou tacite, et notamment, celui qui résulte du refus de prêter serment. La jurisprudence de la Cour de cassation est fixée en ce sens (1).

§ 2. — Point de départ de la prescription.

Court-elle à compter de chaque visite, de sorte que le débiteur pourra opposer la prescription pour toute visite remontant à plus de deux ans? Ou bien, ne commence-t-elle à courir que du jour de la cessation des rapports du médecin avec son malade ?

C'est là une question très délicate qui divise encore les auteurs faute d'avoir été tranchée par la nouvelle législation médicale.

(1) V. les arrêts précités.

Un premier système très rigoureux considère chaque visite comme une créance distincte susceptible d'être atteinte isolément par la prescription de deux ans. L'article 2274, dit-on, supplée au silence de l'article 2272 sur le point de départ de la prescription en la faisant courir malgré la continuation des services. D'autre part, il est de principe que la prescription court du jour où l'action est ouverte, par conséquent du jour de chaque visite, puisque l'action est ouverte au profit du médecin à partir de ce moment. Si en fait les usages ne permettent guère au médecin de réclamer immédiatement le payement de ses honoraires, cela n'empêche pas qu'en droit, chaque acte d'assistance médicale constitue une créance distincte pusqu'il taxe ses honoraires à tant par visite. L'intervalle de deux ans suffit d'ailleurs amplement à sauvegarder la dignité professionnelle (1).

Dans un second système que je préfère, on reconnait que chaque visite constitue une créance distincte, mais on fait remarquer que chacune de ces créances n'est pas toujours exigible dès qu'elle est née, comme on le prétend dans le premier système. A défaut de convention expresse, en effet, l'époque de l'exigibilité d'une créance est déterminée par les usages de la localité et surtout par les habitudes du créancier et du débiteur, habitudes qui équivalent

(1) En ce sens : Limoges, 3 juillet 1839. S. 40. 2. 57. — Caen, 21 avril 1868. S. 69. 2. 97. — Vazeille, nº 733.— Aubry et Rau, VIII, p. 442. — Laurent, XXXII, nº 524.

à une convention tacite. L'article 1160 du Code civil dit formellement que l'on doit suppléer dans les contrats les clauses d'usage, quoiqu'elles n'y soient pas exprimées. Il en résulte que si les usages prohibent le payement visite par visite comme contraire à la dignité médicale, chaque visite doit être considérée en réalité comme une créance à terme. La prescription ne doit par conséquent commencer à courir que lorsque le jour du terme est arrivé, art. (2257), le plus souvent la fin de la maladie, si elle est accidentelle ou aiguë, un certain délai d'usage quand il s'agit d'une maladie chronique (1).

Qu'importe que l'article 2274 fasse courir la prescription malgré la continuation des services. La loi parle dans cet article le langage de la pratique. Or, le mot services n'est pas employé ordinairement pour désigner les soins d'un médecin; et à supposer que le législateur l'ait employé en ce sens, l'argument ne serait pas plus convaicant : l'article, en effet, fait courir la prescription malgré la continuation des services; or, tant que la maladie n'a pas cessé, on ne peut pas dire que le service du médecin est terminé, celui-ci achève le service commencé.

Du reste, certains partisans du premier système, notamment l'annotateur de l'arrêt de la Cour de Caen précité, reconnaissent que s'il existait entre le malade et son médecin, quant au mode de payement, une convention

____

(1) En ce sens : Marcadé sur l'art. 2274, n° 3. — Mourlon, III, n° 1970. — Chambéry, 28 fév. 1872. S. 73. 2. 298.

formelle ou tacite, cette convention ferait loi entre les parties. Cet aveu ne peut-il pas être considéré comme la condamnation de leur théorie?

La jurisprudence belge a proposé une troisième solution très simple : elle décide qu'il faut tenir compte de l'usage qu'ont beaucoup de médecins de réclamer leurs honoraires à la fin de chaque année, et elle fait courir la prescription à compter du 1er janvier qui suit les visites faites (1).

Enfin, la jurisprudence française la plus récente, s'appuyant sur les précédents historiques, estime que le médecin n'a pas autant de créances distinctes qu'il a rendu de visites, mais une seule et même créance, consommée, c'est-à-dire complète et définitivement exigible quand les rapports du malade et du médecin ont cessé. Il en résulte que la prescription ne peut courir, même pour les maladies chroniques, que du jour de la guérison du malade, de sa mort ou de la cessation du traitement (2). Toutefois les partisans de ce système admettent une restriction : Si une maladie se divise en périodes entre lesquelles il y a cessation de traitement, la prescription court quant à chaque période du jour où elle s'est terminée.

Bien que cette théorie ait été formulée sans protesta-

____

(1) Bruxelles, 28 janv. 1892. S. 92. 4. 24.— Tr. de Gand, 16 janv. 1894. S. 94. 4. 32.

(2) En ce sens : Tr. de la Seine, 15 juillet 1870. S. 72. 2. 24. Pothier, *Oblig.* no 715. — Rousseau de la Combe, *Recueil de jurisprudence,* , vo Presc. Section V. no 1. — Roland. *Lois nouvelles,* 1893, 1. 126.

tion dans la discussion de la loi récente du 30 novembre 1892, la seconde opinion basée sur ce qu'il intervient le plus souvent une convention tacite entre le malade et son médecin au sujet du payement des honoraires, nous paraît plus exacte.

§ 3. — Causes d'interruption de la prescription.

La prescription des honoraires du médecin, une fois qu'elle aura commencé à courir, sera interrompue quand il y aura eu compte arrêté, cédule ou obligation, ou citation en justice non périmée. (Art. 2274, Code civil.)

Examinons rapidement chacune de ces causes d'interruption :

1. *Compte arrêté.* — On entend par là une reconnaissance écrite de la dette par le débiteur au bas du mémoire ou du registre du médecin. La Cour de cassation a même jugé le 11 juillet 1820 (1), que la lettre par laquelle une personne répond au médecin qui lui envoie le montant de ses honoraires « qu'elle passera chez lui pour le remercier des soins qu'il lui a prodigués », peut être considérée comme constituant une obligation de payer de la part de cette personne, obligation la rendant non recevable à invoquer la prescription de l'article 2272. Toutefois, on ne saurait tirer de cet arrêt une règle générale et absolue,

____

(1) Dalloz. Rep. v° *Presc.* n° 1040.

car il semble que d'autres circonstances aient motivé cette décision d'espèce.

II. *Cédule*. — C'est l'acte séparé et sous seing privé, par lequel on se reconnaît débiteur.

II. *Obligation*. — C'est la même reconnaissance par acte notarié.

IV. *Citation en justice non périmée*. — Elle interrompt la prescription pendant toute la durée de l'instance, et une fois le jugement rendu, ce jugement produit le même effet qu'une reconnaissance émanée du débiteur.

On s'explique parfaitement que le législateur interrompe la prescription dans ces différentes hypothèses, car le double motif, sur lequel reposait cette prescription spéciale a cessé d'exister : Le créancier n'a plus le même motif d'agir dans un bref délai, puisque la dette est constatée par écrit ; d'autre part, le débiteur, en payant, retirera certainement le titre ou se fera signer une quittance.

Ces causes d'interruption ne sont cependant pas les seules, et d'après les articles 2244 et suivants du Code civil, la prescription est encore interrompue par un commandement, une saisie, une citation en conciliation suivie dans les délais de droit d'une assignation en justice.

Il est vrai que l'article 2272 ne parle pas de ces actes juridiques d'interpellation, mais vraisemblablement, c'est parce qu'un commandement ou une saisie ne peuvent se pratiquer sans titre, et qu'il s'agit ici de créances qui ne sont pas ordinairement constatées par écrit.

Voici quels sont les effets propres à chacune de ces catégories d'actes interruptifs :

Les actes d'interpellation (commandement, saisie, citation en conciliation) ont pour effet d'anéantir tout le temps de la prescription qui s'est écoulé, mais ils n'empêchent pas qu'une nouvelle prescription ne commence à courir et ne s'accomplisse par le même laps de temps, c'est-à-dire deux ans L'interruption ne change en effet ni le caractère, ni les conditions de la prescription (1).

Les actes de reconnaissance de dette : compte arrêté, cédule, obligation, jugement ont un effet beaucoup plus important. Mais encore faut-il, selon nous, distinguer entre le cas où la reconnaissance emporte novation et celui où elle n'opère pas novation.

S'il n'y a pas novation (ce qui arrivera dans le cas de compte arrêté) la prescription de deux ans recommencera à courir. L'acte de reconnaissance n'est dans ce cas qu'une confirmation pure et simple de la dette, et il la laisse subsister avec toutes ses conséquences légales, sans aucunement la modifier.

Si l'acte de reconnaissance emporte novation, et transforme la dette primitive, une nouvelle prescription pourra courir, et sa durée sera déterminée par la nature de la nouvelle dette substituée à l'ancienne.

Ainsi dans l'hypothèse où le débiteur a souscrit au médecin un billet à ordre, la prescription sera de cinq ans

____

(1) Cfr. : Aubry et Rau, II. § 215. p. 364. note 77.

(article 189, C. de Com.) Si le nouveau titre est une obligation, ce sera la prescription de trente ans qui sera applicable (art. 2262 C. civ.) (1).

(1) Cfr dans le même sens : Caen, 20 juillet 1874. S. 74. 2. 305 et la note où ces distinctions sont très bien précisées. — Aubry et Rau, II, § 215, p. 365, note 79. — Leroux de Bretagne, 1, n° 466, p. 333.

CHAPITRE IV

DU SECRET PROFESSIONNEL

Les médecins sont appelés à raison de leur profession à connaître certains faits de nature intime et à recevoir de leurs clients des communications confidentielles. Ils ont toujours considéré à juste titre que l'un de leurs devoirs les plus impérieux était de garder le silence sur ce qu'ils avaient appris dans l'exercice de leur art. Nos anciennes corporations médicales et nos vieilles Facultés suivant les traditions d'Hippocrate, leur en imposaient, du reste, l'obligation sous serment. D'autre part, Jousse nous apprend que les usages judiciaires autorisaient les médecins à ne pas déposer en justice, excepté lorsqu'il s'agissait d'un crime de lèse-majesté. Plusieurs arrêts du Parlement de Paris, malgré le silence de notre ancienne législation, donnèrent même dans certains cas une sanction à l'obligation au secret et condamnèrent à l'amende certains médecins qui avaient révélé hors de propos dans leur réclamation d'honoraires la maladie dont leurs clients étaient atteints. Cette jurisprudence des Parlements fut définitivement consacrée en 1810, lors de la promulgation du Code pénal; et le secret médical, qui n'avait été jusque-là qu'une obligation professionnelle fût doublée d'une obligation légale. Malheureusement, un seul article, l'article 378 a été consacré à cette matière délicate. En voici le texte :

« Les médecins, chirurgiens et autres officiers de santé, ainsi que les pharmaciens, les sages-femmes et toutes autres personnes dépositaires par état ou profession, des secrets qu'on leur confie, qui, hors les cas où la loi les oblige à se porter dénonciateurs, auront révélé ces secrets, seront punis d'un emprisonnement de 1 mois à 6 mois et d'une amende de 100 francs à 500 francs. »

Cet article, qui se borne à formuler et à sanctionner le principe du secret professionnel, dans des termes indifférents aux cas et aux nuances, a suscité de nombreuses difficultés quand il s'est agi de régler les hypothèses pratiques laissées dans l'ombre par le législateur. Ce qui a beaucoup contribué à augmenter les incertitudes du corps médical, c'est que le secret professionnel tient de très près aux susceptibilités de la conscience. Il est permis dès lors de se demander si les rédacteurs du Code pénal ont été bien inspirés en imposant au médecin une règle de conduite pour ainsi dire immuable dans toutes les hypothèses qui peuvent se présenter au cours de sa carrière. Quoiqu'il en soit, si le médecin a incontestablement le droit de critiquer la loi dans ce qu'elle peut avoir de trop absolu, il ne doit pas oublier que son devoir est de l'observer telle qu'elle existe. La violation de l'article 378 aurait pour conséquence d'entraîner contre le médecin une condamnation pénale. De plus, la partie qui se croirait lésée par son indiscrétion pourrait intenter contre lui une action en dommages-intérêts, conformément aux principes généraux de notre droit.

Nous étudierons dans ce chapitre : 1° la raison d'être de l'article 378, ce qu'on peut appeler le principe du secret médical ; 2° nous passerons en revue les éléments constitutifs du délit de révélation ; 3° nous nous demanderons si la révélation n'est jamais permise.

Section I. — Principe du Secret médical

Les auteurs expliquent l'article 378 de deux manières différentes : Les uns ne voient dans cette disposition que la sanction d'une convention librement intervenue entre le médecin et son client, convention qui donne à ce dernier le droit d'exiger le silence de celui auquel il s'est confié. Dans ce système, le secret médical constitue une sauvegarde pour le client avant d'être une institution d'ordre public. Le malade a par suite le droit de relever le médecin d'une obligation qui est établie surtout dans son intérêt, il peut autoriser son confident à parler sans que celui-ci ait à redouter les pénalités de l'art. 378 (1).

(1) V. en ce sens: Verwaest : *Étude médico-légale sur le secret professionnel*, p. 17 et suiv.

D'autres, au contraire, et ce sont les plus nombreux, considèrent cet article comme étant avant tout une institution d'ordre public. Pour eux, le principe du secret médical a été sanctionné dans l'intérêt même de la société. La profession médicale, disent-ils, est une de celles sur lesquelles la société s'appuie. Il est, dès lors, indispensable que la société ait une entière confiance en ceux qui exercent cette profession. Tolérer que le médecin puisse parler, c'est diminuer la confiance qu'il doit inspirer. Le malade, en effet, préférera se taire, à ses risques et périls, plutôt que de voir dévoiler une affection qu'il a intérêt à cacher. La santé publique est donc intéressée au plus haut degré à ce que l'obligation au secret soit imposée aux membres du corps médical.

S'il en est ainsi, le client n'a pas qualité pour relever le praticien d'une obligation qui s'impose à lui par la seule décision de la loi pénale au profit de la société tout entière, et le médecin encourra les rigueurs de la loi pour avoir parlé, même après y avoir été autorisé. D'autre part, si un conflit s'élève entre l'article 378 et une autre disposition légale, le médecin devra avant tout, donner satisfaction au principe du secret médical. En un mot, le silence apparaît dans ce système comme une règle impérative et absolue dont l'homme de l'art ne doit jamais se départir (1).

(1) V. en ce sens : le *Secret professionnel*, Brouardel, le *Secret médical*, p. 52, Hallays, le *Secret professionnel*, p. 5 et 38.

Cette seconde façon d'envisager l'obligation du secret médical nous paraît plus exacte que la première. L'indiscrétion dont se rend coupable le médecin, constitue, en effet, un danger public indépendamment des conséquences fâcheuses qu'elle peut avoir pour le malade dont le secret a été trahi. On ne comprend guère, du reste, dans le premier système qu'une sanction pénale soit nécessaire pour assurer l'exécution d'un contrat particulier.

Cette thèse du secret professionnel absolu semble prévaloir actuellement dans la doctrine; elle paraît également être définitivement consacrée dans l'arrêt de la Cour de cassation du 4 décembre 1891 (1), relatif aux ministres des cultes légalement reconnus, qui sont, au même titre que les médecins, tenus de garder le secret sur les révélations qui ont pu leur être faites à raison de leurs fonctions. Toutefois, si nous croyons devoir nous rallier à cette construction juridique du secret absolu, nous nous réservons le droit d'y apporter, avec la jurisprudence, une restriction à propos du témoignage en justice.

SECTION II. — ELÉMENTS CONSTITUTIFS DU DÉLIT DE RÉVÉLATION

Nous en trouvons trois :

1° La qualité de l'agent ;

2° La nature du fait relevé ;

3° La volonté de faire une révélation.

(1) S. 92. 1. 473 et la note.

§ 1. — Qualité de l'agent.

L'article 378 embrasse l'ensemble du corps médical : il s'applique aux médecins, chirurgiens, officiers de santé, pharmaciens et sages-femmes. Quant aux dentistes, s'ils ne figurent pas dans l'énumération légale, ils sont cependant astreints à l'obligation du silence, car ils rentrent dans la catégorie « des personnes dépositaires par état ou profession des secrets qu'on leur confie », dont il est question dans l'article 378.

Il doit en être de même des gardes-malades et des auxiliaires, étudiants en médecine ou internes, qui assistent ceux qui pratiquent l'art de guérir dans l'exercice de leur profession : ce sont en quelque sorte des confidents nécessaires. La Cour de cassation a cependant jugé le 8 décembre 1864 « que les dispositions restrictives de l'article 378 ne sauraient être étendues à ceux qui, sous la direction d'un médecin, sont appelés accidentellement à soigner un malade (1) ». Mais cette jurisprudence nous paraît critiquable d'abord parce qu'elle fournit au médecin le moyen d'éluder la prohibition de l'article 378, en s'adjoignant un aide qui pourra révéler impunément ce qu'il a le devoir de taire, ensuite parce qu'elle ne tient pas suffisamment compte de la formule générale de l'article, dans laquelle on peut faire rentrer ces personnes, sans pourtant forcer le texte de la loi.

(1) *Bull. crim*, n° 278.

Par application de l'article 59 du Code pénal, les peines qui frappent la révélation peuvent être encourues aussi par tous ceux qui se sont faits complices du révélateur, soit en provoquant celui-ci à la révélation, soit en lui prêtant leur concours dans la consommation du délit, pourvu toutefois que cette provocation et ce concours rentrent dans l'un des modes énumérés par l'article 60.

C'est ainsi que la Cour de cassation a jugé que la condamnation prononcée contre celui qui, par dons ou promesses, avait déterminé une personne soumise au secret professionnel à commettre des indiscrétions intéressées, était parfaitement justifiée (1).

De même, le Tribunal correctionnel de la Seine a décidé, le 11 mars 1885 (2), que le fait d'insérer dans un journal la lettre d'un médecin, contenant une révélation de faits confidentiels relatifs à l'un de ses clients, constituait de la part du gérant la complicité définie par l'article 60, C. pén. Ce dernier cas mérite un examen particulier. Le médecin qui demande à un journal l'insertion d'une lettre relatant des faits destinés par leur nature à rester secrets commet un double délit : le premier résulte du fait d'écrire la lettre au journal. Cette première révélation qui met un tiers au courant de faits confidentiels tombe sous le coup de l'art. 378. Le second délit consiste dans la publication de la lettre conformément aux intentions du médecin. Cette seconde révélation est également punissable.

(1) D. P. 86. 1. 475.
(2) S. 85. 2. 121.

Que le journal ne soit pas complice du premier délit, c'est un fait évident : il a joué un rôle purement passif en recevant la lettre qui lui était destinée. Mais la seconde révélation n'a pu se consommer qu'au moyen de l'insertion faite par le gérant. Ce concours constitue la complicité définie par l'article 60, et le journal s'expose dès lors à se faire appliquer les pénalités de l'art. 378.

Il en serait autrement si le tiers révélateur s'était fait simplement l'écho d'indiscrétions commises devant lui par le médecin, et notamment, si le journal s'était borné à reproduire dans ses colonnes, sans y avoir été invité par le praticien, une conversation au cours de laquelle celui-ci aurait manqué à la loi du silence. Le médecin pourrait dans ce cas être poursuivi en vertu de l'art. 378, mais nous ne croyons pas que le journal puisse être poursuivi comme complice, car il n'a pas participé à l'une des phases du délit, il s'est borné à en révéler l'existence.

En résumé, en dehors du cas de complicité par dons ou promesses, ou par assistance dans la consommation du délit, toute personne étrangère au corps médical ne peut être frappée des peines de l'article 378, sans qu'il y ait à distinguer, comme le remarque M. Muteau, si elle a eu connaissance des faits divulgués « involontairement et par l'effet du hasard, ou volontairement par l'effet d'une surprise directe et personnelle. » Ainsi l'individu qui prendrait la fausse qualité de médecin pour surprendre des faits confidentiels ne tomberait pas sous le coup de l'art. 378.

§ 2. — Nature du fait révélé.

Ce qui est prohibé par la loi, c'est la révélation de tout secret, mais à quelle condition le fait parvenu à la connaissance du médecin constituera-t-il pour lui un secret au sens de l'art. 378 ?

M. Dalloz (1) s'attachant à la place occupée par l'art. 378 dans le Code pénal, et visiblement inspiré par ces mots du serment d'Hippocrate *quæ in vulgus efferi non decet* ne considère comme secrets que les faits dont la révélation est de nature à porter atteinte à l'honneur et à la réputation du client. Ce système qui s'attache exclusivement à la nature de la maladie, pour décider si le médecin pourra parler ou devra se taire nous paraît erroné comme faisant une distinction que l'art. 378 n'autorise en aucune façon, et comme étant bien souvent en contradiction avec l'intention du malade. Il se peut en effet que celui-ci ait grand intérêt à ce que l'affection même bénigne dont il souffre ne soit pas dévoilée. Tel est le cas du domestique sujet à la migraine qui désire louer ses services.

Faut-il admettre alors que le secret médical soit constitué par la seule volonté du client (2) ? Nous ne le croyons pas davantage : un pareil système a pour inconvénient de laisser le médecin dans l'embarras quand le client aura

(1) Rep. V. *Révélation de Secrets*, 16.
(2) V. en ce sens : Verwaest, p. 16.

négligé de s'expliquer ou que son intention sera douteuse. Nous croyons plus exact de décider que la discrétion doit s'étendre à tous les faits que le médecin a pu apprendre dans l'exercice de sa profession ou même à raison de sa profession. Comme le fait observer **M. Garraud** (1) : « il n'y a pas plusieurs espèces de secrets professionnels, et tout fait qui est parvenu à la connaissance d'un médecin à l'occasion de ses fonctions, a le même caractère au point de vue de l'obligation qui s'impose à lui de ne pas le divulguer. Sans doute, l'art. 378 paraît restreindre cette obligation aux secrets *qu'on lui confie*, mais ce serait méconnaître l'esprit de la loi que d'interpréter ces expressions comme une réserve au devoir absolu du silence. Dès qu'un médecin a reçu ou surpris un secret, à cause de la confiance qui s'attache à sa profession, il est toujours tenu au silence, parce qu'il est toujours un confident nécessaire. »

La jurisprudence a eu à statuer sur cette question non pas au point de vue de la révélation punissable, mais pour décider dans quels cas le témoin cité en justice peut se refuser à témoigner à raison du secret professionnel. Nous aurons à revenir plus loin sur cette question, mais notons immédiatement que la Cour de cassation, dans un arrêt récent, paraît se ranger (2) définitivement au système

---

(1) *Traité théorique et pratique de droit pénal français.* V. n° 54.

(2) Cass., 4 décembre 1891. S. 92. 1. 471 et la note.

que nous avons exposé en dernier lieu : elle a décidé qu'une personne astreinte au secret professionnel devait garder le silence sur les révélations qui avaient pu lui être faites dans l'exercice de sa profession ou à raison de sa profession. Quoique l'espèce soumise à la Cour suprême fût relative à un ministre du culte, la même solution nous paraît devoir être suivie en ce qui concerne les médecins, car il est illogique d'admettre que la règle ne soit pas la même pour toutes les professions astreintes au secret par l'article 378.

La notoriété des faits divulgués ne ferait pas disparaître le caractère délictueux de la révélation. La jurisprudence est fixée définitivement en ce sens (1).

Comme le disait très exactement M. Tanon, conseiller rapporteur dans la célèbre affaire Watelet (2) : « Quel sera le genre de notoriété qui fournira cette excuse au médecin ? De simples bruits dans le public ou quelques nouvelles de presse suffiront-ils ?... Mais quelle que soit cette notoriété, le témoignage du dépositaire du secret viendra toujours y ajouter quelque chose ; il transformera toujours en un fait avéré, certain, ce qui n'avait été jus-qu'alors qu'un fait, peut-être divulgué, mais livré à la controverse. »

____

(1) V. Cass., 19 déc. 1885. S. 86. 1. 86. — Besançon, 23 mai 1888. *Le Droit*, 9 juin 1888.
(2) Cass., précité.

§ 3. — Volonté de faire une révélation.

Le troisième élément du délit, c'est que le secret ait été révélé volontairement. Il n'est pas nécessaire qu'il ait été révélé à un grand nombre de personnes (1). L'article 378, à la différence des lois sur la diffamation n'exige aucune publicité pour l'existence du délit. La révélation serait délictueuse alors même qu'elle n'aurait été faite qu'à une seule personne.

Mais la révélation doit être intentionnelle. Le médecin doit avoir eu l'intention de révéler le fait confidentiel. Si la révélation était le résultat d'un cas fortuit, d'une imprudence, d'une négligence, la responsabilité pénale du médecin serait hors de cause, et sa responsabilité civile seule pourrait être engagée conformément à l'art. 1383 du Code civil relatif au quasi-délit. Tel serait le cas du praticien oubliant sur sa table une lettre contenant une demande de consultation d'un de ses clients, et dont un tiers indiscret aurait colporté les détails.

Si la révélation doit être volontaire, faut-il en outre qu'elle ait été faite dans le dessein de nuire?

MM. Chauveau et Hélie (2) ont soutenu l'affirmative, en s'appuyant : 1° sur le principe de droit qu'il n'y a pas de délit sans intention, 2° sur la place occupée par l'article 378

(1) Cass., 24 nov. 1874. *Bull. crim.*, n° 298.
(2) *Théorie du Code pénal*, tome V, n° 1872.

dans le Code pénal et 3° sur les termes de l'exposé des motifs de l'article 378.

On a fort bien répondu aux savants criminalistes que prétendre qu'il n'y a pas de délit sans intention de nuire, c'est confondre l'intention de commettre le délit et les motifs qui portent à le commettre. Comme le dit M. Garraud (1) : « L'intention criminelle consiste ici, comme dans la plupart des délits, uniquement dans la volonté de l'agent de commettre une action dont il n'ignore pas la criminalité, c'est-à-dire, de révéler un secret qu'il n'a connu que dans l'exercice de sa profession ou à l'occasion de cet exercice, sachant que cette révélation est prohibée par la loi pénale. Le dessein de nuire ou de se procurer à soi-même un profit illicite n'est pas nécessaire pour l'existence du délit, qui comprend les révélations indiscrètes, aussi bien que les révélations inspirées par la cupidité, la méchanceté, le dessein de diffamer. » Il importe peu que la révélation de secret soit placée sous la même rubrique que la calomnie ou l'injure. Ce simple rapprochement en quelque sorte typographique ne suffit pas pour assimiler des délits absolument différents au point de vue de l'élément moral. Du reste, les travaux préparatoires indiquent clairement que la loi a voulu punir aussi bien les révélations indiscrètes que les révélations méchantes (2).

La Cour de cassation, qui avait adopté d'abord le sys-

(1) V. n° 55.
(2) Voir Locré, t. XXX, p. 494.

tème que nous combattons (1), est revenue sur sa première jurisprudence : elle a jugé qu'il n'était pas nécessaire que la révélation fût accompagnée de l'intention de nuire. Il suffit qu'elle ait été faite volontairement et en connaissance de cause, peu importe les mobiles qui ont déterminé le révélateur (2).

La Cour suprême a appliqué ces principes à un médecin qui avait publié dans un journal une lettre relatant les causes de la mort de l'un de ses clients afin de se justifier de certaines accusations d'impéritie dont il avait été l'objet.

SECTION III. — LA RÉVÉLATION N'EST-ELLE JAMAIS PERMISE ?

Il est impossible de tracer des règles précises pour déterminer à l'avance les cas où le médecin peut ou doit révéler les faits parvenus à sa connaissance et ceux où il est tenu à les céler. Ce qu'il importe de retenir c'est qu'en principe le médecin est tenu au secret; donc, en thèse générale, il doit garder le silence sous peine de se voir appliquer l'article 378, C. pén. Ceci posé, parcourons les différentes hypothèses où la question de savoir, si la révélation peut être autorisée, présente le plus d'intérêt.

(1) Cass., 23 juillet 1830. D. A. Vos témoin, n° 46.
(2) Cass., 19 décembre 1885. S. 86. 1. 86, et le rapport de M. le conseiller Tanon. — V. dans le même sens, Rauter II, p. 104. Muteau, p. 6. Hallays, p. 25.

§ 1. — Révélation faite avec le consentement de l'intéressé.

L'obligation au secret ne disparaît-elle pas par le consentement de l'intéressé?

Le consentement peut avoir été donné soit avant, soit après la révélation.

Ecartons immédiatement l'hypothèse où il est intervenu après la révélation. Il est certain qu'une fois la révélation consommée, la personne qui pourrait s'en plaindre à le droit d'y donner son consentement. Ce consentement *ex post facto* équivaut à la renonciation de son action civile, mais ne supprime ni le caractère délictueux du fait, ni l'action du ministère public. (Art. 4, C. Instr. crim.)

La véritable difficulté est autre : le consentement préalable serait-il efficace et la révélation cesserait-elle alors d'être répréhensible?

L'affirmative n'est pas douteuse si l'on admet que le secret médical découle d'un contrat formel ou tacite intervenu entre le confident et celui qui réclame son conseil : l'autorisation donnée a pour effet de délier le médecin de l'obligation de garder le silence (1).

Il en est de même si l'on admet que l'intention de nuire est une condition essentielle à l'existence du délit : l'assentiment du client enlève à la révélation tout caractère méchant et perfide.

____

(1) V. en ce sens : Verwaest, p. 42.

Mais il en est tout autrement si l'on décide que le secret médical est fondé sur l'ordre public (1). Seulement, comme le fait observer M. Le Poittevin, dans une note sous un arrêt de la Cour de cassation du 9 avril 1895 (2), « il ne suffit peut-être pas de déclarer en ce sens que l'obligation prescrite par l'art. 378 a été établie dans un intérêt général ; que sa violation ne blesse pas seulement la personne qui a confié le secret ; qu'elle blesse la société entière, parce qu'elle enlève à des professions sur laquelle la société s'appuie la confiance qui doit les environner (3), car s'il était entendu que le secret ne peut être révélé que selon le gré de la personne intéressée et jamais contre sa volonté, la crainte d'une indiscrétion n'enlèverait pas aux médecins la confiance dont ils doivent être entourés, puisque chacun, dans chaque cas, serait libre de se refuser souverainement à toute divulgation... Il faut une analyse plus minutieuse et faire valoir d'autres arguments dans le sens de l'ordre public absolu. »

« En premier lieu, dit M. Le Poittevin, il serait difficile de méconnaître les allégations ou présomptions défavorables auxquelles s'exposerait tout individu qui, pouvant autoriser la révélation de son secret, et même dans telle éventualité se trouvant comme mis en demeure de le faire, se renfermerait dans un refus obstiné. Ce refus est alors

______

(1) V. en ce sens : Brouardel, p. 52, Hallays, p, 38.
(2) S. 96. 1. 81.
(3) Sic., Chauveau et Hélie, *Théorie du Code pénal*, V, p. 19.

ou peut devenir synonyme d'aveu ; et pour éviter les inter-
prétations malsonnantes, tel qui aurait refusé se trouverait
pratiquement contraint d'accéder sur l'invitation ouverte
ou dissimulée de tiers calomniateurs.

« D'autre part, l'autorisation ne serait pas toujours
donnée en connaissance de cause. Nous sommes dans une
matière qui peut être très technique, le médecin a parfois
le devoir de ne pas tout dire au client ; il n'est pas seulement le dépositaire de confidences proprement dites,
celui qui s'est confié à son examen lui livre des secrets
sur son état de santé qu'il ignorait lui-même, qu'il peut
être sage de lui laisser ignorer. Dès lors, avec ces précautions que commande la prudence médicale à l'égard du
sujet, combien serait-il délicat de déterminer les cas et la
mesure dans laquelle celui-ci a pu renoncer au secret
légal ? D'autant mieux que la confidence dévoilée peut compromettre ou inquiéter d'autres membres de la même
famille. Mais alors, ajoute M. Le Poittevin, si nous suivons
de proche en proche toutes les conséquences les plus loin-
taines, ces personnes auraient donc eu un intérêt évident
à dissuader d'abord de recourir au médecin ! Aucun de ces
inconvénients, réels ou théoriques, mais non invraisem-
blables, n'apparaît, si la confidence doit rester, quoiqu'il
advienne, fatalement inviolable. »

On voit par ce qui précède que les partisans du secret
absolu s'autorisent d'arguments très pressants. Nous
n'hésitons pas pour notre part à nous rallier à une doctrine
aussi serrée. Quant à la jurisprudence, elle n'est pas défi-

nitivement fixée sur les effets du consentement préalable. Plusieurs arrêts ou jugements ont bien admis que l'autorisation qui pouvait s'appliquer à un secret ordinaire ne saurait dégager du secret professionnel (1). Mais, il importe de remarquer que cette formule très générale en apparence a reçu son application dans des espèces où l'on voulait contraindre le dépositaire du secret à parler malgré lui, quand il voulait garder le silence. L'hypothèse différente d'une révélation volontaire de part et d'autre ne s'est pas encore présentée franchement en jurisprudence. Mais c'est encore la théorie du secret absolu qui paraît s'imposer dans ce cas aux tribunaux, étant données les considérations puissantes que nous avons reproduites plus haut.

En pratique, la question que nous venons d'examiner se pose pour le médecin de la manière suivante : Peut-il impunément, lorsque son client l'y autorise, donner à une compagnie d'assurances avec laquelle son client a l'intention de traiter, les renseignements que cette compagnie sollicite sur la santé du postulant? A-t-il le droit, au cas où une maladie contagieuse a été communiquée par l'un des époux à l'autre époux, de délivrer à l'appui d'une instance en séparation de corps ou en divorce un certificat constatant qu'une telle maladie existe?

Nous allons passer rapidement en revue ces deux hypothèses.

____

(1) V. Grenoble, 24 mai 1882, S. 84. 2. 48. — Adde : Cass., 11 mai 1844. S. 44. 1. 527. — Besançon, 17 février 1887. S. 87. 2. 94.

Avant de conclure une assurance, toute compagnie, afin de se rendre compte des risques qu'elle va courir, soumet le postulant à l'examen d'un médecin choisi par elle. Certaines compagnies vont plus loin et exigent que l'assuré produise en outre sur ses antécédents et son état de santé un certificat de son propre médecin. Quelques-unes stipulent même dans leurs polices que le capital exigible au moment du décès ne sera payé qu'autant que le médecin traitant aura délivré un certificat sur les causes de la mort de son client. Le candidat à l'assurance qui s'adresse à ces compagnies s'engage à remplir ces conditions et autorise par là implicitement son médecin à révéler les faits qui le concernent.

Malgré ce consentement donné à la révélation, nous estimons que le praticien doit toujours, sous peine de violer le secret médical, refuser les certificats de ce genre qui lui sont demandés. L'article 378 est en effet pour nous une institution d'ordre public avant d'être une sauvegarde pour le client. Et, indépendamment de cet argument tiré des motifs qui ont fait établir le principe du secret professionnel, une autre considération milite en faveur de notre solution. Le médecin doit se taire parce qu'en accordant le certificat demandé, il se met dans l'alternative ou de nuire à son client en disant toute la vérité, ou de nuire aux intérêts de la compagnie en dissimulant le fond de sa pensée. On a dit, il est vrai, que le médecin devait parler ou se taire suivant que les renseignements à donner sur son client étaient ou non favorables, mais cette opinion

mixte ne saurait prévaloir : parler aujourd'hui pour se
taire demain, c'est condamner à l'avance tous ceux sur le
compte desquels on refusera de s'expliquer.

Le médecin d'une famille doit donc s'abstenir de déférer aux demandes des sociétés d'assurances, même quand
elles sont appuyées des sollicitations des intéressés.

Et de ce principe que l'abstention s'impose au médecin
traitant en toutes circonstances découle cette conséquence
que, si par hasard, le médecin examinateur attaché à une
compagnie est commis à l'examen d'un de ses clients personnels, il devra toujours se récuser et faire procéder à
l'examen par un autre médecin.

La solution que nous avons admise pour le cas où le
médecin traitant est consulté au moment de la conclusion
de l'assurance s'impose pour des raisons identiques lorsqu'il y a lieu de délivrer un certificat *post mortem* : le
médecin doit refuser systématiquement un pareil certificat. Les compagnies ne pourront pas, du reste, prendre
ce refus comme un prétexte de différer le paiement du
capital. Un jugement du tribunal du Havre du 30 juillet
1888 (1), et un arrêt plus récent de la Cour d'appel de la
Seine, ont repoussé cette prétention : ils ont condamné
les compagnies défenderesses à solder la somme stipulée
dans la police, en faisant remarquer avec raison : 1° Que
le médecin, étant un tiers par rapport au contrat d'assurance de son client, ne pouvait être tenu de ce chef à

____

(1) S. 87, 2, 69,

aucune obligation ; 2° que ceux au profit desquels l'assurance a été contractée devaient être considérés comme ayant
accompli la condition qui leur était imposée par la compagnie dès qu'ils avaient fait tout ce qu'ils pouvaient pour
qu'elle se réalisât. (Art. 1175, Code civil) (1).

Aucune difficulté ne peut se produire en ce qui concerne le médecin examinateur chargé des intérêts de la
compagnie. La question du secret médical ne se pose pas
pour lui. C'est un mandataire, un expert qui doit à son
mandant tous les renseignements que celui-ci l'a chargé
de recueillir.

Disons entre parenthèses qu'il en est de même du médecin commis par un père de famille, un chef de pension-
nat, une société de secours mutuels ou un patron d'usine
pour visiter ceux qui se trouvent sous leur dépendance.
Le médecin n'est pas tenu au secret vis-à-vis de ceux
qu'il est chargé de visiter. Il doit au contraire rendre
compte de sa mission à ceux qui la lui ont confiée, mais
c'est à eux seuls qu'il le doit.

Arrivons maintenant à l'hypothèse des certificats délivrés à l'occasion des instances en séparation de corps et
en divorce. Le praticien peut-il, sans violer le secret professionnel, attester dans un certificat l'existence de la maladie communiquée par l'un des époux à l'autre époux ? La
réponse ne peut faire de doute à notre avis, une pareille
attestation serait une violation certaine de l'art. 378.

____

(1) V. encore en ce sens : Besançon, 17 février 1887. S. 87. 2. 94.

M. Legrand du Saulle a admis, il est vrai, que le médecin ne violerait pas le secret professionnel si le certificat lui avait été demandé par l'époux contaminé « par écrit et dans un but sérieux et bien défini ».

Mais cette solution assez originale ne saurait prévaloir. Le médecin doit résolument s'abstenir de délivrer un pareil certificat, étant donné que le consentement de la personne intéressée ne fait pas disparaître le caractère délictueux de la révélation.

Il est d'ailleurs sans importance que le consentement ait été donné par écrit ou verbalement.

§ 2. — Révélation postérieure au décès de l'intéressé.

L'obligation au secret ne disparait-elle pas faute d'intérêt après la mort de l'intéressé ?

Un point hors de doute, c'est que le ministère public, la question d'opportunité mise à part, peut poursuivre d'office même dans cette hypothèse l'auteur de la révélation. Mais faut-il admettre aussi l'action des particuliers ? L'affirmative paraît devoir être admise pour les raisons suivantes que nous empruntons à M. Le Poittevin (1) : « D'abord, l'héritier paraît puiser dans son titre le droit de défendre la mémoire du défunt : selon l'ancienne expression, il est son continuateur juridique ; et si l'ac-

(1) Cass., 9 avril 1895. S. 96. 1. 81, et la note.

tion n'était pas née dans le patrimoine transmis, elle naît quand la personnalité représentée par l'héritier se trouve mise en cause par le délit..... La confiance dont il faut investir, dans l'intérêt, social tous ceux que désigne l'art. 378, C. pén., pourrait être singulièrement ébranlée, si les personnes qui ont ainsi confié leur secret ne devaient avoir aucun représentant pour le faire respecter, en leur nom, quand elles ne seront plus. »

Mais comme un parti considérable dans la doctrine rejette ces actions non transmises avec la succession, et fondées sur un fait survenu contre la mémoire du défunt, après son décès, M. Le Poittevin porte la question sur un autre terrain : « La qualité de parent, dit-il, détermine un intérêt susceptible de lésion, un intérêt propre du parent lui-même, qui ne serait pas sensiblement modifié par cela seul qu'une cause étrangère (comme une répudiation de la succession) en aurait détaché le titre d'héritier, de représentant du défunt. » Or, comme aux termes de l'article premier, C. Instr. crim. : « l'action en réparation du dommage causé par un crime, par un délit ou par une contravention, peut être exercée par tous ceux qui ont souffert de ce dommage », il en résulte que le parent peut agir *ex persona sua*, sinon *ex persona defuncti*.

Toutefois si le rapport de parenté détermine un intérêt susceptible de dommage, il faut que ce dommage existe.

Le tort causé est manifeste quand la maladie a une influence héréditaire et que cette influence se trouve dans la ligne de parenté à laquelle appartient le plaignant. La

révélation peut, en effet, dans cette hypothèse, nuire à la
considération du demandeur en réparation, provoquer à
son détriment le soupçon, des refus d'emploi, un obstacle
à son établissement.

Mais d'autre part, un intérêt d'affection peut suffire, si
le mal n'est pas héréditaire ou si son origine se trouve
dans l'autre ligne.

On a prétendu, il est vrai, écarter les actions basées sur
un intérêt d'affection, à cause de la difficulté ou de l'im-
possibilté d'évaluation (1). Mais, comme le remarque
M. Le Poittevin : « C'est là une erreur (2) qui revient à
dire que, — l'affection étant au-dessus de toute appréciation en argent, donc supposant une atteinte plus grave,
quoique d'une autre nature, que les dommages matériels,
— l'importance extrême ou l'indétermination du préjudice
équivaut à zéro ».

Il y a du reste dans l'hypothèse d'une révélation ou
publication par écrit, une évaluation et une réparation
parfaitement adéquate au dommage, et n'exigeant aucun
effort d'imagination pour réduire à une commune et ap-
proximative mesure l'intérêt moral et les équivalents d'un
autre ordre : c'est la suppression des pages incriminées.

Seulement, il est impossible de donner une formule qui
fixe selon les circonstances le degré de proximité des
parents. On ne peut à cet égard que donner quelques

(1) V. M. Laborde, *Rev. crit.* 1894, p. 25, 28 et s.
(2) V. note sous Cass. Belgique, 17 mars 1881. S. 1882. 4. 9.

indications. Ainsi il faudrait accueillir l'action d'un ascendant, d'un enfant, même d'un collatéral proche, intimement mêlé à la vie et aux sympathies du défunt ; mais il faudrait écarter, faute d'intérêt, l'action des parents trop éloignés, qui n'ont jamais entretenu de relations avec la personne décédée et pour lesquels le lien de parenté n'était tout au plus qu'un souvenir sans importance.

§ 3. — Révélation faite dans certaines circonstances exceptionnelles.

Si le consentement ou la mort de l'intéressé ne font pas disparaître l'obligation au secret, n'y a-t-il pas cependant certaines circonstances exceptionnelles qui ont cet effet et qui autorisent le praticien à parler sans qu'il ait à redouter les pénalités de l'article 378 ?

La question se traduit en pratique sous l'une des quatre formes suivantes ; 1° Quelle conduite doit tenir le médecin dont on sollicite l'avis professionnel à l'occasion d'un mariage ? 2° Quel devoir l'art. 378 impose-t-il au médecin vis-à-vis d'une nourrice à laquelle des clients de ce praticien ont confié leur enfant atteint de syphilis ? 3° L'art. 378 met-il obstacle à ce que le médecin réclame en justice le paiement de ses honoraires. 4° L'intérêt de la science n'autorise-t-il pas la divulgation du secret médical ?

1. *Mariage.* — L'art. 378 s'oppose-t-il à ce qu'un

médecin donne son avis sur un projet de mariage au sujet duquel on le consulte? Cette question délicate a fait l'objet de très vives discussions. Certaines sociétés médicales ont décidé que, si le plus souvent le médecin doit se taire conformément à l'art. 378, il est aussi des cas dans lesquels sa conscience doit parler plus haut que la loi et lui dicter sa ligne de conduite. Cette solution inspirée par les mobiles les plus louables est, il faut le reconnaître avec regret, la négation absolue de la loi. La prohibition de l'art. 378 est trop impérative pour qu'il soit possible de la faire fléchir même dans une hypothèse aussi favorable que celle d'un projet de mariage. Le médecin consulté sur l'état de santé du futur conjoint doit se taire, sous peine d'avoir à répondre de son indiscrétion devant les tribunaux; et nous ajoutons que ce devoir lui incombe en toutes circonstances, même si les renseignements à donner sont excellents; c'est seulement ainsi que son silence ne sera jamais défavorablement interprété : il est, en effet, certain que parler aujourd'hui pour se taire demain, c'est donner à son silence une signification particulièrement éloquente.

2. *Contamination par allaitement.* — Le médecin appelé dans une famille auprès d'un nourrisson qu'il reconnaît atteint de syphilis, alors qu'il est allaité par une nourrice encore saine, se trouve dans une situation très embarrassante.

Dans une telle occurrence, enseigne **M.** le professeur

Fournier, un triple devoir s'impose au médecin, soigner l'enfant — préserver la nourrice s'il n'est pas trop tard — sauvegarder la Société contre cette nourrice, chez qui le mal peut n'être pas encore déclaré, mais exister à l'état latent.

Comment atteindra-t-il ce triple but, sans porter atteinte au secret médical et en dégageant sa responsabilité vis-à-vis de la nourrice?

Le médecin doit d'abord soigner l'enfant et indiquer aux parents les précautions à prendre afin d'empêcher la maladie de se communiquer aux personnes qui entourent le nourrisson. Il est certain que le praticien pourra, sans violer le secret médical, donner ses instructions indifféremment au père ou à la mère : en agissant ainsi, il ne fait que rendre compte à ses clients de la mission qu'ils lui ont confiée. Toutefois, on ne saurait trop recommander au médecin de procéder avec tact et prudence, surtout s'il ignore de qui l'enfant tient cette tare syphilitique, car sa trop grande franchise pourrait avoir pour résultat de troubler un ménage peut-être étroitement uni jusque-là.

Quels sont maintenant les devoirs du médecin vis-à-vis de la nourrice? A-t-il, comme le prétendent certains auteurs, dégagé sa responsabilité, quand il a averti les parents du nourrisson qu'ils allaient commettre une mauvaise action, en continuant à confier leur enfant à une nourrice saine, et peut-il, si les parents refusent de la congédier, lui laisser ignorer qu'elle ne peut plus continuer l'allaitement et même qu'elle doit s'abstenir pendant un certain temps de prendre un autre nourrisson? La jurisprudence n'admet pas une semblable manière d'agir, et elle décide que le médecin est responsable envers la nourrice, du préjudice causé par sa réticence (1).

Cette solution nous paraît en parfaite harmonie avec l'équité. Comme le fait observer très justement le docteur Appay, « par la nature des choses, la santé de l'enfant et celle de la nourrice se confondent dans tout ce qui se rapporte à l'allaitement, et tous deux, à cause de cette relation intime, doivent être de la part du médecin l'objet d'une égale sollicitude. »

S'il arrivait qu'un enfant sain eût été confié à une nourrice contaminée, le médecin n'hésiterait pas à dénoncer aux parents le péril couru par le nourrisson. Il doit en être de même dans la situation inverse. Et puisque avant d'entrer dans la famille, la nourrice a donné des garanties en se laissant visiter, elle est en droit d'exiger pour elle-même toute sécurité de la part de ceux à qui ces garanties ont été données.

Mais comment concilier les exigences du secret avec le devoir d'humanité qui s'impose au médecin dans cette situation?

Si l'on examine de près les décisions de jurisprudence relatives à la responsabilité du médecin dans cette hypothèse, on s'aperçoit que les tribunaux n'imposent pas au

(1) V. C. de Dijon, 14 mars 1868. D. 69. 2. 195. — Tr. civ. d'Amiens, 12 août 1893. *Rev. jurispr. med.* 1897, p. 60.

médecin l'obligation de révéler la maladie, mais simplement l'obligation de ne pas dissimuler à la nourrice le danger qui la menace.

Cette distinction permet au médecin de satisfaire sa conscience et de ne pas porter atteinte à l'art. 378. Qu'il avertisse franchement la nourrice du péril qu'elle court, à continuer l'allaitement, et cet avertissement une fois donné avec fermeté, sa responsabilité sera à couvert ; mais que d'autre part, il s'abstienne à tout prix de lui faire comprendre de quel mal elle est atteinte ; en agissant ainsi, le devoir du secret sera sauf (1).

3. *Honoraires.* — L'article 378 s'oppose-t-il à ce qu'un médecin puisse réclamer en justice le montant de ses honoraires ? Nous ne le croyons pas. Si notre Code civil n'accorde pas expressément au médecin une action à l'effet d'obtenir le paiement de ses honoraires, il en reconnaît du moins implicitement l'existence, en déclarant sa créance privilégiée (art. 2102, 3°) et en la soumettant à la prescription de deux ans (art. 2272). Dès lors, s'il est impossible de dénier au médecin le droit de revendiquer judiciairement ce qui lui est dû, on se trouve dans la nécessité d'admettre qu'il pourra établir devant le Tribunal le bien fondé de sa demande, dût-il, pour y arriver, produire des renseignements de nature confidentielle. Prétendre que les considérations tirées de l'article 378

(1) Cfr : Muteau, p. 381. Hallays, p. 108.

puissent prévaloir contre cette solution, c'est rendre illusoire le droit de créance que le législateur reconnaît lui-même au médecin dans les textes précités. Que le praticien renonce dans certains cas à son action afin d'éviter à son client une divulgation dont les conséquences pourraient être regrettables, c'est là un acte de désintéressement qui lui fait honneur, mais qui ne lui est pas imposé par la loi. Nous admettons donc avec M. Hémar que le médecin peut recourir à la justice pour obtenir le paiement de ses honoraires. Seulement, comme la légitimité d'une demande ne justifie pas les excès qui peuvent l'accompagner, le praticien agira prudemment en n'insérant pas dans la citation le nom ou la nature de la maladie qu'il a soignée, et il se gardera bien de donner à sa réclamation les allures d'un libelle diffamatoire. Une pareille manière d'agir, dictée par des mobiles malhonnêtes, serait sévèrement réprimée par les tribunaux. C'est ainsi que le tribunal correctionnel de la Seine, par un jugement du 11 mars 1864 (1), a condamné en vertu de l'article 378 un médecin qui, méchamment et par cupidité, avait relaté dans un exploit d'huissier toutes les circonstances de la maladie de l'un de ses clients, afin d'obtenir sans contestation une note d'honoraires de 300 francs, que celui-ci se refusait à lui payer intégralement.

4. *Observations médicales.* — La divulgation faite dans

(1) *Ann. d'hyg. pub. et de méd. lég.*, avril 1864.

un intérêt scientifique tombe-t-elle sous le coup de
l'article 378?

Un arrêt de la Cour de cassation du 9 avril 1895 (2)
a résolu cette question par une distinction. Les observations médicales communiquées aux sociétés savantes ou
publiées dans des ouvrages et des revues scientifiques ne
constituent pas en elles-mêmes une révélation de secret,
si le malade n'y est pas désigné de manière à être reconnu.
Mais il en est autrement, quand le médecin fait connaître
d'une façon plus ou moins précise la personne à laquelle
elles s'appliquent. Ainsi le praticien qui, dans une observation clinique, relaterait, avec le prénom, les initiales du
nom et la photographie du sujet, certaines particularités
intéressantes sur les antécédents héréditaires et les phéno-
mènes de la maladie, commettrait le délit prévu par
l'article 378, alors même que le but de cette désignation
serait de donner une authenticité sérieuse aux faits qu'il a
recueillis. En un mot, « l'obligation au secret n'entrave
pas nécessairement l'exposé dogmatique, mais peut gêner
parfois la libre allure des descriptions. » Il ne faut pas
oublier, du reste, que le secret professionnel est exigé du
médecin aussi bien quand il s'agit d'un malade qu'il est
appelé à traiter dans un établissement hospitalier, que
quand il s'agit d'un malade appartenant à sa clientèle
proprement dite.

(1) S. 96. 1. 81, et la note de M. Le Poittevin.

§ 4. — Révélation faite à la justice.

Le révélation cesse-t-elle d'être délictueuse quand elle est faite à la justice?

Cette révélation peut affecter trois formes différentes : dénonciation, témoignage, expertise.

1. *Dénonciation*. — D'après l'article 30 du Code d'Instr. crim. : « Toute personne qui aura été témoin d'un attentat, soit contre la sûreté publique, soit contre la vie ou la propriété d'un individu, sera pareillement tenue d'en donner avis au Procureur du Roi, soit du lieu du crime ou du délit, soit du lieu où le prévenu pourra être trouvé. »

Remarquons immédiatement que l'article 30 est dépourvu de sanction : le médecin peut donc se taire sans avoir à craindre de répression. Mais peut-il parler sans commettre le délit prévu par l'article 378? Nous ne le croyons pas. Le médecin doit garder un silence absolu sur les infractions qu'il a connues ou surprises dans l'exercice de sa profession. On ne peut pas dire, en effet, qu'il a été véritablement témoin dans le sens de l'article 30 ; il a été plutôt un confident nécessaire.

On nous objectera peut être que l'article 378 établit une exception à la règle du silence, en réservant « les cas où la loi oblige les personnes dépositaires par état ou par profession des secrets qu'on leur confie, à se porter dénonciateurs », mais nous répondrons que cette exception a cessé d'exister depuis la loi du 28 avril 1832, époque à laquelle ont été supprimés du Code pénal les articles 103 et suivants, relatifs aux hypothèses où la dénonciation était obligatoire même pour les personnes astreintes au secret professionnel. Si l'exception figure encore dans le texte de l'art. 378, c'est par suite d'un oubli du législateur. La révélation serait donc délictueuse, même si elle revêtait le caractère d'une dénonciation.

Mentionnons comme relatif à cette question de la dénonciation, un édit de 1666 imposant aux chirurgiens de Paris l'obligation de « déclarer au commissaire du quartier les blessés qu'ils auront pansés chez eux ou ailleurs ». Des édits, lois et ordonnances successifs ont renouvelé cette injonction avec quelques modifications; mais on doit considérer ces différentes dispositions comme abrogées par suite de la combinaison de l'article 378 et de l'article 384 du Code pénal. Aucun gouvernement, du reste, depuis 1832, n'a essayé de faire revivre ces prescriptions surannées et juridiquement inapplicables (1).

2, *Déposition en justice.* — Aux termes de l'article 80 du Code d'Inst. crim. : « Toute personne citée pour être entendue en témoignage, sera tenue de comparaître et de satisfaire à la citation, sinon elle pourra y être contrainte par le juge d'instruction, qui à cet effet, sur les conclusions du Procureur du Roi, sans autre formalité, ni délai et sans

____

(1) V. en ce sens, Garraud V. p. 62, note 20.

appel, prononcera une amende qui n'excédera pas 100 francs, et pourra ordonner que la personne citée sera contrainte par corps à venir donner son témoignage. »

Cette disposition est complétée par les articles 157, 159 et 355 du même Code, relatifs à la comparution des témoins devant les tribunaux de simple police, devant les tribunaux correctionnels et devant la cour d'assises.

Le médecin appelé en justice pour rendre témoignage a trois obligations à remplir : comparaître, prêter serment, déposer.

Un point hors de doute, c'est que le médecin doit comparaître et prêter serment sous peine d'être condamné à l'amende. Aucune loi, en effet, ne dispense les médecins de comparaître devant la justice et de prêter le serment exigé de tout témoin. En interdisant la révélation des secrets, qui leur ont été confiés dans l'exercice de leur profession, l'art. 378 n'a pas dit qu'ils ne seront pas appelés en témoignage. Ils peuvent, en effet, avoir à s'expliquer sur des faits qui ne sont pas couverts par le secret professionnel (1).

Mais, après avoir prêté serment, dans quelle mesure le médecin peut-il se retrancher derrière l'art. 378 pour refuser de déposer ?

C'est là une question délicate qui a suscité une vive controverse.

(1) V. En ce sens, C. d'assises de la Seine, 9 et 10 avril 1877. *Gaz. Tr.*, 10 et 11 avril 1877.

Dans un premier système très rigoureux, on applique à la lettre l'article 80 et on n'admet pas que le médecin puisse refuser son témoignage. Chacun, dit-on, doit son concours à la justice, c'est un devoir social auquel personne ne peut se soustraire.

Un second système anssi absolu en sens inverse considère toujours la révélation comme délictueuse alors même qu'elle est faite en justice. L'art 378, disent ses partisans, est formel, le médecin ne doit jamais s'expliquer sur des faits qui sont arrivés à sa connaissance dans l'exercice de sa profession. La loi ne peut pas considérer la révélation comme un délit et un devoir tout à la fois.

Enfin dans un troisième système admis par la jurisprudence et auquel nous nous rallions, le secret professionnel dispense de déposer; le médecin peut donc s'abstenir de parler sans commettre un délit, et invoquer avant ou après avoir prêté serment le devoir qui lui incombe de garder le silence sur ce qui lui a été confié en raison de sa profession ou dans l'exercice de sa profession ; mais, d'autre part, s'il a cru devoir répondre à l'interpellation directe du magistrat, s'il ne s'est pas rendu un compte exact des devoirs et des droits de sa profession, il ne saurait être punissable. Reprenons ces deux propositions pour les justifier :

1° Le secret professionnel dispense de témoigner en justice. Des raisons de haute justice et d'humanité l'exigent. L'inculpé a été dans la nécessité de recourir aux services d'un médecin, or, la justice ne saurait, suivant l'expression de M. Faustin Hélie (1), méconnaître cette nécessité, sans cesser d'être la justice elle-même. Elle ne pourrait, sans violer les lois de l'humanité, mettre un criminel dans l'alternative de se priver des secours de la science ou d'y recourir en tremblant d'être dénoncé. Ces considérations d'équité avaient du reste fait admettre la même solution dans notre ancien droit. Le médecin peut donc s'abstenir de déposer, mais, certaines décisions de jurisprudence (2) exigent deux conditions de la part de celui qui invoque cette dispense : 1° le témoin doit affirmer qu'il a acquis la connaissance du fait sur lequel on l'interroge dans l'exercice ou à l'occasion de l'exercice de sa profession ; 2° son client doit avoir expressément exigé le secret. Cette seconde condition nous paraît superflue, puisque le médecin a été un confident nécessaire.

2° La discrétion, avons-nous dit, est dans cette hypothèse une faculté et non une obligation.

L'article 378 se borne, en effet, à punir les révélations indiscrètes ; il est impossible de qualifier ainsi les révélations provoquées par la justice. Le délit de révélation suppose, dit M. Garraud (3), une intention criminelle distincte de l'intention de nuire, mais impliquant un dol ; or cet élément ne se rencontre pas ici. Le médecin qui révélerait ainsi les faits parvenus à sa connaissance ne serait pas passible des peines portées par l'art. 378.

(1) IV, n° 1847.
(2) V. Cass., 26 juillet 1845. D. P. 45. 1. 340.
(3) V. p.61.

Il résulte pratiquement de ce système que le médecin reste seul juge de la conduite qu'il devra suivre.

3. *Expertise.* — D'après l'article 475, § 2 du Code pénal et l'article 23 de la loi du 30 novembre 1892, les fonctions d'expert en matière criminelle sont obligatoires sous certaines pénalités.

Néanmoins, nous estimons avec M. Garraud (1) que le médecin pourra, sans encourir ces pénalités, refuser la mission d'expert, si l'opération qui lui est confiée est de nature à l'obliger à violer un secret qui lui a été confié ou qu'il a surpris dans l'exercice de sa profession. D'autre part, nous admettons que si le médecin accepte cette mission, la révélation qu'il est exposé à faire ne saurait être délictueuse.

Les raisons données au cas de témoignage en justice militent en faveur de cette solution.

§ 5. — Déclaration des maladies épidémiques.

La loi de 1892 apporte à la règle du secret professionnel une exception très importante, en disposant dans son article 15 que : « Tout docteur, officier de santé, ou sage-femme est tenu de faire à l'autorité publique, son diagnostic établi, la déclaration des cas de maladies épidémiques tombées sous son observation. » Mais l'article prend soin d'ajouter que l'obligation ne portera que sur

(1) V. p. 61.

les maladies épidémiques dont la divulgation n'engage pas le secret professionnel et dont la liste sera dressée par arrêté du Ministre de l'Intérieur, après avis de l'Académie de médecine et du Comité consultatif d'hygiène publique de France.

Cet article qui serait mieux à sa place dans une loi sur l'hygiène publique ou sur la police sanitaire, n'est pas une disposition entièrement nouvelle dans notre législation. La loi du 3 mars 1822, en effet, visant les maladies pestilentielles, enjoignait déjà dans son article 13 à toute personne, sous peine d'amende et même de prison, d'informer qui de droit des cas de choléra, de fièvre jaune ou de peste dont elles auraient eu connaissance. Le défaut de déclaration était frappé d'une peine plus sévère — interdiction de 1 à 5 ans — si le coupable était médecin. Seulement, cette loi restreinte à quelques cas particuliers n'était applicable qu'aux portions du territoire français déterminées par un décret préalablement publié et affiché.

Depuis la nouvelle législation médicale, toute maladie présentant un caractère épidémique doit être déclarée. La liste de ces maladies et le mode de déclaration ont été déterminés par un arrêté ministériel du 23 novembre 1893 et une circulaire du 1er décembre. (Voir leur texte, *Annexe*, p. 289.)

Que cette dénonciation soit inspirée par des considérations d'intérêt général, qu'elle constitue un des moyens de prophylaxie les plus efficaces, nous ne le contestons pas. On n'a chance, en effet, d'enrayer la marche d'une épidémie qu'en l'étouffant à son début. Mais il faut reconnaître que cette dénonciation est de nature à porter préjudice à ceux qui en sont l'objet. Ils peuvent être intéressés pour des raisons très sérieuses à ce que le public ignore la maladie dont ils sont atteints.

D'autre part, il est certain que cette mesure porte gravement atteinte au principe du secret professionnel. Aussi, cet article est-il un de ceux qui ont soulevé le plus de protestations de la part du corps médical.

Malgré ces récriminations, la loi de 1892 comme la loi de 1822 ne se préoccupe que de la santé publique, et elle impose au médecin l'obligation de faire cette déclaration, sous peine d'une amende de 50 à 100 francs (art. 21).

Seulement il est à remarquer que l'article 15 n'exige la déclaration que si le médecin a établi son diagnostic, c'est-à-dire reconnu que la maladie rentrait dans l'énumération légale. Dès lors, s'il lui répugne de faire une dénonciation préjudiciable à son client, ne peut-il pas différer, et même à la rigueur ne pas faire cette déclaration ? S'il est poursuivi de ce chef, il lui sera loisible de prétendre qu'il n'a pas reconnu dans la maladie qu'il soignait les traits caractéristiques de celles visées par la loi. Bien souvent, du reste, plus d'un praticien prudent préférera s'exposer aux pénalités de l'article 21 pour défaut de déclaration qu'à une action en responsabilité des parties lésées basée sur une erreur de diagnostic.

L'article 15 soumet à la déclaration les médecins, les

officiers de santé et les sages-femmes. Mais, en ce qui concerne ces dernières, le défaut de déclaration n'est puni d'aucune peine, l'article 21 étant muet à leur égard. On a considéré que les sages-femmes n'avaient pas, en général, des aptitudes suffisantes pour discerner les maladies épidémiques de celles qui ne le sont pas.

Si, à raison de la déclaration de cas de maladies épidémiques, le médecin était l'objet de diffamations ou d'injures, la juridiction correctionnelle et non la cour d'assises serait compétente pour statuer sur la poursuite intentée par le médecin. La Cour de cassation l'a décidé le 22 octobre 1896 (1), en faisant observer que l'article 15 qui prescrit cette déclaration ne confère nullement aux médecins le caractère de citoyens chargés d'un service ou d'un mandat public temporaire ou permanent, au sens de l'article 31 de la loi du 29 juillet 1881.

Notons enfin comme se rattachant à la question des maladies épidémiques un arrêté du Ministre de l'Instruction publique du 18 août 1893, déterminant les diverses mesures hygiéniques à prendre dans les écoles primaires pour prévenir et combattre les épidémies (V. son texte, *Annexe*, p. 303).

§ 6. — Déclarations de naissances.

Aux termes de l'article 56 du Code civil : « La nais-

(1) S. 97. 1. 473 et la note.

sance de l'enfant sera déclarée par le père ou, à défaut du père, par les docteurs en médecine ou en chirurgie, sages-femmes, officiers de santé ou autres personnes qui auront assisté à l'accouchement, et lorsque la mère sera accouchée hors de son domicile, par la personne chez qui elle sera accouchée. »

L'article 55 exige que la déclaration soit faite dans les trois jours de l'accouchement à l'officier de l'état civil du lieu, et l'article 57 énumère les renseignements que contiendra l'acte dressé sur cette déclaration.

La sanction de cette obligation se trouve dans l'art. 346 du Code pénal, qui punit d'un emprisonnement de 6 jours à 6 mois et d'une amende de 16 à 300 francs toute personne qui, ayant assisté à l'accouchement, n'a pas fait la déclaration prescrite par l'article 56 du Code civil et dans les délais fixés par l'art. 55 du même Code.

Dans quels cas cette déclaration est-elle obligatoire pour le médecin ?

Que doit contenir cette déclaration ?

Telles sont les deux questions que nous allons examiner :

1º Dans quels cas l'obligation de déclarer les naissances incombe-t-elle au médecin ? Toutes les fois que le père est absent ou hors d'état d'agir, le médecin qui a assisté à l'accouchement doit déclarer la naissance de l'enfant, sans distinguer si l'accouchement a eu lieu au domicile de la mère ou ailleurs. Si dans ce dernier cas, l'obligation de déclarer la naissance incombe également à la personne chez qui la mère est accouchée, le médecin n'en est pas moins obligé d'après la jurisprudence, à faire la déclaration prescrite par l'art. 56. A défaut du père, en effet, toutes les personnes désignées par cet article sont tenues de cette obligation en même temps et au même degré, la loi n'ayant pas établi d'ordre hiérarchique entre elles (1).

Si le père absent au moment de l'accouchement revenait dans le délai de 3 jours fixé par l'art. 55 pour la déclaration, cette circonstance ne déchargerait, ni le médecin ni les autres personnes qui ont assisté à l'accouchement, de l'obligation de déclarer l'enfant (2).

En matière de déclaration de naissance, le médecin est intéressé à savoir si le père est légitime ou naturel. En effet, si le père est légitime, il est toujours tenu de déclarer la naissance qu'il ait ou non assisté à l'accouchement. Il en résulte que s'il est présent et en état d'agir, le médecin n'a pas à se préoccuper de faire la déclaration. Au père légitime il faut assimiler le père naturel qui a déjà reconnu le nouveau-né.

Si, au contraire, le père n'est pas légitime et s'il n'a pas encore reconnu son enfant, il est réputé légalement inconnu jusqu'à ce que la reconnaissance intervienne, et n'est tenu de faire la déclaration prescrite par l'article 56, qu'autant qu'il a assisté à l'accouchement et en raison de cette seule circonstance. Par suite, sa présence à l'accouchement ne le rend pas, comme le père légitime, seul

----

(1) Cass., 28 février 1867. D. P. 67. 1. 890.
(2) V. C. d'Amiens, 2 janvier 1837. P. 1837. 1. 531.

responsable du défaut de déclaration et le médecin qui, dans cette hypothèse, se dispenserait de faire la déclaration serait exposé à se voir appliquer l'article 346 du Code pénal.

Mais comment le praticien saura-t-il si les parents de l'enfant sont unis ou non par les liens du mariage? Nous nous bornons à poser cette question, en constatant, comme l'a fait le Congrès médical tenu à Paris en 1845, qu'elle peut mettre dans l'embarras le praticien obligé de la résoudre.

Quand le médecin est-il réputé avoir assisté à l'accouchement dans le sens de l'article 56 du Code civil?

D'après de nombreux auteurs de médecine légale (1), il faut que le médecin ait vu l'enfant sortir du sein de sa mère ou qu'il ait été appelé alors que l'enfant tenait encore à la mère par le cordon ombilical.

Le Tribunal correctionnel de Foix a cependant jugé le 18 décembre 1868 (2) que le médecin qui, sans avoir été présent à la sortie de l'enfant, s'était présenté deux fois avant l'accouchement, avait reparu dix minutes après, avait examiné l'enfant et donné à l'accouchée les soins complémentaires que réclamait sa position, devait être réputé avoir assisté à l'accouchement et par suite était tenu de faire la déclaration de la naissance.

(1) V. *Annales d'hygiène publique et de méd. légale*, 1870, XXXIII, nᵒ 65, p. 225.
(2) *Le Droit*, 9 janvier 1869.

D'après le même jugement, la circonstance que l'enfant est mort-né ne dispense pas le médecin de faire la déclaration prescrite par l'art. 56. Les termes de la loi, en effet sont généraux. Toutefois d'après un arrêt du 7 août 1874, la Cour de cassation, interprétant le décret du 4 juillet 1806 sur la rédaction de l'acte relatif aux enfants mort-nés, n'exige la déclaration que si la gestation a duré le temps minimum déterminé par l'article 312 du Code civil, soit 180 jours. L'expulsion du fœtus avant ce terme n'oblige donc pas le médecin à faire une déclaration. Notons, dans le même sens, deux jugements du Tribunal correctionnel de Toulouse des 2 et 16 décembre 1896 (1).

Une circulaire du 26 janvier 1882, adressée aux maires de Paris par le Préfet de la Seine, a cependant prescrit la déclaration de tous les fœtus, ne fussent-ils âgés que de six semaines. Mais cette instruction en fait est restée lettre morte pour beaucoup d'accoucheurs, et le défaut de déclaration dans ce cas ne nous paraît pas devoir être incriminé. En effet, le législateur en imposant à certaines personnes l'obligation de déclarer les nouveau-nés se sert du mot enfant. Or, cette expression ne peut s'entendre que d'un être organisé, et d'après l'art. 312 du Code civil, le temps nécessaire pour que l'être humain réunisse toutes les conditions ordinaires de l'existence et puisse être considéré comme viable est au minimum de six mois.

(1) *Revue de jurisprudence médicale*, année 1897, p. 150.

2. Que doit contenir la déclaration de naissance faite par le médecin?

Dans tous les cas, le médecin doit déclarer le fait même de la naissance, c'est-à-dire que l'enfant présenté de tel sexe est né tel jour, à telle heure et qu'il a reçu tels prénoms. Il doit toujours indiquer la commune ou l'arrondissement de Paris où la naissance a eu lieu afin d'établir la compétence de l'officier de l'état civil.

Doit-il de plus déclarer les prénoms, noms, profession et domicile des père et mère, indications qui doivent figurer dans l'acte de naissance d'après l'article 57?

Oui, si l'enfant naît légitime, légitimé, ou s'il a été reconnu par ses auteurs avant sa naissance.

Non, s'il naît adultérin ou incestueux. Enfin, si l'enfant est simplement naturel, et s'il n'a pas été reconnu, tous les auteurs admettent que le médecin ne doit pas révéler le nom du père. (Arg¹, art. 334 et 340, C. civ.)

En ce qui concerne le nom de la mère naturelle, on n'est plus d'accord. Deux systèmes principaux sont en présence : le premier rend la déclaration toujours obligatoire; le second ne permet pas au médecin de la faire.

1er *Système*. — Le médecin doit toujours déclarer le nom de la mère naturelle. Sinon, il est passible des peines édictées par l'article 346 du Code pénal. Voici comment raisonnent les partisans de ce système :

Naître, disent-ils, ce n'est pas seulement exister, mais provenir d'une mère déterminée. Déclarer la naissance, c'est donc déclarer qu'un être existe et qu'il doit la vie à telle femme.

L'enfant naît, non pas pour lui seul, mais pour une famille et une cité. L'intérêt social exige qu'on le rattache à une personne déterminée. Autrement la déclaration serait illusoire.

D'autre part, l'article 336 du Code pénal est placé sous la rubrique des « crimes et délits tendant à empêcher ou détruire la preuve de l'état civil d'un enfant » ; il sert de sanction à l'article 56 du Code civil, donc celui-ci vise une déclaration de nature à prouver l'état civil de l'enfant.

Que le médecin ne se retranche pas derrière le secret professionnel : puisque l'article 346 lui commande de parler, il n'a pas à craindre les pénalités de l'art. 378. Du reste, l'intérêt du nouveau-né doit passer avant celui de la mère.

Que l'on n'objecte pas non plus le silence de l'article 56 C. civ., car ce texte se rattache intimement à l'article 57. L'acte n'est que la reproduction de la déclaration, puisque l'officier public ne doit insérer que ce qui est déclaré. Donc tout ce que doit contenir l'acte doit être déclaré (1).

2° *Système.* — La Cour de cassation avec raison, je crois, repousse ce système et estime : 1° que le médecin ne doit jamais déclarer le nom de la mère naturelle ; 2° que

____

(1) V. en ce sens : Dijon, 14 août 1840. S. 40. 2. 467. — Paris, 20 mai 1843. S. 43. 2. 210. — Coin-Delisle, art 57, n° 10. — Rieff, n° 131.

s'il le déclare, il s'expose aux pénalités de l'article 378, pour avoir violé le secret professionnel.

Voici comment on répond aux arguments du premier système : Sans doute naître, c'est exister et provenir d'une mère déterminée, mais les enfants trouvés et ceux dont les parents sont indéterminés, n'en sont pas moins nés que les autres.

Que l'enfant naisse pour une famille et une cité et qu'il soit nécessaire de pourvoir à l'intérêt public, cela peut être vrai ; seulement si, aux yeux du législateur, la déclaration du fait même de la naissance suffit pour sauvegarder l'intérêt social, de quel droit irait-on compléter les mesures qu'il a prises à cet égard ?

On oublie que l'article 346, sanction de l'article 56, est une disposition pénale, et qu'en matière pénale tout ce qui n'est pas ordonné expressément n'est pas obligatoire. Or, l'article 56 n'exige pas le nom de la mère naturelle.

Nous reconnaissons que le premier système est préférable en législation, seulement l'interprète doit se rappeler qu'il n'a pas à faire la loi, mais à l'appliquer telle qu'elle existe.

Examinons donc les textes, sans chercher des arguments en dehors du droit positif. L'article 56, nous le répétons, exige uniquement du déclarant qu'il fasse connaître le fait de la naissance. L'article 57 n'a pas à intervenir. Au surplus si cet article veut que l'acte de naissance énonce les prénoms, noms, profession et domicile des père et mère, ce qui implique l'obligation pour les comparants de les déclarer, tout le monde reconnaît qu'en parlant du père, la loi ne vise que le père légitime. Il est dès lors impossible de soutenir qu'en parlant de la mère, le législateur ait voulu comprendre dans cette expression la mère légitime et la mère naturelle.

Non seulement, l'art. 57 n'exige pas la désignation nominative de la mère naturelle, mais il ressort des articles 336 et 341 du Code civil que l'acte de naissance ne doit pas contenir cette énonciation parce qu'elle n'offre pas à l'enfant un avantage appréciable.

En voici la preuve :

A la différence de l'enfant légitime, l'enfant naturel ne peut prouver sa filiation par son acte de naissance (art. 319). Il ne peut l'établir que par la « reconnaissance », ou le « témoignage » appuyé d'un commencement de preuve par écrit. Comme la reconnaissance doit être un acte libre et volontaire (art. 336), l'indication du nom de la mère naturelle sans son aveu ne peut produire aucun effet contre elle.

D'autre part, l'enfant qui voudrait établir sa filiation par témoins ne pourrait, d'après l'art. 341, utiliser cette déclaration comme commencement de preuve par écrit, parce qu'elle n'émane pas de la femme à laquelle est attribuée la maternité. Dès lors, si l'enfant ne peut tirer aucun parti de cette déclaration, pourquoi obliger le médecin devenu le confident nécessaire de la faute de la mère à révéler le nom de celle-ci ?

Cette exigence place la mère naturelle dans l'alternative

ou de subir le déshonneur, ou d'y échapper au prix d'un infanticide.

Aussi, nous estimons qu'un déclarant quel qu'il soit a toujours le droit de taire le nom de la mère naturelle, et nous ajoutons que ce droit devient un devoir, si le déclarant est un médecin tenu de garder le silence en vertu de l'article 378 du Code pénal (1).

Reste à examiner une dernière difficulté résultant de la combinaison de l'article 56 avec l'article 378.

Nous avons admis que le médecin devait taire le nom de la mère naturelle, doit-il également ne pas révéler le lieu de la naissance de l'enfant, c'est-à-dire doit-il s'abstenir de faire connaître dans les campagnes le nom du hameau et dans les villes le nom de la rue et le numéro?

Remarquons d'abord que la question ne se pose que si l'enfant peut être transporté à la mairie pour y être présenté à l'officier de l'état civil conformément à l'article 55. Dans le cas contraire. l'officier public devant nécessairement se déplacer pour s'assurer *de visu* de la naissance de l'enfant qu'on lui déclare, ou devant commettre un médecin à cet effet, on est bien obligé de lui indiquer la maison où il devra se rendre pour faire la constatation prescrite par la loi.

____

(1) V. En ce sens. Cass.. 16 sept. 1843. D. 44. 1. 137. — 1er juin 1844, deux arrêts du même jour. D. 44. 1. 283. — 1er août 1845. D. 45. 1. 363. — 18 juin 1846. S. 46. 1, 696. — Laurent. II, n° 58, p. 82. — Brouardel, p. 202 et S. Briand et Chaudé : *De l'Accouchement.* — Dubrac. n° 129. — Mutean, p. 250,

Supposons donc que le transport de l'enfant soit possible ; le médecin est-il tenu dans cette hypothèse d'indiquer le lieu de la naissance ?

Certains auteurs de médecine légale, tout en reconnaissant au médecin le droit de taire le nom de la mère naturelle, prétendent que le déclarant doit indiquer le lieu de l'accouchement sous peine de se voir appliquer l'art. 346 du Code pénal.

A l'appui de leur solution, ils invoquent l'intérêt de l'enfant. Ne pas désigner à l'officier de l'état civil le lieu de la naissance, disent-ils, c'est assurer une sauvegarde à l'infanticide surtout dans les villes populeuses. Et ils ajoutent : supposez que l'enfant vienne à mourir le quatrième jour, on sera bien forcé de déclarer le lieu du décès ; peut-être, par suite, de faire connaître indirectement la mère de l'enfant. Cependant la loi ne se préoccupe pas de ce danger ; peut-on admettre qu'elle en prenne souci, quand il s'agit de la déclaration de naissance dont l'effet est de protéger l'existence de l'enfant ? (1).

Ce raisonnement spécieux ne m'a pas entraîné, étant donnés les termes de l'article 56. Ce que la loi exige, en effet, c'est uniquement la déclaration de la naissance de l'enfant. Cette indication a paru suffisante au législateur pour sauvegarder l'intérêt du nouveau-né. Qu'en fait, le

---

(1) V. En ce sens, Dr Tourdes : *Dictionnaire encyclopédique des Sciences médicales*, v°. Accouchement, p. 479. — *Annales d'hygiène publique et de médecine légale*, 1870, XXXIII, n° 65, p. 225. Rapport de MM. Demange, Devergie et Géry.

but visé ne soit pas atteint, je le veux bien, mais, encore une fois, l'interprète n'a pas à voir ce que le législateur aurait dû faire, il doit voir ce qu'il a fait, Nous approuvons donc complètement un arrêt de la Cour d'Angers du 18 novembre 1850 (1) qui reconnaît au médecin le droit de ne pas indiquer la maison où a eu lieu l'accouchement (2). Nous ajoutons que le médecin qui ferait cette déclaration tomberait sous le coup de l'article 378 pour avoir violé le secret professionnel.

En résumé, nous estimons que l'article 346 du Code pénal, sanction de l'article 56 du Code civil, ne sera applicable au médecin qu'autant qu'il n'aura pas déclaré ou aura refusé de déclarer le fait même de la naissance, c'est-à-dire : que l'enfant présenté, de tel sexe, auquel il a été donné tels prénoms, est né tel jour, à telle heure, dans telle commune, ou dans tel arrondissement de Paris.

§. 7. — Vérification des décès.

En terminant cette section, mentionnons l'article 77 du Code civil qui ordonne la vérification des décès. Cette disposition n'a qu'un but : s'assurer de la mort. La déclaration des causes de décès peut être intéressante à connaître au point de vue de l'hygiène publique ; malgré cela, le médecin

(1) S. 51. 2. 280.
(2) V. dans le même sens, un jugement du tribunal de la Seine du 30 décembre 1875. *Gaz. des Tribunaux* du 31 décembre 1875.

traitant doit s'abstenir de faire connaître la nature de la maladie à laquelle a succombé son client, s'il ne veut pas violer le secret médical. C'est au médecin vérificateur à fixer son diagnostic comme il l'entend.

Toutefois depuis la nouvelle législation médicale, le secret se trouve levé pour les cas de décès par maladies épidémiques.

CHAPITRE V

DE LA RESPONSABILITÉ MÉDICALE

L'exercice de la médecine intéresse à un si haut degré
l'ordre et la santé publique qu'il serait véritablement dangereux pour la société de décharger les médecins de toute
espèce de responsabilité. La thèse étrange de l'immunité
absolue et indéfinie a cependant été soutenue par des
membres éminents du corps médical, mais nous verrons
plus loin que les arguments invoqués à l'appui de cette
prétention sont plus nombreux que concluants. De nos
jours, les auteurs les plus autorisés sont d'accord avec la
jurisprudence pour soumettre les médecins à une double
responsabilité dans les termes du droit commun : responsabilité civile, fondée sur les articles 1382-1383 du Code
civil ; responsabilité pénale, basée sur les articles 319 et
320 du Code pénal.

Toutefois, ce n'est pas à dire que le médecin soit indéfiniment responsable des conséquences plus ou moins
graves des soins qu'il a donnés. Une pareille rigueur aurait
pour résultat infaillible d'entraver le développement de la

science et de détourner de la carrière médicale les hommes les plus consciencieux. Il est, au contraire, équitable de restreindre le principe de la responsabilité dans de justes limites, et de ne pas faire descendre la médecine, selon l'expression de Trébuchet, dans une arène continuelle de procès civils et criminels. Il faut tenir compte de la faiblesse humaine, et faire la part des complications purement accidentelles ; il suffit de réprimer les fautes graves, les négligences grossières et les légèretés impardonnables que ne commettent pas les gens soucieux de la santé d'autrui.

En résumé, comme le dit dans son style buriné le Procureur général Dupin (1). « Le médecin, le chirurgien ne sont pas indéfiniment responsables, mais ils le sont quelquefois ; ils ne le sont pas toujours, mais on ne peut pas dire qu'ils ne le soient jamais. »

Nous étudierons dans ce chapitre la responsabilité civile et pénale de ceux qui exercent l'art de guérir, les restrictions qu'il convient d'y apporter, enfin son application aux différentes branches de l'art.

SECTION I. — RESPONSABILITÉ CIVILE

§ 1er. — Fondement de la Responsabilité civile

La responsabilité civile du médecin a sa source dans les articles 1382, 1383 du Code civil ainsi conçus :

(1) Cass., 18 juin 1835, S. 35. 1. 401.

Art. 1382 : « Tout fait quelconque de l'homme, qui cause à autrui un dommage, oblige celui par la faute duquel il est arrivé à le réparer. »

Art. 1383 : « Chacun est responsable du dommage qu'il a causé non seulement par son fait, mais encore par sa négligence ou par son imprudence. »

Certes les termes, dans lesquels ces articles formulent le principe équitable de la responsabilité, sont suffisamment généraux pour n'admettre aucune exception et n'exclure aucune catégorie de personnes, et cependant on a soutenu que le médecin devait échapper à leur application. Reprenons rapidement les principaux arguments invoqués à l'appui de cette prétention.

Aucune disposition législative, a-t-on dit, ne vise spécialement la responsabilité médicale, comment voir là un oubli, et n'est-ce pas plutôt à dessein que le législateur a passé sous silence cette question délicate.

Sans doute nous reconnaissons qu'aucun texte législatif ne vise d'une façon particulière la responsabilité du médecin, mais ce qu'il faut conclure de ce silence, c'est que le médecin reste assujetti aux principes généraux de notre droit en matière de responsabilité, c'est-à dire aux articles 1382-1383 du Code civil.

Que l'on ne vienne pas dire que le médecin a passé des examens sévères, qu'il a subi des épreuves difficiles, qui supposent sa capacité. Le diplôme ne saurait constituer un brevet d'irresponsabilité. L'avoué, le notaire, l'huissier même ont subi eux aussi certaines épreuves légales pour exercer leur profession et cependant ils sont responsables.

D'autre part, on ne saurait prétendre que le malade doit supporter les conséquences du mauvais choix qu'il a fait.

La même excuse pourrait être invoquée par les officiers ministériels dont nous venons de parler et leur responsabilité ne fait pas de doute. Ce serait du reste rendre la situation des médecins des hôpitaux exceptionnellement mauvaise ; ils resteraient seuls, en effet, exposés aux actions en responsabilité sous le prétexte qu'ils n'auraient pas été choisis par le malade, conséquence ridicule qui démontre la inanité de l'objection.

Enfin, et c'est l'argument le plus sérieux des partisans de l'irresponsabilité, le médecin ne peut être civilement responsable, parce que la première condition pour que la responsabilité civile puisse prendre naissance, c'est que le fait d'où on prétend la faire dériver, soit susceptible d'une appréciation positive, d'une constatation certaine, et que ce caractère manque de tous points dans les faits qui constituent l'art de guérir. « Les faits de l'ordre médical sont tellement spéciaux, dit le docteur Max Simon, tellement difficiles à caractériser au point de vue dont il s'agit, que nul tribunal n'est véritablement apte à les connaître... ils sont mobiles, fugitifs, insaisissables, nul pouvoir n'est en mesure, alors qu'ils ont disparu, de les reproduire dans leur complète identité » (1). De même, dit le docteur Beaude :

---

(1) V. *Déontologie médicale*, p. 543.

« Croit-on qu'il soit si facile de se prononcer sur un cas de chirurgie lorsque tout est consommé, que le fait est accompli ? Qui pourra dire quelles étaient les nécessités du moment, et quels grands dangers le chirurgien ne croit pas avoir conjurés en pratiquant des mutilations dont maintenant les traces seules vous affligent (1).

Nous répondons : Sans doute, il y a dans l'exercice de la médecine certains faits incertains, insaisissables pour ainsi dire au point de vue de la responsabilité civile, et nous ne prétendons nullement que ces faits-là puissent être la cause génératrice de la responsabilité médicale. Mais il est évidemment excessif de conclure de là que la responsabilité ne peut en aucun cas être encourue par ceux qui exercent à un titre quelconque l'art de guérir. Nos adversaires doivent reconnaître qu'il y a dans la médecine comme dans les autres sciences des règles fondamentales et des vérités unanimement reconnues qui y règnent comme des axiomes, et auxquelles le médecin, le chirurgien ne sauraient déroger sans commettre une de ces fautes graves aussi inexcusables que le dol. Il y a, comme disait la Cour de cassation dans son arrêt du 21 juillet 1862, « des règles générales de bon sens et de prudence, auxquelles on doit se conformer avant tout dans chaque profession, et sous ce rapport, les médecins restent soumis au droit commun, comme les autres citoyens (2). »

(1) V. *Gaz. des Trib.*, 30 mai 1833.

(2) S. 62. 1. 817. V. dans le même sens : C. de Metz, 21 mai 1867. S. 68. 2. 300. — Nîmes, 26 février 1884, D. P. 84. 2. 176. — Saint-Étienne, 5 février 1892. D. P. 95. 2. 199.

D'un autre côté, indépendamment de ces faits qui constituent plus particulièrement l'art de guérir, n'y-a-t-il pas aussi certains faits matériels, palpables et évidents, qui sont ceux de l'homme privé plutôt que ceux du médecin et qui engagent indubitablement la responsabilité de leur auteur? Ainsi, un médecin se présente au chevet d'un malade…. *non sui compos*…. en état d'ivresse; et il commet dans son ordonnance une erreur qui aggrave le mal ou donne la mort. Qui prétendra soutenir en pareil cas la thèse de l'irresponsabilité en sa faveur?

Ou bien, sans être en état d'ivresse, mais sous l'empire d'une préoccupation violente ou d'une distraction complète, il commet dans son ordonnance une erreur matérielle; et il écrit le contraire de ce qu'il voulait écrire!

Ou il abandonne son malade après avoir entrepris son traitement, et rappelé par la famille, il ne revient pas, et laisse le mal s'aggraver et peut-être le malade mourir!

Ou enfin, appelé à visiter un enfant, il laisse sciemment ignorer à la nourrice que cet enfant est atteint d'un virus contagieux.

Peut-on dire que ces faits-là ou autres semblables ne sont pas susceptibles d'une preuve précise et certaine? Évidemment non, et dès lors, où est l'obstacle à ce qu'ils puissent donner naissance à une action en responsabilité civile contre celui auquel ils sont imputables?

On ne saurait donc arguer des différentes considérations que nous venons de reproduire pour prétendre que le médecin échappe au principe de la responsabilité. Mais, si comme tout autre citoyen, le médecin peut être déclaré responsable, sa responsabilité, nous l'avons déjà dit et nous y reviendrons, n'est pas indéfinie ; il est nécessaire d'y apporter de nombreuses restrictions. Nous les signalerons après avoir étudié les articles du Code pénal relatifs aux fautes du médecin ; pour le moment, examinons quels sont les éléments constitutifs de l'action en responsabilité civile.

§ 2. — Éléments constitutifs de l'action en responsabilité civile.

Pour obtenir contre un médecin une condamnation à des dommages-intérêts, deux conditions sont requises. Il faut : 1° un préjudice matériel certain ; 2° une faute imputable.

1° Un préjudice matériel certain : L'indemnité pécuniaire est, en effet, destinée à réparer le préjudice causé, par suite là où il n'y a pas de dommage, il ne peut être question de réparation. Dès lors, quelque peu rationnel, inusité ou même dangereux qu'ait été le moyen curatif employé, le médecin ne peut être poursuivi, si ce traitement n'a pas empiré la situation du malade.

2° Faute imputable, cause certaine du préjudice : A ce point de vue les tribunaux ont à examiner tout d'abord s'il existe une relation de cause à effet entre le fait incriminé et le préjudice causé. Ils ont ensuite à rechercher si l'acte constitue véritablement une faute, après s'être assurés toutefois que le médecin ne peut invoquer l'excuse de la folie.

A l'appréciation de la faute se rattache la question de savoir si la responsabilité médicale est régie par les articles du Code civil relatifs à l'inexécution des conventions ou par les articles relatifs aux délits et quasi-délits. L'intérêt de la question est celui-ci : En cas d'inexécution d'une convention, on répond de la faute légère ; en cas de délit ou de quasi-délit, au contraire toute faute, même la plus légère, dès qu'elle est dommageable pour un tiers, entraîne l'obligation de réparation.

M. Laurent (1), qui ne voit sauf exception dans la responsabilité médicale qu'une responsabilité conventionnelle, prétend que l'on doit appliquer le plus souvent au médecin les articles relatifs à l'inexécution des conventions. C'est uniquement, dit-il, dans les hypothèses exceptionnelles où il ne sera intervenu aucune convention entre le malade et son médecin que les articles relatifs aux quasi-délits seront applicables. Tel est le cas du médecin qui donne un certificat constatant la folie d'un individu sans l'avoir observé, ou encore celui où il fait sur un patient des expériences qui n'ont pas pour but sa guérison. Dans ces deux cas et d'autres analogues, il est naturel, dit-il, que la responsabilité du médecin soit régie par les articles 1382-1383 plus sévères que l'article 1137.

(1) T. **20**, n⁰ 528.

Quoique cette distinction soit assez séduisante, nous ne croyons pas pourtant devoir nous y rallier. Sans doute, en principe les articles 1382-1383 ne régissent pas l'appréciation du caractère et des conséquences des fautes qui peuvent être commises dans l'exécution des obligations résultant d'un contrat ou d'un quasi-contrat; mais, cette règle comporte une exception, et il se peut, comme le remarque Demolombe (1), qu'une faute contractuelle rende simultanément applicable soit les articles 1136, 1137, 1146 et suivants, en matière de contrats, soit les articles 1382-1383 en matière de délits et de quasi-délits. C'est ce qui arrive lorsque la faute contractuelle présente ce double caractère que, en même temps qu'elle constitue la violation d'un contrat, elle constitue aussi un délit de droit criminel, prévu et réprimé comme tel par la loi pénale.

Ainsi, par exemple, le dépositaire qui dissipe les choses que le déposant lui a confiées commet à la fois une faute contractuelle qui entraîne l'application des articles 1142 et suivants et l'application des articles 1382-1383. (Comp. art. 408, Code pénal). Et dans ce cas, la partie lésée, le déposant, a en même temps deux actions en dommages-intérêts, entre lesquelles il pourra choisir : l'une ayant pour cause l'inexécution du contrat; l'autre ayant pour cause le délit.

De même, puisque les fautes du médecin tombent, comme nous le verrons, sous le coup de la loi pénale,

(1) XXXI, n° 478.

elles constituent non seulement l'inexécution d'un engagement conventionnel, mais encore un délit de droit criminel ; par suite, la partie lésée a une action en dommages-intérêts qu'elle fondera à son choix sur l'une ou l'autre de ces deux causes : soit sur l'inexécution de l'engagement conventionnel, d'après les articles 1146 et suivants, soit sur l'existence d'un préjudice causé par le délit, d'après les articles 1382-1383 (1).

Cette solution, du reste, est consacrée par une jurisprudence constante. Toutefois, la formule adoptée par certains arrêts prête à la critique. Plusieurs Cours d'appel, en effet, après avoir pris comme base de leurs décisions les articles 1382 et suivants paraissent s'en écarter en limitant la responsabilité des médecins aux fautes lourdes (2).

La faute quasi-délictuelle ne comporte pas la distinction tripartite en *culpa lata, levis, levissima*, et en supposant, ce qui est très contestable, que cette distinction subtile ait passé dans notre droit, il est certain qu'elle ne concerne que les fautes contractuelles. La faute quasi-délictuelle a toujours, si légère qu'elle fût, donné naissance à la responsabilité civile.

Au point de vue doctrinal, il était donc nécessaire de faire quelques réserves au sujet de l'expression employée par

(1) V. en ce sens : Zachariae, § 444, note 4. — Aubry et Rau. IV, § 446, note 7. Larombière, V, p. 690. Demolombe, XXXI, n° 478.

(2) V. Metz, 21 mai 1867. D. 67. 2. 110. — Nimes, 26 février 1884. S. 86. 2. 156.

la jurisprudence. Cependant, il faut reconnaître qu'en fait, les restrictions qu'il est nécessaire d'apporter au principe de la responsabilité ne permettent guère de poursuivre que des fautes de même importance que la jurisprudence croit devoir qualifier fautes lourdes. Quoique les conséquences pratiques de l'emploi d'une expression plus exacte soient peu considérables, nous estimons avec Sourdat qu'il est préférable de remplacer l'expression faute lourde par faute certaine et caractérisée.

Le fait incriminé pourra résulter de l'impéritie, de la négligence ou de la légèreté du médecin. On a discuté, il est vrai, sur le point de savoir si l'ignorance pouvait servir de base à une action en responsabilité, mais la question doit être résolue évidemment dans le sens de l'affirmative, parce que l'impéritie est une faute pour celui qui fait métier d'exercer un art.

SECTION II. — RESPONSABILITÉ PÉNALE.

Les personnes qui exercent l'art de guérir sont assujetties, nous l'avons vu, au principe de la responsabilité civile posé par l'article 1382. Sont-elles également soumises au principe de la responsabilité pénale à raison de l'homicide ou des blessures dont leur impéritie ou leur maladresse a pu être la cause? L'affirmative est hors de doute étant donnés les termes généraux des articles 319 et 320 du Code pénal, ainsi conçus :

Art. 319 : « Quiconque par maladresse, imprudence, inattention, négligence ou inobservation des règlements, aura commis involontairement un homicide ou en aura été involontairement la cause, sera puni d'un emprisonnement de trois mois à deux ans, et d'une amende de cinquante francs à six cents francs. »

Art. 320 : « S'il n'est résulté du défaut d'adresse ou de précaution que des blessures ou coups, le coupable sera puni de six jours à deux mois d'emprisonnement et d'une amende de seize francs à cent francs, ou de l'une de ces deux peines seulement. »

C'est en vain que les partisans de l'irresponsabilité objecteraient que lors de la rédaction de ces articles, on n'a pas songé à la responsabilité médicale. Les travaux préparatoires nous apprennent que ces textes ont une portée générale et qu'ils s'étendent à toutes les espèces que la loi ne pourrait prévoir ni énumérer sous peine d'être incomplète. C'est aussi l'avis de la jurisprudence qui applique ces articles à toutes les professions et à tous les métiers (1).

Le médecin se tromperait donc étrangement, s'il prenait au sérieux la célèbre boutade de Sganarelle aux termes

______

(1) V. Paris, 5 juillet 1833. S. 33. 2. 564. — Rennes, 7 déc. 1842 (Briand et Chaudé. t. I, p. 79). Besançon, 18 décembre 1844. S. 45. 2. 602. — Grenoble, 7 février 1876. Rec. arr. Gren. t. 33, p. 101.

de laquelle on peut gâter un homme sans qu'il en coûte rien.

Toutefois, si le principe de la responsabilité pénale est indiscutable, son application est très délicate à cause de l'appréciation des faits que nécessitent les poursuites de ce genre. C'est ce qui a amené la jurisprudence à faire preuve d'une très grande circonspection dans l'examen des espèces qui lui ont été soumises. Elle a vu une faute grave motivant une condamnation pénale, notamment dans un des trois cas suivants : ivresse, négligence ou abandon du malade, erreur grossière dans une ordonnance ou dans l'administration d'un remède (1).

D'ailleurs, pour que les articles 319 et 320 puissent recevoir leur application, il faut qu'il y ait entre la mort ou les blessures et le fait de l'agent une relation de cause à effet. S'il n'était pas établi que le décès ou les blessures fussent dus à la faute relevée à la charge du médecin, celui-ci ne pourrait être condamné pour homicide ou blessures par imprudence (2). C'est ce qui a été jugé notamment par le Tribunal d'Alger le 17 mars 1894 (3), dans l'hypothèse suivante :

Un médecin avait commis l'imprudence d'anesthésier le malade auquel il faisait subir une opération, sans se faire assister, comme il est d'usage constant, d'un collègue ou

(1) V. arrêts précités.
(2) V. Garraud, IV. nº 425, *in fine*.
(3) S. 95. 2. 237.

d'un aide capable par ses connaissances médicales de reconnaître les signes de l'action de l'anesthésique sur le patient, et il avait ensuite abandonné précipitamment le malade. Le Tribunal d'Alger a décidé qu'il ne saurait être condamné par application de l'art. 319, C. pén., parce qu'il n'était pas prouvé dans l'espèce que les imprudences du médecin avaient été la cause de la mort du malade après l'opération.

Il est à remarquer que les articles 319 et 320 n'exigent pas que la cause de l'homicide ou des blessures involontairement causés soit directe et immédiate, ni que la victime n'ait eu aucune part d'imprudence (1).

Une faute quelconque du malade pourrait tout au plus atténuer la condamnation pénale.

D'autre part, si l'article 320 relatif aux blessures ne reproduit pas *brevitatis causa,* l'énumération de l'article 319 relatif à l'homicide. il n'en résulte aucunement que le législateur ait voulu restreindre dans l'art. 320 les fautes qui, dans l'art. 319, engagent la responsabilité de l'agent (2).

Nous verrons plus loin que l'article 311 relatif aux coups et blessures volontaires pourra être aussi appliqué au médecin dans certaines hypothèses (3).

Enfin, l'inobservation des règlements sera spécialement

(1) Cass., 16 juin 1864. — 4 nov. 1863, Bull., no 192.
(2) V. Faustin-Hélie, IV, p. 126.
(3) Lyon, 15 décembre 1859. D. 59. 3. 87.

reprochée à la sage-femme qui en dépit de la prohibition édictée par l'art. 4 de la loi du 30 novembre 1892, aura employé des instruments ou aura procédé à un accouchement laborieux sans l'assistance d'un docteur.

SECTION III. — RESTRICTIONS NÉCESSAIRES AU PRINCIPE DE LA RESPONSABILITÉ MÉDICALE

L'équité exige que dans l'examen du fait dommageable, dans l'appréciation de la faute, on tienne compte des circonstances qui ont accompagné l'acte et des difficultés inhérentes à l'exercice médical.

A ce double point de vue, il convient d'apporter au principe de la responsabilité de sérieuses restrictions. Il est d'abord certain que l'on ne saurait rendre dans tous les cas le médecin responsable des résultats d'une cure : « Des influences variables et inattendues font échouer le traitement le plus rationnel et le mieux combiné. Quelle que soit l'issue d'un traitement ou d'une opération, si le médecin n'a pas commis de faute évidente, il est affranchi de toute responsabilité (1). »

D'autre part, il est impossible d'exiger de tous les praticiens les mêmes talents et la même habileté. Entre la maladresse évidente du médecin ignorant ou léger et la

(1) Tourdes, p. 656.

dextérité merveilleuse de certains spécialistes se place
l'examen simplement consciencieux de l'art médical dont
on ne peut incriminer les résultats. La responsabilité ne
doit commencer qu'au moment où les connaissances communes font défaut, et c'est seulement l'ignorance coupable,
l'oubli des devoirs essentiels de la profession qui doit être
réprimé.

A ces deux restrictions, les auteurs et la jurisprudence
en ajoutent une troisième qui concerne le pouvoir d'appréciation des tribunaux et que l'on peut formuler de la
manière suivante : Le double principe de la responsabilité
n'est applicable aux médecins qu'autant que l'appréciation des fautes par eux commises dans l'exercice de leur
art, n'exige pas de la part du juge l'examen de théories
ou de méthodes médicales, ou la discussion de questions
purement théoriques, mais donne seulement lieu à l'application des règles générales de bon sens auxquelles est
soumis l'exercice de toute profession (1).

Ainsi, les tribunaux ont le droit d'examiner dans les
affaires qui leur sont soumises si le médecin a commis
une faute ou une imprudence, ou s'il s'est écarté des

______

(1) Cass., 21 juillet 1862. S· 62. 1. 817. Trib. Seine, 22. janv. 1889,
la Loi du 31 janvier 1889. Coffinières, *Encyclopédie du droit*, v°.
Art de guérir, n° 61 et suiv; Morin, Rép. dr. crim. eodem verbo,
n° 4; Trébuchet, *Jurispr. de la méd,*, p. 186 et suiv. Orfila, *Méd.
lég.*, p. 47 ; Briand et Chaudé, *Manuel de méd. lég.*, p. 50 et suiv. ;
Taulier, *Théorie du C. Civ.*, t. 4, p. 588. Sourdat. *Traité de la responsabilité*, t. II, n° 676.

règles de sa profession, mais il ne leur appartient pas de trancher les questions d'ordre scientifique, d'appréciation et de pratique médicale ou de se prononcer sur l'opportunité d'une opération, sur la méthode préférable à employer et le meilleur traitement à suivre... Le choix des moyens thérapeutiques, notamment, doit rester absolument libre et ne peut être incriminé du moment où le médecin justifie scientifiquement sa manière d'agir. Sinon, le praticien serait exposé à être condamné au nom d'une doctrine différente, et la faute d'aujourd'hui ne serait plus celle de demain. Le traitement de la pneumonie n'a-t-il pas varié successivement de la saignée à l'émétique à haute dose, à l'acétate de plomb, à la digitale, aux alcools, à la simple expectation.

Restreinte dans ces limites, la responsabilité médicale ne paraît pas devoir entraver le progrès de la science et rendre la pratique de la médecine méticuleuse et craintive. Elle apparaît, au contraire, comme un frein salutaire, obligeant le médecin, comme tout autre, à remplir consciencieusement les devoirs de sa profession.

SECTION IV — APPLICATION DU PRINCIPE DE LA RESPONSABILITÉ MÉDICALE AUX DIFFÉRENTES BRANCHES DE L'ART.

Après avoir déterminé dans quelles limites la responsabilité médicale paraît devoir être circonscrite, il est utile de jeter un coup d'œil sur la jurisprudence et de se rendre compte de l'application par les tribunaux du principe de la responsabilité aux différentes branches de l'art, notamment à l'obstétrique, à la chirurgie et à la médecine interne.

Nous n'avons nullement la prétention d'indiquer limitativement tous les cas de responsabilité : ils peuvent varier à l'infini ; nous voulons simplement signaler les différentes espèces que la jurisprudence a eu à examiner et laisser ainsi entrevoir la solution qui pourrait être donnée dans des situations analogues.

Auparavant, rappelons immédiatement un principe général qui domine toute cette matière et qu'on peut formuler ainsi : Le ministère du médecin est parfaitement libre, il n'est nullement obligatoire. Sans doute, la morale et l'humanité invitent le praticien à ne jamais refuser l'exercice de son art ; mais, en droit, en l'absence d'une réquisition de justice, le médecin peut toujours refuser de répondre à l'appel qui lui est adressé, et d'après une jurisprudence constante, il ne peut être poursuivi de ce chef ni devant les tribunaux civils, ni devant les tribunaux criminels. C'est ainsi qu'il a été jugé qu'un officier de santé avait pu se refuser à recevoir chez lui un homme blessé qu'on lui avait amené pendant la nuit (1). — Que le refus d'une sage-femme d'aller aider à l'accouchement d'une femme indigente « ne rentre sous aucun rapport

____

(1) Cass., 20 fructidor, an X.

dans la disposition de l'article 475, n° 12, du Code pénal, et qu'il n'existe aucune peine qui puisse être apportée à un tel refus tout inhumain et blâmable qu'il est (1) » ; « alors même qu'il aurait entraîné la mort de la femme (2) ».

Toutefois, si en principe le médecin peut refuser son ministère, dès qu'il promet son assistance il doit se rendre auprès du malade (3) ; et s'il entreprend son traitement, il lui doit des soins assidus en rapport avec la gravité de la situation. S'il abandonnait son client d'une façon intempestive, sa responsabilité serait engagée. Les tribunaux auront à apprécier s'il y a eu véritablement abandon de la part du médecin ou si l'absence de visites s'explique par un sentiment de délicatesse auquel le médecin a obéi. L'abandon sera surtout caractérisé par ce fait que le médecin demandé à nouveau n'a plus reparu. Le médecin qui, même en dehors du cas de force majeure, abandonnerait une cure commencée, après avoir remis son client entre les mains d'un confrère, serait à l'abri de tout reproche. D'autre part, si le malade s'était assuré les soins d'un autre praticien, à l'insu de son médecin ordinaire, celui-ci pourrait estimer contraire à sa dignité de continuer le traitement commencé et serait en droit de se retirer (4).

Obstétrique. — C'est la branche de l'art médical qui

(1) Cass., 4 juin 1830.
(2) Tr. corr. de Tongres, Belgique, 28 juin 1844.
(3) C. d'Amiens, 16 nov. 1857, *Gaz. Trib.*, 5 déc. 1857,
(4) V. En ce sens, C. de Metz. 21 mai 1867. D. 67. 2. 110.

fournit le plus grand nombre de poursuites en responsabilité. J'en emprunte la raison au docteur Tourdes : « La soudaineté du malheur, la déception des familles, les scènes cruelles d'un accouchement, la nature même des opérations obstétricales, la conduite de l'accoucheur dont on ne pénètre pas les motifs, et qui peut sembler barbare, tout concourt à frapper l'opinion, à l'égarer même, et à appeler l'attention de la justice. » « La responsabilité, continue-t-il, commence dès la grossesse. Elle peut être engagée par des traitements intempestifs, des opérations telles que le cathétérisme utérin qui aurait occasionné l'avortement. »

« Dans tous les cas où l'avortement a été occasionné par des médicaments que le médecin prétend n'avoir administrés que pour tenter la guérison d'une maladie indépendante de la grossesse, le tribunal n'aura qu'à examiner si le médecin a obéi à une nécessité ou s'il a agi à la légère en employant un moyen dont il connaissait le danger dans la situation de la femme (1). »

Ce sont surtout les opérations obstétricales qui donnent naissance aux procès en responsabilité. « Rarement l'accoucheur peut être poursuivi pour omission d'une opération réputée nécessaire, car la preuve de la nécessité est bien difficile à établir. En revanche, les accidents résultant de manœuvres maladroites, telles que la déchirure de l'utérus, sa perforation par le forceps ou le cépha-

____

(1) V. Briand et Chaudé, p. 145.

lotribe, l'arrachement des intestins, les mutilations de l'enfant, telles que la section d'un bras faite sans nécessité , les fractures du crâne de l'enfant par le forceps, les contusions de l'œil ou du nerf facial par le même instrument, la ligature mal faite du cordon ombilical, l'opération césarienne faite mal à propos, l'emploi du céphalotribe alors qu'il n'y a point de rétrécissement qui rende l'accouchement impossible par d'autres moyens, la négligence des soins nécessaires au nouveau-né ou à la mère, etc., etc., peuvent motiver une action en responsabilité lorsqu'on réussit à établir que l'accoucheur est coupable de négligence, de légèreté ou d'impéritie grossière. » Voici les jugements les plus remarquables rendus sur la matière.

Le Tribunal de Domfront, le 28 septembre 1838, a condamné à des dommages-intérêts un médecin qui, sans avoir tenté la version et avec une précipitation que rien ne nécessitait, avait amputé les deux bras de l'enfant pour opérer la délivrance de la mère (1).

Le Tribunal du Puy, le 31 janvier 1881 (2) condamna à 200 francs d'amende pour homicide par imprudence un accoucheur qui avait sans réflexion pratiqué la même opération.

Le Tribunal de Nantes, le 2 mai 1862, condamna à 2 mois de prison et 25 francs d'amende un officier de santé, qui avait exercé, contrairement à toutes les règles de l'art et

____

(1) Dalloz. Rep., v° resp., n° 129, note. — Briand et Chaudé, p. 50.
(2) *Gaz. des Trib.*, 9 février 1881.

du bon sens, des tractions assez violentes pour arracher le bras gauche de l'enfant et entraîner sa mort. De même, la Cour de Douai, le 16 mai 1882 (1) appliqua l'article 319 du Code pénal à un accoucheur qui avait également par son imprudence causé la mort de l'enfant. A Altkirch (Haut-Rhin) un accoucheur fut condamné pour avoir arraché 6 mètres 90 d'intestin grêle (2). Une autre condamnation pour le même motif fut prononcée par la Cour de Rennes en 1850 (3). Le Tribunal de Toulon, par jugement du 24 juin 1881 (4), condamna à 200 francs d'amende, un officier de santé qui avait confondu l'utérus avec une tumeur, et qui, en procédant par erreur à l'ablation de cet organe, avait été la cause de la mort de l'accouchée. Un jugement du Tribunal de la Seine du 10 janvier 1860, confirmé par la Cour de Paris le 24 avril suivant, condamna à un an de prison, 50 francs d'amende et 100 francs de dommages-intérêts un officier de santé qui avait par ses manœuvres maladroites déterminé la mort de la parturiente (5).

Le défaut de soins convenables après l'accouchement, l'abandon presque immédiat de la malade qui mourut d'une hémorrhagie valurent à un officier de santé de

(1) *Gaz. Pal.*, 25 mai 1882.
(2) Tourdes, p. 675.
(3) *Ann. d'hyg. publ.*, 2e série, tome VII, p. 186.
(4) *Gaz. Trib.*, 27-28 juin 1881.
(5) *Gaz. des Trib.*, 11 janv. et 29 avril 1860.

Montmartre un an de prison pour homicide par imprudence
(11 août 1852).

Chirurgie. — D'après la jurisprudence, le médecin ne
peut, sauf en cas d'urgence, pratiquer légitimement une opération chirurgicale sans y avoir été préalablement autorisé
par le malade ou la personne sous l'autorité de laquelle le
malade se trouve. La preuve de ce consentement incombe
au médecin. L'autorisation peut n'être que tacite et résulter des circonstances ou d'un ensemble de faits (1). Le fait
d'opérer sans le consentement du malade peut donner lieu
à une action civile, mais il ne constitue pas un des faits de
maladresse, imprudence, inattention, négligence ou inobservation des règlements visés par l'article 319 du Code
pénal ; par suite il ne peut être l'objet d'aucune sanction
pénale (2). D'autre part, si le médecin est, en principe,
responsable de sa faute grave, on ne saurait lui reprocher
de s'être trompé dans un diagnostic et de s'être refusé à
pratiquer une opération chirurgicale dont les résultats
sont toujours problématiques (3).

En matière de chirurgie, les tribunaux doivent, en s'appuyant sur une expertise sérieuse, distinguer le cas malheureux de la faute reprochable. On ne peut, nous l'avons
déjà dit, exiger de tous les chirurgiens la même habileté,
et l'on ne doit pas oublier qu'une anomalie artérielle ou

(1) Tr. de Liège, 27 nov. 1889. *Gaz. Trib.*, 2 et 3 janv. 1890.
(2) Alger, 17 mars 1894. S. 95. 2. 237 et la note.
(3) Tr. du Havre, 5 décembre 1889. *Gaz. Pal.*, 12 déc. 1889.

des symptômes insidieux peuvent tromper les praticiens les plus perspicaces. La liste des erreurs commises par les grands chirurgiens serait longue à dresser. Ce sont de ces défaillances qui s'expliquent par la faiblesse humaine et qu'il est difficile d'incriminer. Mais, à côté de ces erreurs excusables, il y a des fautes impardonnables qui méritent d'être réprimées.

C'est à l'occasion du traitement des luxations et des fractures, des accidents de la saignée, de l'emploi des anesthésiques et de la transmission des maladies contagieuses que la plupart des procès en responsabilité chirurgicale ont été intentés.

Une erreur grossière dans le diagnostic des luxations et des fractures, l'absence de tentative de réduction et les difformités qui ont pu en être la conséquence ont été considérées par les tribunaux comme motivant une action en responsabilité. C'est ainsi que la Cour de Caen condamna le 5 juin 1844 (1) un officier de santé qui, étant en état d'ivresse, avait mal remis une fracture de l'avant-bras et avait abandonné ensuite son malade. De même, la Cour de cassation a, le 21 juillet 1862, déclaré passible de dommages-intérêts pour imprudence grave le médecin, qui après avoir reconnu l'existence d'une luxation ou d'une fracture et avoir fait au membre atteint l'application d'un bandage, avait malgré les vives souffrances accusées par le malade et les premiers symptômes d'une gangrène par

____

(1) D. Rep., v°. resp., n° 129.

obstacle à la circulation veineuse, négligé d'enlever le bandage pendant un temps assez long pour permettre à la gangrène de se développer, au point d'enlever au malade l'usage de ce membre (1).

Mais d'autre part, il est à noter que plusieurs décisions ont repoussé des demandes qui n'étaient pas suffisamment justifiées, le médecin n'ayant commis, d'après les experts, aucune faute dans le choix et dans la pose de l'appareil (2). Un arrêt de la Cour de Metz, du 21 mai 1867 (3), a décidé notamment que le médecin, qui, dans le cas d'une fracture de membre, a employé l'appareil usité, à la bonne fabrication duquel il a personnellement veillé, et qui l'a levé après un délai non contraire aux règles d'une saine pratique, ne peut être déclaré responsable par cela seul qu'il aurait manqué d'un certain degré de pénétration dans son diagnostic et laissé le malade exposé à des accidents qu'un praticien plus expérimenté aurait peut-être conjurés.

Les accidents de la saignée ont donné naissance à de nombreuses actions en responsabilité. Mais, il faut se garder ici de toute exagération. Des dispositions anatomiques particulières ou une déviation involontaire de la lancette expliquent le plus souvent la lésion de l'artère piquée à la place de la veine. Comme le remarque le docteur

---

(1) S. 62. 1. 817. V. dans le même sens un arrêt de la Cour de Nîmes, du 26 février 1884. D. 84. 2 176.

(2) V. Rouen, 6 mars 1836. Paris 1856 et 1862. Saint-Quentin, 21 mai 1861.

(3) D. 1867. 2. 110.

Tourdes : « le chirurgien qui piquerait l'artère, et après ce malheur ou cette maladresse plus ou moins explicables, ferait tout pour les réparer, serait difficilement l'objet de poursuites judiciaires. » C'est aussi l'avis de la jurisprudence qui ne punit ces accidents que s'ils se compliquent de dissimulation, d'abandon du malade (1) et d'absence de soins rationnels.

D'après un arrêt de la Cour de Paris du 3 mai 1853 (médecin acquitté), le praticien ne peut être rendu responsable des accidents résultant de l'emploi des anesthésiques, quand toutes les précautions commandées par la prudence en pareil cas ont été observées et que l'accident est arrivé hors des prévisions de la science.

Les poursuites ne pourraient aboutir au civil comme au criminel qu'à la condition d'établir à la charge du médecin une faute grave et bien déterminée qui soit évidemment la cause de la mort (2).

La transmission des maladies contagieuses et notamment de la syphilis, peut, quand elle provient d'une négligence du médecin, justifier une poursuite en responsabilité.

La contagion peut résulter de l'emploi d'un instrument contaminé ou encore de la vaccination.

______

(1) V. en ce sens, Cass., 18 juin 1835, affaire Thouret-Noroy. S. 1835. 1. 401 et les remarquables conclusions du Procureur général Dupin. — C. d'Angers, 1er avril 1833, S. 1833. 2. 563. Tr. de Montbrison, 14 janv. 1848. Gaz. des Trib., 5 fév. 1848.

(2) Tourdes, p. 689. V. encore en ce sens : Strasbourg, 4 décembre 1852.

Il est vrai qu'à la différence de ce qui existe en Allemagne, il n'y a pas en France de loi spéciale condamnant les médecins en cas de négligence dans le choix du vaccin, mais cela n'empêche pas qu'en cas d'ignorance grossière ou de négligence grave, le médecin peut être poursuivi correctionnellement et en dommages-intérêts. C'est ainsi que le Tribunal correctionnel de Brives a condamné, pour homicide par imprudence, coups et blessures involontaires, à deux ans de prison et 50 francs d'amende, une sage-femme qui avait continué à exercer sa profession, après avoir été infectée de la syphilis à la main, et qui avait, par la communication de ce virus, fait une centaine de victimes dont plusieurs moururent (1).

Signalons encore, comme se rapportant à la transmission des maladies contagieuses, un arrêt de la Cour de Dijon du 14 mai 1868 (2), aux termes duquel « le médecin qui sciemment laisse ignorer à une nourrice les dangers auxquels l'expose l'allaitement d'un enfant atteint de syphilis congénitale, peut être déclaré responsable du préjudice causé par sa réticence. »

La demande en dommages-intérêts avait été rejetée, dans l'espèce soumise à la Cour de Dijon, simplement parce qu'il résultait de l'enquête que l'allaitement avait déjà commencé avant la visite du médecin et que par suite, il

(1) Brives, 28 mars 1874. *Annales d'hyg. et de méd. lég.*, 2ᵉ série, t. 42, 1874. p. 134.
(2) D. 69. 195.

n'était pas démontré que la nourrice eût pu échapper à la contagion même si elle avait été avertie du danger qu'elle courait (1).

Médecine interne. — En médecine interne, les procès en responsabilité sont assez rares, parce que la faute est très difficile à établir et le préjudice incertain. Il y a toutefois une hypothèse dans laquelle la responsabilité du médecin ne saurait faire de doute. Cette hypothèse est relative au cas d'erreur dans la dose d'un médicament toxique. La jurisprudence nous offre plusieurs exemples de ces erreurs qui sont le plus souvent indiscutables puisqu'il s'agit d'erreurs de chiffres. Citons notamment un arrêt de la Cour de Rennes, du 7 décembre 1842 (2) qui a condamné à 50 francs d'amende et 3 mois de prison, un médecin qui avait prescrit à un malade une potion dans laquelle il entrait 4 grammes de cyanure de potassium, la première cuillerée de ce breuvage ayant fait mourir le malade.

Notons aussi un arrêt de la Cour de Grenoble du 3 février 1876 (3), qui a déclaré coupable d'homicide par imprudence un médecin qui, par ignorance ou un *lapsus calami*, avait prescrit l'administration de la morphine à la

(1) V. encore, dans le sens de la responsabilité du médecin envers la nourrice, un jugement du tribunal civil d'Amiens, du 12 août 1893. *Rev. jurispr. méd.*, 1897, p. 60.

(2) Briand et Chaudé, t. I, p. 79.

(3) Rec. arr. Grenoble et Chambéry, t. XXXIII, p. 101.

dose de 40 centigrammes, au lieu de 4 centigrammes et qui, au lieu d'écrire son ordonnance en toutes lettres, avait mis en chiffres la quantité du toxique à employer (1).

Quand le médicament non toxique en réalité est devenu nuisible parce que le médecin l'a fait administrer à des intervalles trop rapprochés ou à une dose trop forte, la responsabilité du médecin peut-elle être encore engagée ?

La Cour de Rouen a décidé le 4 décembre 1845 (2), que le plus souvent le médecin ne devait pas être inquiété parce qu'il est assez difficile même pour les médecins les plus habiles, d'affirmer avec un certitude entière que c'est l'action des remèdes et non celle de la maladie qui a, en pareil cas, occasionné la mort.

Nous croyons avec la Cour de Lyon (3), qu'il est plus exact de décider que le médecin qui prescrit un remède susceptible de devenir toxique à raison de la sensibilité du malade est en faute, s'il ne fait pas des recommandations spéciales propres à éveiller l'attention du malade et des personnes qui le soignent. Seulement, on ne saurait considérer comme une faute le fait de n'avoir pas mentionné ces recommandations par écrit à la suite de l'ordonnance, ni à plus forte raison le fait de n'être pas resté personnelment auprès du malade pour surveiller les effets du médicament.

(1) V. également : Tr. Lectoure, 5 avril 1895. Pand. franc., 96. 2. 85.

(2) P. 46. 1. 660.

(3) Lyon, 7 déc. 1893. D. 95. 2. 199.

Les erreurs de diagnostic, quand elles ne sont pas grossières, ne sauraient être incriminées parce que la médecine est encore une science conjecturale et incertaine.

Cependant il est à noter que l'erreur dans les certificats peut, dans certaines circonstances, constituer un délit civil : ainsi, un médecin qui, sur des déclarations mensongères, délivrerait un certificat constatant la folie d'un individu sans l'avoir observé, s'exposerait à être condamné à des dommages-intérêts (1). Mais, si après un examen consciencieux, le praticien se croyait autorisé à conclure à la folie, le rejet par les tribunaux de la demande en interdiction prouverait, il est vrai, judiciairement, l'erreur du médecin, mais n'établirait pas la faute nécessaire pour que les articles 1382-1383 du Code civil, puissent lui être appliqués (2).

Le choix des moyens thérapeutiques devant rester absolument libre, il en résulte que le médecin peut prendre comme systèmes exclusifs l'homéopathie, l'hydrothérapie, et même l'expectation absolue, à moins que la situation du malade n'exige un remède fatalement indiqué. Ainsi, dit Casper, en présence d'une hémorragie artérielle ou d'un empoisonnement, le médecin doit renoncer au système homéopathique pour recourir à des moyens plus efficaces,

______

(1) Laurent XX, n° 517.

(2) V. en ce sens : Marseille. 24 nov. 1862, conf. par C. d'Aix, le 11 juillet 1863. Pourvoi rejeté par la C. de Cass., le 11 janv. 1865. — Bruxelles, 2 déc. 1865. Pasicrisie, 1866, 2. 175. — Trib. civ. Rouen, 30 juin 1896. *Rev. jurisp. méd.*, 1897. p. 62.

ou confier le malade à d'autres mains. L'emploi de moyens évidemment dérisoires en présence d'un danger aussi immédiat engagerait certainement sa responsabilité. Nous pensons avec le D' Tourdes que le médecin n'est pas obligé de suivre l'avis de la grande majorité des praticiens, des maîtres et des écrivains, parce que l'identité des cas est rarement absolue et que la science n'est pas immuable.

Le médecin peut refuser de provoquer une consultation et se retirer si on la provoque malgré lui. Mais, quand elle a eu lieu et qu'un mode de traitement a été arrêté, le médecin traitant, d'après Trébuchet, engagerait gravement sa responsabilité, s'il changeait ce traitement immédiatement après la consultation, sans même en prévenir la famille et alors qu'aucune modification dans l'état du malade ne légitimerait cette conduite.

Par application de l'article 1384 du Code civil, les chefs de clinique et de service dans les hôpitaux, peuvent être rendus responsables des fautes commises dans les salles dont la direction leur est confiée. Si le chef de clinique participait même indirectement à l'acte reproché, il pourrait être poursuivi comme complice de l'auteur principal (1).

Examinons maintenant les droits du médecin en matière d'expérimentation et d'autopsie.

L'expérimentation peut avoir pour objet la guérison du malade ou la satisfaction d'une curiosité scientifique. La première est assurément licite à la condition d'être cons-

____

(1) Lyon, 15 déc. 1859. D. 59. 3.87.

ciencieuse. Le médecin s'exposerait à une action en responsabilité, si, dans une situation périlleuse, il remplaçait le remède rationnel par une expérience hasardée (1).

La seconde, au contraire, est condamnable au premier chef. Le médecin soutiendrait en vain que le cas était désespéré et la fatale issue inévitable. Nous estimons que le malheureux qui entre à l'hôpital ne doit pas servir de machine à expériences comme pourrait l'être le corps d'un chien non réclamé à la fourrière. Aussi, la jurisprudence a-t-elle réprimé, comme elle le devait, les faits de ce genre qui lui ont été signalés. Elle a appliqué l'art. 311 du Code pénal au médecin qui, sous prétexte de guérir un enfant de la teigne, lui avait inoculé la syphilis, alors que les effets de l'inoculation, dans la pensée même de son auteur, étaient douteux au point de vue de la guérison de la teigne et que l'opération était pratiquée dans un but purement expérimental (2).

Notons que par l'expression générique de coups et blessures employée dans l'art. 311, le législateur a entendu toute lésion volontaire, quelque légère qu'elle soit, ayant pour résultat d'intéresser le corps ou la santé d'un individu, et remarquons que pour l'existence du délit il n'est nullement nécessaire que l'auteur ait eu le dessein caractérisé d'agir méchamment par haine ou par vengeance ; il

(1) V. en ce sens : Tr. Gray, 23 juillet 1873. S. 74. 2. 58.
(2) Tr. corr. Lyon, 8 et 15 décembre 1859. *Gaz. Trib.*, 16 et 22 décembre 1859.

suffit qu'il ait agi en connaissance de cause et avec l'in
tention de satisfaire, au risque de nuire, soit l'intérêt de
sa renommée, soit même une passion purement scientifique et désintéressée.

Terminons par quelques mots sur l'autopsie médicale,
c'est-à-dire celle qui est faite dans un but scientifique.
L'autopsie comprend toutes les opérations capables d'a-
mener la mort, entraîner des accidents ou produire une
mutilation.

Aussi par mesure de prudence, un arrêté du Préfet de
la Seine en date du 6 septembre 1839 a-t-il prescrit que
tout moulage, autopsie ou embaumement ne pourront
être faits qu'après un délai de 24 heures à partir non pas
seulement de la mort, mais de la déclaration du décès. Ce
délai a été rendu obligatoire pour toute la France par une
Circulaire ministérielle du 6 décembre 1866 qui organise
la vérification des décès. D'après cette circulaire, l'autopsie
ne peut même être faite qu'après la vérification légale du
décès. Plusieurs médecins ont été poursuivis devant les
tribunaux pour n'avoir pas observé ces délais légaux (1).

On ne saurait toutefois appliquer les dispositions qui
défendent une autopsie précipitée, au cas où le médecin
aurait pratiqué l'opération césarienne avant l'expiration
du délai légal d'autopsie : ce serait évidemment outrepas-
ser le but de la loi. Par suite, si une femme vient à mourir accidentellement et que le médecin estime que le fœtus

(1) V. *Gaz. Trib.*, 18 fév. 1843.

survivra, il pourra avec l'autorisation de la famille pratiquer l'hystérotomie ; mais il devra procéder de la même manière et avec les mêmes soins que s'il agissait sur la femme vivante. Rappelons que depuis la nouvelle législation médicale, une seule opération de ce genre faite par un particulier non médecin ne constitue plus un acte d'exercice illégal (1).

D'après les arrêtés en vigueur à Paris, l'autorité municipale doit être prévenue de l'heure et du lieu de l'autopsie, et le médecin certificateur des décès mis en mesure d'y assister. Dans d'autres villes, ces formalités ne sont pas en usage, et le médecin traitant, après la certification légale, opère sous sa responsabilité (2).

Si le malade est mort chez lui, l'autorisation de la famille est nécessaire en principe pour que l'autopsie puisse avoir lieu. Dans les hôpitaux et spécialement à Paris, l'autopsie a lieu de droit si vingt-quatre heures se sont écoulées avant qu'une opposition n'ait été signifiée par la famille.

Suivant une circulaire du 31 avril 1850, les personnes qui peuvent faire opposition à l'autopsie sont les ascendants et descendants, les frère et sœur. oncle et tante, neveu et nièce.

D'après une autre circulaire du 15 juillet 1850, les directeurs d'hôpitaux doivent tenir un registre destiné à recevoir ces oppositions.

(1) V. en ce sens, Cass., 20 juin 1896. S. 97. 2. 105, et la note de M. Lacointa.
(2) V. Tourdes : *Autopsie*, p. 419.

L'autopsie médico-légale étant ordonnée par la justice, le délai légal est abrégé par l'acte de réquisition.

SECTION V. — PRESCRIPTION DE L'ACTION EN RESPONSABILITÉ.

Par quel délai se prescrit l'action en responsabilité des médecins ?

Pas de difficulté en ce qui concerne l'action publique : elle se prescrit par trois ans (art. 638, C. Instr. crim.)

Mais en est-il de même de l'action en dommages-intérêts ? L'affirmative doit être admise. Si l'action en dommages-intérêts ne se prescrit, en général, que par trente ans (art. 2262, C. civ.), il en est autrement quand cette action est fondée sur un fait incriminé par la loi pénale, et elle se prescrit alors au bout du même laps de temps que l'action publique. (Art. 2, al. 3, art. 637, 638 et 640. C. Inst. crim.) Il en est ainsi, même quand l'action civile, exercée séparément de l'action publique, est portée devant les juges civils. Elle est, en effet, toujours la même quant à son fondement et quant à son objet, et elle doit par suite rester soumise dans ce cas à la même prescription que lorsqu'elle est portée devant les tribunaux de justice répressive. La Cour de Riom, le 28 juin 1841 (1),

____

(1) S. 41. 2. 587.

a cependant adopté la solution contraire, mais cette décision isolée est repoussée par la doctrine tout entière et par une jurisprudence constante (1).

(1) V. Aubry et Rau, IV, p. 751, et note 17.

CHAPITRE VI

EXPERTISES ET CERTIFICATS

SECTION I. — EXPERTISES EN MATIÈRE CRIMINELLE.

§ 1. — Qui peut requérir les hommes de l'art ? Comment s'exerce le droit de réquisition ?

D'après les articles 9, 10, 235 et 268 du Code d'Instruction criminelle, les autorités ayant qualité pour requérir les hommes de l'art sont certains officiers de police judiciaire énumérés plus bas, le Président de la Cour d'assises en vertu de son pouvoir discrétionnaire, et les tribunaux répressifs, notamment les Chambres correctionnelles ou de mise en accusation des Cours d'appel, les Tribunaux correctionnels et de simple police, les Cours d'assises, les Conseils de guerre, les Conseils de revision, les Tribunaux maritimes.

Les officiers de police judiciaire qui ont ce droit sont : les juges d'instruction, le procureur de la République et ses substituts, les officiers de police judiciaire auxiliaires du procureur de la République (c'est-à-dire : les juges de paix, les officiers de gendarmerie, les commissaires généraux de police, les commissaires ordinaires de police dans les villes de plus de 5000 habitants, les maires et adjoints dans les autres communes. Les Préfets des départements, et le Préfet de la Seine à Paris ont le même droit : ils peuvent agir personnellement ou requérir les officiers de police judiciaire. Mais les gardes champêtres, les gardes forestiers, les sergents de ville, les brigadiers ou maréchaux-de-logis de gendarmerie ne le peuvent pas, parce qu'ils ont une mission spéciale ou que leur rôle est limité à la constatation de certains délits ou contraventions pour lesquelles il n'y a pas lieu à requérir le médecin.

Aucune loi n'a attaché de forme particulière aux réquisitions adressées aux médecins par les officiers de police judiciaire. Elles peuvent être écrites ou verbales, on l'a déclaré formellement dans les travaux préparatoires de la loi de 1892. La citation écrite peut se faire soit par simple avertissement en forme de réquisitoire, soit par lettre. Mais comme la réquisition constitue une véritable mise en demeure, elle doit être conçue en termes suffisamment impératifs, pour que le citoyen à qui elle est présentée, comprenne que le magistrat entend, non pas exprimer un désir, mais user d'un droit fortifié par une sanction pénale. Aussi la Cour de cassation a-t-elle décidé que le refus par un médecin d'obtempérer à l'invitation d'un commissaire de police de l'assister pour la constatation d'un crime ne présentait pas les caractères de l'infraction prévue et punie par l'article 23 de la loi du 30 novembre 1892, lorsque l'invitation manquait de netteté et de précision et que d'ailleurs elle n'avait pas été adressée au médecin par l'officier de police judiciaire lui-même, mais seulement transmise par l'intermédiaire d'un tiers, sa domestique dans l'espèce (1).

§ 2. — Du choix des experts.

Aux termes de l'article 14 de la loi de 1892 : « Les fonctions de médecin-expert ne peuvent être remplies que par des docteurs en médecine français. » Le texte ne vise pas les officiers de santé maintenus transitoirement ; faut-il en conclure qu'ils ne peuvent pas procéder à des expertises ? La négative doit être admise, il a été déclaré, en effet, formellement dans les travaux préparatoires que l'article 14 ne statuait que pour l'avenir, c'est-à-dire, pour l'époque lointaine où il n'y aura plus d'officiers de santé, et que pendant la période transitoire ils pourraient comme les docteurs en médecine être nommés experts. Le rapporteur a même ajouté qu'ils ne sauraient se prévaloir de la rédaction de l'article 14 pour refuser leur concours, étant donné que l'article 29 les soumet aux mêmes obligations que les docteurs.

Avant 1892, la question de savoir s'ils pouvaient être

____

(1) Cass., 4 avril, 1895. Pand. franç. 1896, 1. 473.

experts était controversée et avait donné naissance à trois systèmes dans l'examen desquels il est inutile d'entrer.

Bornons-nous à dire que la majorité des auteurs leur reconnaissait le droit de procéder à des expertises et de faire des rapports. Aujourd'hui, nous venons de le voir, la question ne fait plus aucun doute, les officiers de santé peuvent procéder aux expertises, mais quand ils auront disparu, les docteurs en médecine français auront seuls ce droit. L'article 11 du décret du 21 novembre 1893 est également formel en ce sens.

Quant aux dentistes même diplômés et aux sages-femmes, ils peuvent comme tous les autres citoyens être requis par la justice en cas de flagrant délit et d'extrême urgence, en vertu de l'article 475, n° 12, du Code pénal mais les termes restrictifs de l'article 14 ne permettent pas aux tribunaux de leur confier des expertises dans d'autres cas.

S'il en était autrement, les dentistes et sages-femmes auraient le droit d'exercer les fonctions d'experts sans être astreints à l'obligation de déférer aux réquisitions de la justice. Or, cela est inadmissible, étant donné qu'il ressort de l'économie de la loi de 1892 que le droit d'être expert est corrélatif à l'obligation d'obéir aux réquisitions de justice. On comprend d'ailleurs, dit **M.** Roland (1) que le législateur, quand il s'agit d'un délit ou d'un crime, n'ait voulu remettre la vie et l'honneur des citoyens qu'à des

(1) P. 96.

hommes dignes de toute confiance par leurs études et
leurs titres scientifiques; or, de simples dentistes et des
sages-femmes, même de 1re classe ne présentent pas à cet
égard de suffisantes garanties.

Si, d'après l'article 5, la qualité de Français n'est pas
nécessaire pour exercer la médecine en France, du moment
où on y a conquis son diplôme, l'article 14 exige cette
condition pour être nommé expert. Avant 1892, la Cour de
cassation admettait au contraire, que les fonctions d'expert dans les affaires médico-légales pouvaient être dévolues aux étrangers reçus médecins par les Facultés françaises (1).

Il est à peine besoin de faire remarquer que les étrangers naturalisés, jouissant des mêmes droits que les Français, pourront être désignés comme experts.

La loi de ventôse décidait que les fonctions de médecin
et de chirurgien en chef dans les hospices civils ne pouvaient être confiées qu'à des docteurs. Il est à noter que
l'article 14 ne reproduit pas cette disposition.

Un décret du 21 novembre 1893 (V. son texte, *Annexe*
p. 286) détermine les conditions suivant lesquelles est conféré le titre d'expert devant les tribunaux. Aux termes
de ce décret, chaque Cour d'appel, au commencement de
l'année judiciaire, désigne les experts, sur la proposition
des tribunaux de première instance du ressort, soit parmi
les docteurs en médecine, soit même parmi les officiers de

____

(1) Cass. 16 décembre 1847. D. P. 47. 1. 238.

santé, qui ont au moins cinq ans d'exercice et qui demeurent dans le ressort du Tribunal ou de la Cour.

Les expertises ne peuvent être confiées à d'autres que
dans les cas prévus par les articles 43, 44, 235 et 238 du
Code d'Instruction criminelle, c'est-à-dire, au cas de flagrant délit, au cas où la Chambre des mises en accusation
juge nécessaire d'ordonner un supplément d'instruction,
au cas où le Président des assises fait procéder à une opération médico-légale, en vertu de son pouvoir discrétionnaire, et enfin, au cas d'empêchement des médecins
experts résidant dans l'arrondissement. Toutefois, dans
cette dernière hypothèse. il faut qu'il y ait urgence, et en
outre, que l'empêchement des médecins experts et l'urgence
soient constatés dans le jugement ou l'ordonnance qui
confie l'expertise à un autre médecin.

Si les besoins de l'instruction d'une affaire l'exigent, les
magistrats peuvent désigner un ou plusieurs experts,
parmi les médecins experts attachés à un tribunal autre
que celui auquel ils appartiennent.

Ajoutons qu'il résulte des travaux préparatoires que
l'article 14 ne vise que les cas d'expertise médico-légale en
matière pénale. Ce texte, il est vrai, est conçu en termes
tellement généraux, qu'on pourrait être tenté de l'étendre
aux matières de droit civil. Mais il ne faut pas oublier que
cet article est dans son ensemble le correctif de l'art. 23,
lequel ne peut s'entendre que des expertises criminelles.
L'étendre aux expertises civiles, ce serait dépasser l'intention du législateur de 1892, empiéter sur un domaine dont

il n'a jamais été question dans la discussion de cette loi, et faire échec aux dispositions des articles 303 et suivants du Code de Procédure civile, qui permettent aux parties de s'accorder sur le choix des experts (1).

§ 3. — Les médecins sont-ils tenus d'obtempérer à la réquisition ?

Sous la loi de ventôse, la question de savoir si les médecins pouvaient refuser de déférer aux réquisitions de la justice était controversée.

Les uns admettaient la négative, et prétendaient faire appliquer au médecin, en cas de refus, l'article 80 du Code d'Instruction criminelle qui frappe les témoins récalcitrants.

D'autres, au contraire, décidaient qu'aucune répression ne pouvait atteindre le médecin qui refusait son concours professionnel à la justice.

Enfin la jurisprudence la plus récente faisait une double distinction : s'il s'agissait d'un accident individuel et non susceptible de compromettre la paix publique, par exemple du décès d'un individu tué par un ballot de marchandises, le médecin pouvait refuser son concours (2). Si, au contraire, il était requis pour un cas où l'ordre public était en jeu, il fallait distinguer suivant qu'il y avait

(1) V. dans le même sens : Roland, p. 97.
(2) Cass. , 18 mai 1855. D. P. 55. 2. 448.

ou non flagrant délit : dans le premier cas, le médecin qui refusait ou négligeait d'obtempérer aux réquisitions encourait la peine prononcée par l'article 475, n° 12, du Code pénal, c'est-à-dire une amende de 6 à 10 francs ; dans le second cas il n'était passible d'aucune condamnation (1).

La loi de 1892, article 23, tranche expressément cette controverse en décidant que : « Tout docteur en médecine est tenu de déférer aux réquisitions de la justice, sous les peines portées à l'article 22 », c'est-à-dire sous peine d'une amende de 25 à 100 francs.

Cet article 23 a été motivé par les incidents qui se sont produits en 1889, devant un tribunal du Midi, à la suite du refus des médecins de cette localité de déférer à la réquisition qui leur était adressée.

Les officiers de santé étant soumis d'après l'article 29 à toutes les obligations imposées par la loi aux docteurs, tombent également sous le coup de l'article 23. Mais il n'en est pas de même des sages-femmes et des dentistes qui ne sont pas visés par le texte. Ces personnes ne sont tenues d'obéir à la réquisition que dans les cas prévus par l'article 475. n° 12. du Code pénal, c'est-à-dire dans les cas d'extrême urgence et de flagrant délit.

C'est seulement quand la réquisition est faite par la justice elle-même que l'article 23 est applicable, mais il résulte de la discussion de la loi, que ce n'est plus seule-

____

(1) Cass., dernier arrêt, 15 mars 1890. Pand. franç. 90. 1. 143.

ment en cas de flagrant délit que le médecin sera tenu d'obéir. Il y sera tenu toutes les fois que l'autorité judiciaire jugera à propos, dans des circonstances quelconques, de requérir son concours.

Quoique l'article 23 ne contienne pas ces expressions de l'article 475 du Code pénal « ceux qui le pouvant auront refusé », les médecins pourront faire valoir certains empêchements que les tribunaux apprécieront souverainement comme sous l'ancienne législation (1). Ainsi on ne peut évidemment contraindre le médecin qui ne pratique pas à obéir aux réquisitions. De même le médecin qui ne se croira pas compétent pour statuer sur le cas qui lui sera soumis, pourra faire apprécier son incompétence par la justice. Il en sera encore ainsi au cas d'impossibilité matérielle ou physique de se rendre à la réquisition.

Dans les cas de réquisition non prévus par l'article 23, c'est-à-dire quand il ne s'agira pas d'un docteur ou d'un officier de santé, ou quand la réquisition sera faite par l'autorité administrative en matière de calamité publique et non plus par l'autorité judiciaire, l'art. 475, n° 12, du Code pénal reprendra son empire, et c'est l'amende de 6 à 10 francs qui sera applicable. L'article 475, en effet, n'est pas abrogé, mais seulement aggravé pour les docteurs et officiers de santé en cas de réquisition par la justice.

(1) Cass. : crim. rej. 1er février 1867. D. P. 67. 1. 191.

§ 4. — Formes de l'expertise. — Serment.

Avant de procéder, les experts sont tenus de prêter entre les mains du fonctionnaire qui a dressé la réquisition, le serment de « faire leur rapport et de donner leur avis en honneur et conscience », (art. 44 C. d'Inst. crim.). La prestation de serment est requise à peine de nullité des opérations. Les parties ne pourraient pas plus que les magistrats dispenser les experts de cette formalité. Une promesse ou une déclaration, si formelle qu'elle fût, ne pourrait la remplacer. Mais d'après la Cour de cassation, la formule indiquée par l'article 44 n'est pas sacramentelle : elle peut être conçue en termes équipollents (1) et il suffit qu'il soit constaté que les experts ont, préalablement à l'opération, « prêté le serment en tel cas requis (2). »

De plus, si les mêmes experts sont appelés plus tard aux débats pour déposer en qualité de témoins sur les faits de l'expertise, ils sont astreints à prêter le serment prescrit par l'article 317 du Code d'Inst. crim., c'est-à-dire qu'ils doivent jurer de « parler sans haine et sans crainte, de dire toute la vérité, rien que la vérité (3). »

Et en sens inverse, si appelés d'abord comme témoins,

(1) Cass., 16 juillet 1829. P. tome XXII, p. 1252.
(2) Cass., 16 janvier 1836. S. 36. 1. 224. — 20 décembre 1855. *Bull. cass, crim.* n° 405.
(3) Cass., 28 août 1875. P. 1875. 1080.

et après avoir prêté le serment requis par l'article 317, les experts étaient chargés, au cours des mêmes débats, d'une visite ou d'un rapport, ils devraient, à peine de nullité, prêter un nouveau serment en qualité d'experts, suivant la formule de l'article 44 du Code d'Inst. crim. (1).

Il est à noter que c'est avant le commencement de l'expertise que doit être prêté le serment de l'expert; il ne suffirait pas qu'il le fût au moment de rendre compte de ses opérations à la Cour. Les opérations qui auraient précédé la prestation de serment seraient frappées de nullité (2).

Le médecin désigné par arrêt de la Cour d'assises pour examiner l'état de santé de l'accusé et déclarer s'il est ou non en état de suivre les débats, doit prêter le serment requis par l'art. 44 du Code d'Inst. crim. (3). Il en serait de même au cas où il aurait été commis par la Cour à l'effet d'examiner l'état mental de l'accusé.

Mais quand le médecin est commis non plus par un arrêt, mais par le président des assises en vertu de son pouvoir discrétionnaire, pour fournir des renseignements à la Cour, le serment n'est plus de rigueur (4).

Toutefois, si le serment avait été prêté alors qu'il n'était

----

(1) Cass., 27 avril 1827. *Bull. cass. crim.* n° 133.
(2) Cass., 17 mars 1864. S. 64. 1. 432.
(3) Cass., 17 février 1848. D. P. 1849. 1. 128.
(4) Cass., 5 juin 1837. D. P. 1837. 2. 608.

pas nécessaire, cette formalité n'étant pas prohibée par la loi, n'entraînerait aucune nullité (1).

Après avoir prêté serment, l'expert procède aux constatations de nature à faciliter la découverte de la vérité. Si, au cours de ses opérations, un doute quelconque naît dans son esprit, il ne doit pas hésiter à faire appeler des hommes plus compétents que lui sur la matière qui fait l'objet de l'expertise. Le juge d'instruction a le droit d'assister à cette opération, car aucun texte ne le lui défend. Sa présence lui permet de préciser avec soin les faits soumis à l'examen des experts. Quant à l'accusé, sa présence n'est requise par aucun texte, les articles 316 et 317 du Code de Procédure civile n'étant pas applicables en matière criminelle. Le droit qu'il a de contrôler le rapport, d'en discuter les bases et d'en débattre les conclusions suffit à sa défense.

A la suite de l'expertise, le médecin rédige un rapport. Ce rapport doit être clair, précis, complet, motivé. En général, il comprend quatre parties : le préambule, l'historique ou l'exposé des faits, la discussion ou le raisonnement, et les conclusions. Le médecin doit à la justice la vérité entière, telle qu'elle existe dans son esprit. Il ne doit baser sa conviction ni sur l'opinion publique, ni sur la déposition des témoins, et doit se rappeler que c'est uniquement dans la science qu'il doit chercher la solution des questions soumises à son examen. Le juge d'instruction doit examiner attentivement le rapport qui lui est remis, et s'il lui paraît

(1) Cass., 19 janv. 1855. D. P. 1855. 1. 534.

incomplet ou obscur, demander aux experts de le compléter et de le rendre plus clair.

§ 5. — Rémunération en cas de réquisition.

L'article 14, § 2, de la loi de 1892 décide qu'un règlement d'administration publique revisera les tarifs du décret du 18 juin 1811, en ce qui touche les honoraires, vacations, frais de transport et de séjour des médecins. Cette révision, réclamée depuis longtemps, a été effectuée par un décret du 21 novembre 1893. (Voir son texte, *Annexe,* p. 286.)

Ce décret ne vise que les docteurs et les officiers de santé. Il s'ensuit que les sages-femmes requises par la justice en vertu de l'article 475 n° 12 du Code pénal, continuent à être payées suivant le tarif de 1811 qui n'est abrogé que dans celles de ses dispositions contraires au nouveau règlement. Quant aux dentistes, aucune disposition ne les régit actuellement à cet égard.

Le décret ne s'applique qu'aux médecins ou officiers de santé requis par les officiers de justice ou de police judiciaire, ou commis par ordonnance dans les cas prévus par le Code d'Instruction criminelle. Il ne distingue plus entre Paris et les autres villes.

Les règles que nous avons exposées dans la section précédente sont uniquement relatives aux expertises en matière criminelle. Les expertises en matière civile sont régies par d'autres dispositions et sont l'objet des articles 303 et suivants du Code de Procédure civile.

Art. 303. — « L'expertise ne pourra se faire que par trois experts, à moins que les parties ne consentent qu'il soit procédé par un seul. »

Art. 304. — « Si lors du jugement qui ordonne l'expertise, les parties se sont accordées pour nommer des experts, le jugement leur donne acte de la nomination. »

Art. 305. — « Si les experts ne sont pas convenus par les parties, le jugement ordonnera qu'elles seront tenues d'en nommer dans les trois jours de la signification, sinon qu'il sera procédé par les experts qui seront nommés d'office par le même jugement. »

Ainsi donc en principe toute expertise doit être confiée à trois experts. Toutefois un seul expert peut être nommé si les parties y consentent.

A la différence de ce qui existe pour les expertises criminelles, les expertises civiles sont essentiellement libres. Le médecin peut donc refuser la mission qui lui est confiée soit par les parties, soit par le juge ; mais dès qu'il a prêté serment, il est engagé et doit remplir son mandat. Sinon, il peut être condamné à tous les frais frustatoires et même à des dommages-intérêts (art. 316).

L'article 320 permettait même aux tribunaux de prononcer la contrainte par corps contre l'expert qui ne déposait pas son rapport, mais la loi du 22 juillet 1867 ayant aboli la contrainte par corps en matière civile, ce moyen de coercition ne pourrait plus être employé contre l'expert en retard de déposer son rapport.

Si le travail des experts n'offre pas aux magistrats des éléments suffisants de conviction pour juger, ils peuvent ordonner d'office une nouvelle expertise et dans ce cas les nouveaux experts nommés d'office par le tribunal ou la cour peuvent demander aux premiers les renseignements qu'ils jugent convenables. (Art. 322.)

Les principes généraux posés dans les articles 1382-83 du Code civil sont incontestablement applicables aux experts ; partant, ceux-ci répondent du préjudice que leurs erreurs grossières ont causé aux parties (1). Et dans cette hypothèse, s'il y a lieu de recommencer l'expertise, les frais peuvent être mis à la charge de ceux qui l'ont faite. Cependant si leur travail avait été homologué par un jugement devenu définitif, ils ne seraient pas responsables des inexactitudes de leurs opérations à la condition que leur bonne foi fût reconnue (2).

(1) Dijon. 25 juillet 1854. D. P. 54. 2. 249.
(2) Pau. 30 décembre 1863. D. P. 64. 2. 63.

En matière civile comme en matière criminelle, le serment est une formalité substantielle. L'absence de prestation de serment aurait pour résultat d'annuler la procédure à moins que les parties n'eussent déclaré y renoncer. Mais la formule n'a rien de sacramentel : en pratique les experts promettent de bien et fidèlement remplir la mission qui leur est confiée. Le procès-verbal qui constate cette formalité indique en même temps le jour, le lieu et l'heure que les experts ont fixés pour le commencement de leurs opérations, et les parties sont invitées par là à y assister.

Si le médecin avait été appelé à fournir un certificat avant le procès pourrait-il être désigné comme expert ?

La raison de douter vient de ce que l'article 283 C. Proc. civ. autorise les parties à reprocher le témoin qui aurait fourni un certificat sur les faits relatifs au procès, et de ce que l'article 310 du même Code porte que les experts pourront être récusés par les motifs pour lesquels les témoins peuvent être reprochés.

La Cour de Lyon (1) paraît avoir admis que la loi n'a pas étendu aux experts cette cause d'incapacité qui n'existe pas quand le certificat a été délivré avant toute contestation et n'a pas été donné en vue d'un procès dont il n'était pas encore question. Néanmoins, si le médecin avait exprimé nettement son opinion dans un certificat, même antérieur au commencement du procès, il nous paraîtrait bien diffi-

(1) Lyon, 24 mars 1836. P. 1877. 846.

cile de repousser la récusation, l'indépendance de ce médecin dans la cause pouvant être suspectée (1).

Les parties ne pourraient récuser les experts si elles les
avaient choisis elles-mêmes. Les récusations ne peuvent
donc s'exercer que contre les experts nommés d'office par
les tribunaux, à moins que les causes de récusation soient
survenues seulement après la nomination faite par les parties (art. 408).

Les experts doivent répondre exactement et catégori-
quement à toutes les questions qui leur sont soumises,
mais ne doivent pas sortir du cadre que le jugement leur a
tracé. Les parties pourraient toutefois consentir expressément ou tacitement à étendre les limites de la mission qui
leur a été confiée (2).

Si l'expertise a été confiée à plusieurs personnes, elles
doivent opérer ensemble et simultanément. Si l'une d'elles
ne se présentait pas, l'opération serait ajournée et l'expert
défaillant averti. Aux termes de l'article 318 du Code de
procédure civile : « Les experts dresseront un seul rapport ; ils ne formeront qu'un seul avis à la pluralité des
voix.— Ils indiqueront néanmoins, en cas d'avis différents,
les motifs des divers avis, sans faire connaître quel a été
l'avis personnel de chacun d'eux. »

Quoique l'article ne le dise pas expressément, le rapport

(1) *Ann. d'hyg. pub. et de méd. lég.* 3e série, tome Ier, p. 159. —
Dubrac, no 212.

(2) Cass. 1er mars 1881. *Gaz. Trib.*, 2 mars 1881.

doit être motivé. Il est rédigé par écrit à moins qu'il n'y ait qu'un seul expert et que le jugement n'ait ordonné que le rapport sera fait à l'audience.

Le rapport est écrit par l'un des experts, signé par tous et déposé au greffe du tribunal qui a ordonné l'expertise. D'après la doctrine et la jurisprudence, le défaut de signature de l'un d'eux n'entraînerait pas la nullité du rapport. Le rapport ne serait même pas nul, si l'un des experts n'avait pas assisté à toutes les opérations de l'expertise (1).

Le rapport est un acte authentique, non pas quant aux appréciations des experts qui peuvent être combattues par toutes sortes de moyens et d'arguments, mais quant à leurs constatations qui ne peuvent être attaquées que par l'inscription de faux. Le rapport doit être enregistré, mais les experts ne sont pas tenus de le faire enregistrer eux-mêmes ; c'est au receveur de l'enregistrement à poursuivre le recouvrement du droit sur l'extrait de l'acte de dépôt qui lui est fourni par le greffier.

Mais aux termes de la loi du 13 brumaire an VII le rapport ne peut être dressé en matière civile que sur papier timbré. Il en est ainsi des certificats délivrés par les médecins quand ils sont destinés à être produits en justice dans les affaires civiles.

En matière criminelle, au contraire, les rapports et certificats sont exempts du droit de timbre.

Les honoraires des experts sont réglés en matière civile

(1) *Ann. d'hyg. et de méd. lég.* 2ᵉ série, t. XLIX, 1878, p. 164.

par les articles 159 et suivants du tarif civil. (Décret du 16 février 1807).

Le tableau que nous en donnons ci-contre suffira à éclairer les gens de l'art quand ils seront commis, par les tribunaux, pour procéder à une expertise en matière civile.

TABLEAU

DES DROITS, HONORAIRES ET INDEMNITÉS DUS AUX EXPERTS
EN MATIÈRE CIVILE.

	ARTICLES du TARIF	DROITS DANS LES				
		COURS D'APPEL		TRIBUN. DE 1ʳᵉ INSTANCE		
		Paris	Autres Cours	Paris, Lyon Bordeaux Rouen	Ville ou siège une cour pop. 30 000 h.	Autres villes
		fr. c	fr. c	fr. c.	fr. c.	fr. c.
Prestation de serment.	159					
Vacation pour prêter serment	162 § 1ᵉʳ	8 »	6 »	8 »	6 »	6 »
Frais de transport et de nourriture si les experts sont domiciliés à plus de 2 myriamètres du lieu ou siège le Tribunal. Par myriamètre.	161 § 1ᵉʳ	6.40	4.80	6.40	4.80	4.80
Opérations. — Vacations aux opérations dont ils sont chargés, quand ils opèrent au lieu de leur domicile ou dans un rayon de 2 myriamètres. Par vacation de 3 heures.	159	8 »	6 »	8 »	6 »	6 »
Frais de transport et de nourriture quand ils se transportent à plus de 2 myriamètres de leurs domicile. Par chaque myriamètre	161 § 3	6 »	4.50	6 »	4.50	4.50
Et pour le retour. . .	Id.	6 »	4.50	6 »	4.50	4.50
Journée de campagne ou honoraires des experts pendant le temps de leur séjour, à la charge par eux de faire 4 vacations par jour . .	161 § 1 et 2	32 »	24 »	32 »	24 »	24 »
Dépôt du rapport. Vacation pour déposer le rapport.	162 § 1ᵉʳ	8 »	6 »	8 »	6 »	6 »
Frais de voyage, si les experts sont domiciliés à plus de 2 myriamètres du lieu où siège le Tribunal. Par chaque myriamètre.	161 § 1ᵉʳ	6.40	4.80	6.40	4.80	4.80

SECTION III. — DES PEINES POUR CORRUPTION D'EXPERT.

Le Code pénal prononce certaines peines spéciales contre les médecins-experts qui ont agréé des offres ou promesses, reçu des dons ou présents, pour donner une opinion favorable à l'une des parties.

Ces peines sont contenues dans l'article 177. du Code pénal, ainsi conçu :

Art. 177. « Tout fonctionnaire de l'ordre administratif ou judiciaire, tout agent ou préposé d'une administration publique qui aura agréé des offres ou promesses ou reçu des dons ou présents, pour faire un acte de sa fonction ou de son emploi même juste, mais non sujet à salaire, sera puni de la dégradation civique et condamné à une amende double de la valeur des promesses agréés ou des choses reçues sans que la dite amende puisse être inférieure à 200 francs.

La présente disposition est applicable à tout fonctionnaire, agent ou préposé de la qualité ci-dessus exprimée, qui, par offres ou promesses agréées, dons ou présents reçus, se sera abstenu de faire un acte qui entrait dans l'ordre de ses devoirs.

Sera puni de la même peine tout arbitre ou expert nommé soit par le tribunal, soit par les parties, qui aura agréé des offres ou promesses, ou reçu des dons ou des présents, pour rendre une décision ou donner une opinion favorable à l'une des parties. »

La première condition pour que le crime existe, c'est qu'il ait été commis par un arbitre ou expert. Et, pour que l'art. 177 puisse recevoir son application, il faut que les pouvoirs des arbitres ou experts soient réguliers. Si le compromis était nul ou si les experts n'avaient pas prêté serment, alors qu'ils n'en étaient pas dispensés, la corruption à laquelle ils auraient succombé ne serait pas punissable, car la nullité du compromis comme l'absence de prestation de serment enlèverait leur qualité à l'arbitre et à l'expert. Mais la loi pénale serait applicable, si l'irrégularité n'était pas de nature à faire disparaître la qualité, si la sentence arbitrale ou l'expertise ne devait pas être nulle de plein droit.

La seconde condition pour l'existence du crime réprimé par l'art. 177, c'est que l'arbitre ou l'expert ait agréé des offres ou promesses, reçu des dons ou présents.

Le crime n'existerait pas si l'arbitre ou l'expert avait simplement cédé aux sollicitations des parties, s'il n'avait eu aucun intérêt personnel à se laisser corrompre. C'est là une différence entre l'art. 177 Code pén. et l'art. 160 qui est relatif au délit de faux dans les certificats et que nous étudierons plus loin.

Enfin la troisième condition est que l'arbitre ou l'expert ait agréé les offres ou promesses, reçu les dons ou présents, pour faire un acte ou s'abstenir de faire un acte de sa fonction.

L'arbitre ou l'expert qui, après avoir agréé des promesses ou des présents, s'arrêterait volontairement dans cette voie criminelle, ne commettrait ni le crime ni même la tentative. Mais la tentative existerait et serait punie comme le crime lui-même, s'il n'avait été arrêté que par des circonstances indépendantes de sa volonté.

Nous n'étudierons pas les dispositions spéciales édictées par la loi du 15 juillet 1889 sur le recrutement et le Code de justice militaire du 9 juin 1857 relativement au cas de corruption de médecins et autres fraudes en matière militaire. Leur examen sortirait du cadre que nous nous sommes tracé.

SECTION IV. — CERTIFICATS.

§ 1. — Formes des certificats.

En dehors des expertises proprement dites, les médecins sont appelés dans un grand nombre de cas à délivrer des certificats. Ces certificats doivent sous peine d'amende être rédigés sur papier timbré. Sont seuls exceptés les certificats de vaccine, ceux de naissance et de décès, ceux qui sont faits sur la réquisition de l'autorité militaire ou de la force armée, les certificats pour les aliénés ayant un caractère purement administratif, les certificats délivrés à des nourrices destinées à des enfants assistés, les certificats de maladie réclamés par les administrations ou les sociétés de secours mutuels, s'il y a une attestation d'indigence, les certificats de maladie ou d'infirmités pour admission dans les hôpitaux ou hospices de la vieillesse, enfin les certificats d'infirmités pour secours annuels du département en cas d'indigence (1).

§ 2. — Faux dans les certificats.

Aux termes de l'article 160 du Code pénal : « Tout médecin, chirurgien ou autre officier de santé, qui, pour favoriser quelqu'un certifiera faussement des maladies ou infirmités propres à dispenser d'un service public, sera puni d'un emprisonnement d'une année au moins et de trois ans au plus.

S'il y a été mû par dons ou promesses, la peine de l'emprisonnement sera d'une année au moins et de quatre ans au plus.

Dans les deux cas, le coupable pourra, en outre, être privé des droits mentionnés en l'article 42 du présent Code, pendant cinq ans au moins et dix ans au plus, à compter du jour où il a subi sa peine.

Dans le deuxième cas, les corrupteurs seront punis des mêmes peines que le médecin, chirurgien ou officier de santé qui aura délivré le faux certificat. »

(1) Legrand du Saulle, *Médecine légale*, p. 1321.

Trois conditions sont donc nécessaires pour que la délivrance d'un faux certificat constitue le délit prévu par cet article :

1° Il faut que le certificat émane d'un médecin, d'un chirurgien, ou d'un officier de santé. S'il émanait d'un pharmacien, d'une sage-femme, d'un individu diplômé à l'étranger ou exerçant illégalement la médecine, l'article 160 ne saurait s'appliquer, car les lois pénales ne sont pas susceptibles d'extension.

2° Le certificat doit énoncer une maladie ou une infirmité qui n'existe pas. Il importe de remarquer à cet égard que la loi ne frappe que l'intention frauduleuse du médecin ; elle ne punit que son concours volontaire et réfléchi, mais non pas son inexpérience ou son ignorance.

La difficulté d'établir l'intention frauduleuse du praticien explique la rareté des poursuites en matière de faux certificat médical.

3° Le certificat doit avoir été délivré en vue de faire dispenser une personne d'un service public auquel elle était assujettie ; tels sont le service militaire, les fonctions de juré, celles de témoin, de tuteur, de subrogé-tuteur, de membre d'un conseil de famille. Rentrerait aussi dans cette classe le certificat destiné à faire obtenir un congé à un fonctionnaire public.

Si le certificat avait eu tout autre but que celui de soustraire à un service public, il échapperait à toute répression. Toutefois s'il avait causé un dommage à autrui, il est certain que la victime du dommage pourrait, conformément aux principes généraux du droit, en réclamer civilement la réparation au médecin.

Tels sont les trois éléments constitutifs du délit prévu par l'article 160. Si le certificat n'a pas été délivré par pure complaisance, mais obtenu à l'aide de dons ou promesses, les pénalités sont plus rigoureuses. Toutefois, pour que l'aggravation de peine puisse être appliquée, il faut qu'il y ait eu corruption. Si la somme payée ou promise ne dépassait pas le montant de la rétribution due au médecin, soit pour la rédaction du certificat, soit pour des soins donnés antérieurement, il n'y aurait pas corruption, et, par suite, pas d'aggravation de peine.

Mais, qu'il y ait eu ou non corruption, les tribunaux peuvent prononcer contre le médecin coupable, la privation pendant cinq ans au moins et dix ans au plus des droits mentionnés en l'article 42 du Code pénal, c'est-à-dire des droits de vote et d'élection ; d'éligibilité ; d'être appelé ou nommé aux fonctions de juré ou autres fonctions publiques, ou aux emplois de l'administration, ou d'exercer ces fonctions ou emplois ; du port d'armes ; de vote et de suffrage dans les délibérations de famille ; d'être tuteur, curateur, si ce n'est de ses enfants et sur l'avis seulement de la famille ; d'être expert ou employé comme témoin dans les actes ; de témoignage en justice autrement que pour y faire de simples déclarations.

Enfin, les dispositions de l'article 160 sont complétées par celles de l'article 164 ainsi conçu :

« Il sera prononcé contre les coupables une amende dont

le minimum sera de 100 francs, et le maximum de 3.000 francs ; l'amende pourra cependant être portée jusqu'au quart du bénéfice illégitime que le faux aura procuré ou était destiné à procurer aux auteurs du crime ou du délit, à leurs complices ou à ceux qui ont fait usage de la pièce fausse. » Cette amende n'est pas facultative ; elle est de rigueur et doit être prononcée contre tout individu déclaré coupable de faux.

Comme on le voit par ce qui précède, les articles 160 et 164 prévoient le faux commis par les médecins dans les certificats qu'ils délivrent à la requête des particuliers. Quant aux autres faux, que pourraient commettre les médecins, ils rentrent dans le droit commun et sont étrangers à notre sujet.

CHAPITRE VII

INCAPACITÉ DE RECEVOIR PAR DONATION ENTRE VIFS OU PAR TESTAMENT

Aux termes du premier alinéa de l'article 909 du Code civil : « Les docteurs en médecine ou en chirurgie, les officiers de santé et les pharmaciens qui auront traité une personne pendant la maladie dont elle meurt, ne pourront profiter des dispositions entre vifs ou testamentaires qu'elle aurait faites en leur faveur pendant le cours de cette maladie. »

Cette disposition n'est pas une création des rédacteurs du Code civil. De tout temps, les médecins ont été l'objet d'une certaine défiance de la part du législateur. Déjà, en droit romain, les empereurs Valentinien et Valens avaient eu souci de soustraire le moribond à l'empire que le médecin peut exercer sur sa volonté affaiblie : ils permettent aux médecins d'accepter « les legs que peuvent leur faire les hommes bien portants, non ceux que leur promettent des malades en échange de leur salut. » De même, la jurisprudence des Parlements, comblant une lacune de nos anciennes ordonnances, décidait que le médecin ne pouvait recueillir des libéralités de son client. Toutefois, la présomption de captation, si grave qu'elle fût, n'était pas absolue. Le médecin y pouvait échapper en prouvant que ni lui ni son art n'avaient déterminé, même aux approches de la mort, les libéralités.

Le législateur de 1804 est allé plus loin; il a voulu, comme disait Talon, « couper la racine des procès » et enlever aux juges l'appréciation des circonstances. Il pose en termes formels le principe de l'incapacité du médecin et il annule la libéralité sur le fondement d'une présomption de suggestion et de captation, qui ne peut être combattue par aucune preuve contraire. (Arg'., art. 1352. C. civ.). C'est en vain que le médecin demanderait à établir que son client, à raison de sa supériorité intellectuelle, s'est trouvé à l'abri de la captation que la loi redoute ; c'est en vain qu'il offrirait de prouver que la libéralité a sa source dans la qualité d'ami ou de parent du disposant et non pas dans les soins donnés. Une jurisprudence constante lui refuse le droit de faire tomber la présomption légale (1).

Cette innovation du Code civil, d'après laquelle il n'y a plus à examiner, comme dans notre ancien droit, s'il y a

____

(1) Cass. 7 avril 1863. D. P. 63. 1. 231. et 29 juillet 1891. S. 92. 1. 518. — Bordeaux, 12 mai 1862. S. 63. 2. 23. — Toulouse, 12 janvier 1864. S. 64. 2. 114. V. également dans ce sens : Demolombe, XVIII. n° 548. Laurent, XI, n. 345 et 358 bis. — Baudry et Colin, Don. I. n. 474.

eu ou non motif plausible de libéralité, a été de la part de certains auteurs l'objet d'éloges trop absolus. Nous serions pour notre part plutôt tenté d'adhérer à la critique que M. Oscar de Vallée (1) adressait au législateur dans les termes suivants : « Ne suffirait-il pas comme autrefois d'avertir le juge de surveiller l'influence du médecin, d'en détruire les effets abusifs et injustes, d'assurer une protection aux familles en cas d'abus ? Etait-il juste, était-il tout à fait nécessaire d'interdire au mourant dont la vie se prolonge par les soins de son médecin, devenu son ami, de donner ses biens à cet ami en l'absence d'héritiers réservataires ?... Je serais bien tenté de contredire cette loi dans son excès de réglementation (2). »

Avant d'étudier successivement la règle de l'incapacité, les exceptions qu'elle comporte et la sanction qui en assure l'application, déterminons immédiatement les personnes auxquelles elle s'applique.

L'article 909 signale : les médecins, les chirurgiens, les officiers de santé, c'est-à-dire tous ceux qui exercent légalement l'art de guérir. Il mentionne aussi les pharmaciens qui ne peuvent l'exercer qu'illégalement, ce qui a amené la jurisprudence à soumettre à la règle de l'incapacité tous ceux qui exercent la médecine sans titre légal, notamment les charlatans, les empiriques, les magnéti-

______

(1) Voy. Conclusions dans la célèbre affaire Gramont-Caderousse : D. 67. 2. 148.

(2) Le nouveau Code italien n'a pas reproduit la disposition de notre article 909.

seurs et les somnambules. Les abus d'influence sont d'ailleurs plus à redouter de la part de ces « médecins de contrebande » que de la part de ceux qui sont diplômés : ils offrent moins de garantie d'honorabilité et de moralité, et leurs clients sont ordinairement plus faciles à influencer. L'article 909 étant une disposition exceptionnelle ne s'applique ni à la sage-femme ni à la garde-malade. Quelques auteurs admettent cependant la solution contraire en ce qui concerne la sage-femme.

Section Ire. — Règle. — Incapacité du médecin.

§ I. — Conditions de l'incapacité du médecin.

L'analyse du texte nous en révèle deux :

I. — Il faut que le médecin ait traité le malade, c'est-à-dire, lui ait donné une série de soins réguliers et continus; en un mot, il faut qu'il ait entrepris sa cure.

L'incapacité n'atteindrait pas le médecin appelé seulement en consultation (1); ni celui qui a vu le malade accidentellement, en l'absence du médecin ordinaire; encore moins celui qui s'est borné à faire des visites de politesse ou d'amitié, circonstances que les tribunaux apprécieront souverainement.

____

(1) Limoges, 6 février 1889. S. 89. 2. 173.

II. — Il faut que la libéralité ait été faite pendant le cours de la maladie dont le disposant est mort. Il en résulte que la libéralité serait valable :

1º Si elle avait été faite avant ou depuis la maladie : il n'y a, en effet, dans ces deux cas, aucune influence illégitime du médecin à redouter.

2º Si le malade mourait par cas fortuit, à la suite d'un accident étranger à la maladie, l'incendie de sa maison, par exemple.

3º Si le malade revenait à la santé. Cette troisième conséquence n'offre aucun inconvénient relativement aux dispositions testamentaires essentiellement révocables. Si le malade n'a pas disposé en pleine liberté, il révoquera la libéralité. Mais, il en est autrement quand il a disposé sous forme de donation. La donation étant essentiellement irrévocable, le donateur aura les mains liées et ne pourra faire tomber la libéralité qu'en prouvant en justice la suggestion ou la captation dont il aura été victime, chose très délicate à établir.

Cette conséquence regrettable en ce qui concerne la donation est le résultat d'une inadvertance des rédacteurs du Code civil. Ils ont oublié, en effet, en reproduisant la doctrine de l'ancien droit, qu'autrefois les donations faites par un malade à son médecin étaient considérées comme des dispositions à cause de mort, par suite essentiellement révocables, ce qui n'a pas été maintenu.

Faut-il admettre la validité de la libéralité, si le disposant vient à mourir d'une maladie autre que celle pour laquelle il a été traité? Je ne le crois pas, bien que la Cour de Gand ait admis l'affirmative le 15 décembre 1890 (1). Aller aussi loin, ce serait supposer que le médecin puisse toujours demander à établir que son malade n'est pas mort de la maladie pour laquelle il le soignait, ce qui paraît inadmissible.

Mais que faut-il entendre par dernière maladie ? Il ne saurait y avoir de difficulté sur le sens de cette expression au cas de maladie aiguë suivie de mort après ses évolutions habituelles.

Il en est tout différemment au cas d'affection qui s'est prolongée durant de longues années.

Appellera-t-on « dernière maladie » l'état morbide chronique? La dernière maladie commencera-t-elle pour le phtisique, par exemple, avec la première apparition du germe morbide?

Le malade atteint d'une affection cancéreuse, sera-t-il dès le début de sa maladie, incapable de donner ou de tester, encore bien qu'il y ait eu dans le cours de sa maladie des périodes plus ou moins longues de rémission, d'intermittence ou d'amélioration qui aient pu faire croire peut-être même à une guérison!

Appellera-t-on, au contraire, dernière maladie seulement la période ultime de ces affections, celle à partir de laquelle la mort a pu être prévue comme prochainement inévitable et l'état du malade comme absolument désespéré?

(1) Pasicr., 90. 2.236.

Ces deux opinions ont trouvé leurs partisans et peuvent s'autoriser de décisions de jurisprudence. Ceux qui prétendent interpréter dans son sens le plus large le mot « dernière maladie » invoquent à l'appui de leur prétention un arrêt de la Chambre des requêtes de la Cour de cassation du 27 août 1822. La thèse y est nettement formulée dans les termes que voici : « L'état continuel de souffrance dans lequel s'est trouvé un individu jusqu'à sa mort, peut être considéré comme constituant sa dernière maladie dans le sens de l'article 909 du Code civil. En conséquence, le médecin qui lui a constamment donné des soins est frappé d'incapacité pour recevoir la donation testamentaire à lui faite par le malade ; il opposerait en vain que la première affection qui a duré plusieurs années était une maladie de langueur et que le malade a été enlevé en un jour par une hydropisie. maladie toute différente. »

La même solution a été admise par la Cour de Toulouse le 12 janvier 1864 (1), par la Cour de Paris le 8 mars 1867 (2) et par un jugement récent du Tribunal civil de Narbonne, du 26 juin 1889 (3).

Comme on le voit dans ce premier système, la maladie est un tout indivisible. A partir du moment où elle éclate, quelque longue qu'en doive être la durée. quelque irrégu-

(1) S. 64. 2. 114.
(2) D. 67. 2. 145.
(3) *La Loi*, 24 juillet 1889.

lier qu'en puisse être le cours, quelque amélioration qui puisse à certains moments survenir, le malade est incapable de disposer.

Il importe cependant de remarquer que telle n'était pas la doctrine admise dans l'ancien droit. Nos anciennes coutumes exigeaient que la maladie eût un trait prochain vers la mort. C'était aussi l'avis de tous les jurisconsultes et des Parlements. Une jurisprudence plus moderne semble vouloir revenir à ces règles anciennes. Ainsi un jugement du Tribunal de Niort du 30 avril 1857 (1) pose un principe contraire à celui des arrêts précités de Toulouse et de Paris. D'après cette décision, « le testament fait dans un intervalle de santé au profit du médecin, par un individu atteint d'une maladie chronique dont le germe est incurable, ne peut être considéré comme ayant été fait dans le cours de la maladie. »

De même, dit un jugement de Loudun, du 14 janvier 1887 (2), il ne faut pas confondre la dernière maladie, c'est-à-dire celle qui a entraîné directement la mort du donateur ou du testateur, avec les lésions ou les affections organiques chroniques dont l'aggravation ou le développement ont ultérieurement causé la dernière maladie ; une affection de cette nature qui peut durer de longues années, ne saurait, bien qu'elle ait pour résultat de produire une infirmité grave, être assimilée à une maladie mortelle. »

(1) D. 59. 3. 15.
(2) *Gaz. Pal.*, 1887. 1. Supp^t 78.

La généralité de la doctrine se prononce avec raison

Enfin un récent document du Tribunal civil de la Seine, du 20 décembre 1895 (1) a adopté la même solution dans des termes presque identiques : « Par dernière maladie, dit ce jugement, on doit entendre non pas un état de lésions organiques dont l'aggravation ou le développement ont ultérieurement entraîné la crise fatale, mais seulement cette période où l'état du malade, défiant tous les efforts de la science, est définitivement reconnu comme désespéré et où la marche incurable du mal amène nécessairement la mort d'une manière immédiate et déterminante. »

Cette seconde interprétation paraît mieux que la première se conformer tant à l'esprit de la loi qu'au sentiment de l'équité. Elle a de plus l'avantage d'être en parfaite harmonie avec les traditions de notre ancien droit, aussi pour notre part, nous n'hésitons pas à y adhérer.

La disposition, avons-nous dit, doit être contemporaine de la maladie : doit-elle être contemporaine du traitement?

Non, a répondu la Cour de Paris dans son arrêt du 8 mars 1867 (2). Il n'y a pas à examiner si la libéralité a précédé ou suivi le traitement, ou si, au contraire, elle en est contemporaine. Du moment où elle est faite pendant la maladie dont le disposant est mort, elle est nulle. Exiger la simultanéité de la disposition et du traitement, ce serait ajouter une troisième condition à celles que la loi énumère dans l'article 909.

(1) *Rev. jurisprud. méd.* 1896. p. 41.
(2) S. 67. 2. 169.

contre cette solution. L'article 909 n'est pas aussi net ni aussi précis que le prétend la jurisprudence, et il ne contredit nullement le système d'après lequel la libéralité doit être contemporaine du traitement. L'esprit et les motifs de l'article 909 dissipent du reste tous les doutes : ce que la loi a voulu prévenir ce sont les abus d'influence de la part du médecin. Or, l'influence ne peut exister, quand le traitement n'est pas encore commencé, et elle ne peut plus durer quand il a pris fin. La présomption de suggestion ou de captation ne peut donc s'appliquer dans ces deux hypothèses, et la disposition antérieure ou postérieure au traitement ne saurait être frappée de nullité. C'était la solution admise dans notre ancien droit et les travaux préparatoires ne font que la confirmer. D'ailleurs, la fausseté du système de la jurisprudence ressort avec évidence des conséquences bizarres et iniques auxquelles il aboutit : Une personne frappée d'une maladie mortelle fait un legs à un de ses amis, médecin, actuellement éloigné, et qui ne lui donne ni soins ni conseils. Ce médecin se rend longtemps après peut-être auprès du malade et le traite ; le malade meurt. Ce fait du traitement postérieur peut-il avoir un effet rétroactif et entraîner la nullité d'une libéralité qui a été consentie en pleine liberté ? Une pareille rigueur serait inexplicable et une telle inconséquence nous amène à conclure que la disposition ne peut être annulée qu'autant qu'elle a été contemporaine du traitement (1).

(1) V. en ce sens : Demolombe, XVIII, n° 525 bis. — Laurent, XI, n° 344, p. 471. Labbé, note : S. 67. 2. 170. — Baudry et Colin, Don. I. n° 497.

§ 2. — Effets de l'incapacité.

L'incapacité relative de disposer établie par l'article 909 a pour effet d'entraîner la nullité de toute disposition entre vifs ou testamentaire faite, en dépit de la prohibition de la loi, par un malade à son médecin. Par suite, les donations pures et simples, conditionnelles, de biens à venir, les remises de dettes, les legs faits en violation de l'article 909 sont frappés de nullité. Il en serait autrement du paiement d'une dette naturelle (1).

Après la mort du malade, la nullité peut être demandée par toute personne intéressée, c'est-à-dire, par les héritiers légitimes ou testamentaires du disposant et ses créanciers agissant en vertu de l'art. 1166 du Code civil.

Elle peut être opposée en tout état de cause, même en appel pour la première fois, mais, elle ne pourrait l'être en cassation que si les conclusions d'appel l'avaient mentionnée.

Elle ne pourrait être suppléée d'office par le juge.

Il n'est pas interdit d'y renoncer, car elle ne constitue pas un moyen d'ordre public. La renonciation peut être expresse ou tacite. L'exécution volontaire de la libéralité par les héritiers ou ayants cause du disposant constitue le

(1) Gass., Req. rej. 10 déc. 1851. S. 52. 1. 41.

cas le plus remarquable de confirmation tacite (art. 1340, C. civ).

L'action peut être intentée contre le médecin, contre ses héritiers, contre tout tiers détenteur des immeubles donnés ou légués.

Quelle en est la durée ?

Étant donné le silence de l'art. 909, il faut la fixer d'après les principes généraux. En ce qui concerne l'action en nullité dirigée contre un testament, on est d'accord pour la ranger dans la catégorie de ces actions tant réelles que personnelles qui se prescrivent par trente ans. (art. 2262, C. civ).

Mais les auteurs sont divisés, quand il s'agit de l'action en nullité dirigée contre une donation.

Les uns s'appuient avec la jurisprudence sur ce que la donation faite au médecin constitue une convention et ils appliquent la prescription de dix ans de l'article 1304 aux termes duquel : « Dans tous les cas où l'action en nullité ou en rescision d'une convention n'est pas limitée à un moindre temps par une loi particulière, cette action dure dix ans (1).

Les autres, avec plus de raison, je crois, appliquent la prescription de trente ans. En effet, pour que l'art. 1304 soit applicable, il faut, par cela même que l'article ne vise que

---

(1) V. Troplong, III, n° 1086. — Colmet de Santerre, V. n° 313 bis. — Lyon, 20 août 1869. S. 70. 2, 124 et les arrêts cités.

les conventions, que l'action soit dirigée par l'une des parties contre l'autre. Or, les héritiers du donateur agissent
non pas en qualité d'héritiers de ce donateur, puisque l'action en nullité n'a pu naître en sa personne, puisqu'il n'a
pu les représenter en les dépouillant, mais ils agissent de
leur propre chef, en leur nom personnel. Ils sont donc de
véritables tiers et leur action ne se prescrit que par trente
ans, conformément à l'article 2262 du C. civ. (1).

SECTION II. — EXCEPTIONS A L'INCAPACITÉ DU MÉDECIN.

La loi fait à certaines conditions fléchir la règle de l'incapacité, quand la disposition est inspirée ou par la reconnaissance ou par la parenté. La présomption de captation
qui est le fondement de l'article 909 ne peut se présenter à
l'esprit dans ces deux hypothèses et ne peut par suite
entraîner la nullité de la libéralité.

1er — Des dispositions rémunératoires.

L'article 909, alinéa 2, formule ainsi cette première
exception :

« Sont exceptées : 1º Les dispositions rémunératoires

____

(1) Demolombe, XXIX, n° 221, p 104. Aubry et Rau, IV, § 339
p. 276, note 19.

faites à titre particulier, eu égard aux facultés du disposant et aux services rendus ; »

Deux conditions sont donc requises pour la validité de ces dispositions :

1° Il faut qu'elles soient faites à titre particulier. Toute libéralité universelle ou à titre universel serait nulle et non pas seulement réductible, alors même qu'elle serait qualifiée de rénumératoire.

2° Il faut qu'elles soient proportionnées aux facultés du disposant et aux services rendus, question de fait à résoudre par les tribunaux. En cas d'excès, la libéralité n'est pas nulle, mais simplement réductible à la juste mesure qui n'aurait pas dû être dépassée. Elle peut cependant excéder le montant des honoraires ; si elle n'en était que l'équivalent, il y aurait paiement, mais non libéralité. Le médecin auquel est adressée une disposition rémunératoire ne peut, en principe, réclamer en outre ses honoraires ; ils sont considérés comme compris dans la libéralité, à moins que le disposant n'ait manifesté une intention contraire.

Notons enfin qu'il n'est nullement nécessaire que la libéralité ait été qualifiée de rémunératoire par le disposant lui-même (1).

§ 2. — Des dispositions en faveur de parents.

La deuxième exception comprend : « Les dispositions

(1) Cass., Req. rej. 10 décemb. 1851. S. 52. 1. 41.

universelles, dans le cas de parenté jusqu'au quatrième degré inclusivement, pourvu toutefois que le décédé n'ait pas d'héritiers en ligne directe ; à moins que celui au profit de qui la disposition a été faite ne soit lui-même du nombre de ces héritiers » (art. 909, al. 3.)

Ainsi, quand le médecin est parent du disposant au quatrième degré ou à un degré plus rapproché, soit en ligne directe, soit en ligne collatérale, la libéralité même universelle est valable, à la condition, dit l'article 909, que le décédé n'ait pas d'héritiers en ligne directe. Toutefois si le malade a laissé des héritiers en ligne directe et, si le médecin est du nombre de ces héritiers, la libéralité qui lui est adressée n'est pas entachée de nullité.

Mais, dans quel sens faut-il entendre ce mot : héritier? Est-il synonyme de parent ou de successible appelé par la loi à recueillir les biens du *de cujus*? L'exemple suivant fait ressortir l'intérêt de la question : Le malade laisse un aïeul, un frère et un cousin germain. Le frère hérite en entier, art. 750 C. civ. Le malade a-t-il pu faire au profit de son cousin germain médecin un legs universel?

Non, si le mot héritier est employé comme synonyme de parent, car le malade laisse un parent en ligne directe : son aïeul, et son cousin germain est dans la ligne collatérale. Oui, s'il est employé comme synonyme de successible, car si l'aïeul est parent dans la ligne directe, il n'est pas héritier.

Malgré le dissentiment de MM. Aubry et Rau, nous estimons, avec la majorité des auteurs, que le mot héritier a été pris dans l'article 909 comme synonyme de successible. Tel est le sens qu'on lui donne ordinairement. Cette interprétation est d'autant plus vraisemblable que dans ce texte le mot héritier est opposé au mot parenté. D'ailleurs, pourquoi la loi ne permet-elle pas au malade de disposer au profit de son médecin, quand il laisse des héritiers en ligne directe ? Evidemment c'est dans l'intérêt de ces héritiers. Or ces héritiers ne sont intéressés que quand ils succèdent. Que leur importe qui recueillera les biens, s'ils n'y sont pas appelés ? Le mot héritier est donc synonyme ici de successible (1).

Cette deuxième exception ayant un caractère exceptionnel ne peut être étendue ni aux parents du cinquième degré, ni aux alliés, dût même la libéralité profiter, non aux autres parents, mais à un légataire universel (2).

§ 3. — Des dispositions en faveur du mari médecin.

Aux deux exceptions formulées par l'article 909, la jurisprudence et la plupart des auteurs en ajoutent une troisième : ils reconnaissent au mari médecin la capacité de recevoir de sa femme qu'il a traitée et qui a disposé en sa faveur pendant la maladie dont elle est morte. On fonde cette solution sur les trois raisons suivantes :

(1) V. en ce sens : Demolombe, XVIII, n⁰ˢ 539 à 541.
(2) Cass., Req. rej. 7 avril 1863. S. 63 1. 172.

Aux termes de l'article 212 du C. civ., le mari doit à sa femme secours et assistance. De là pour lui le devoir de la soigner quand elle est malade et d'employer à sa guérison toutes les ressources dont il dispose. On ne peut pas faire de l'accomplissement de cette obligation légale une cause d'incapacité.

L'article 909 n'a pas été écrit pour les époux. La loi a réglé par des dispositions particulières les donations entre époux (art. 1091 et suiv.). Elle a édicté des garanties spéciales qui se suffisent à elles-mêmes.

Cela s'explique du reste parfaitement, car l'influence du mari l'emportant sur celle du médecin, ce sont tous les maris que la loi aurait dû frapper d'incapacité. Or, les articles 1091 et suiv. ont précisément pour but de remédier à tous les abus (1).

Malgré l'autorité considérable des auteurs qui soutiennent ce système, il me paraît impossible de m'y rallier.

Sans doute le mari médecin doit assister sa femme, mais le père médecin a le même devoir à l'égard de son enfant, et pourtant il ne peut pas recevoir une libéralité à titre universel, de cet enfant, quand celui-ci laisse lui-même un descendant.

Si le législateur a édicté des règles générales relativement aux libéralités entre époux (art. 1091 et suiv.), il n'en résulte pas nécessairement qu'il ne puisse édicter des

____

(1) V. Demolombe, XVIII, n° 543. Aubry et Rau, VII, p. 34. § 649 et les auteurs cités dans Fuzier-Herman, sur l'art. 909, n° 64. -

dispositions spéciales dans des cas déterminés et notamment quand le mari est médecin.

Sans doute, l'influence du mari l'emporte sur celle du médecin quand la femme est en bonne santé, mais n'est-ce pas le contraire qui est vrai, quand la femme se trouve sur le point de mourir et que c'est son mari médecin qui la soigne ?

Du reste, l'article 909 ne peut laisser aucun doute, il formule la règle de l'incapacité, et y apporte deux exceptions nettement déterminées. Puisque le médecin ne rentre dans aucune d'elles, il reste nécessairement soumis à la règle.

Que le système contraire soit préférable en législation, nous le reconnaissons, mais en attendant la modification ou la suppression de l'article 909, le devoir de l'interprète est de l'appliquer tel qu'il existe (1).

Dès lors pour nous, aucune difficulté ne peut s'élever sur la question de savoir si le médecin peut épouser la femme malade pendant le cours de sa dernière maladie, et quel est le sort des libéralités qu'elle aurait consenties par contrat de mariage ou depuis le mariage, au profit de son mari. Le mariage serait inattaquable, mais les dispositions quelconques seraient entachées de nullité.

Dans l'autre système, au contraire, les libéralités sont valables comme le mariage, à moins qu'il ne soit prouvé

______

(1) V. Laurent IV, n° 353, p. 482. — Huc, VI, n° 104, p. 144. — Baudry et Colin, Don. III. p. 510.

que le médecin s'est marié pour éluder l'incapacité de l'article 909. *Fraus omnia corrumpit.* En outre un mariage contracté même loyalement ne couvrirait pas la nullité des dispositions antérieures au contrat de mariage (1).

SECTION III. — SANCTION DE L'INCAPACITÉ DU MÉDECIN.

Elle consiste dans la nullité de la donation ou du legs adressé au médecin. Rien de plus simple si la libéralité n'est pas dissimulée. Mais le plus souvent les parties cherchent à éluder la loi au moyen de détours ingénieux. Tantôt, elles déguisent la libéralité sous le masque d'un contrat à titre onéreux : le malade vend un bien à son médecin et lui donne quittance du prix sans l'avoir touché.

Tantôt, le malade dispose au profit d'un tiers capable, donataire ou légataire apparent, chargé secrètement de transmettre le bien au médecin véritable destinataire. Cette charge de restituer porte le nom de fidéicommis ou fiducie.

Tantôt ces deux moyens sont combinés et mis en œuvre et le malade donne à un intermédiaire sous le voile d'un contrat à titre onéreux.

(1) Demolombe, XVIII. n⁰ˢ 545 et 546.

Le législateur a prévenu et réprimé ces fraudes dans l'article 911 du Code civil ainsi conçu :

« Toute disposition au profit d'un incapable sera nulle, soit qu'on la déguise sous la forme d'un contrat à titre onéreux, soit qu'on la fasse sous le nom de personnes interposées. »

D'après la jurisprudence, le fidéicommis tacite comme le fidéi commis exprès entraîne la nullité de la libéralité (1). D'autre part, la bonne foi de l'intermédiaire ne sauverait pas la disposition de la nullité (2). Mais la fraude ne se présume pas, elle doit être prouvée par les intéressés. Ceux-ci pourront user de tous les modes de preuve admis en justice, même du témoignage et de simples présomptions. Les juges apprécieront souverainement si, en fait, il y a eu déguisement ou interposition de personne (3).

Par exception à cette règle, la loi présume de plein droit, dans certains cas, l'interposition de personnes et dispense les intéressés d'en faire la preuve. « Sont réputées personnes interposées, les père et mère, les enfants et descendants, et l'époux de la personne incapable. » (Article 911, *in fine*.)

Sera donc nulle, toute disposition faite par un malade, pendant sa dernière maladie, au profit des père, mère, enfant ou époux du médecin traitant. La présomption de

(1) Besançon, 7 juin 1879. S. 80. 2. 14.
(2) Cass., 20 juin 1888. S. 90. 1. 118.
(3) Cass., 15 fév. 1892. S. 92. 1. 136.

l'article 911 étant une de celles sur le fondement desquelles la loi annule un acte, ne peut être combattue par aucune preuve contraire (1).

S'il résultait cependant des circonstances qu'il est matériellement impossible que la libéralité parvienne à l'incapable, la présomption tomberait faute de base : Ainsi, un malade fait, pendant sa dernière maladie, par acte authentique, une offre de donation au fils du médecin qui le soigne. Celui-ci meurt avant le donateur et le fils accepte la donation après la mort de son père du consentement du malade. Il est bien évident que l'offre primitive du donateur s'adressait au fils lui-même, ou que du moins, après la mort du médecin, c'est le fils seul que le malade a voulu gratifier.

Il en serait autrement si la libéralité résultait d'un testament et non plus d'une donation ; en voici la raison : Le donateur qui exécute une donation acceptée seulement après le décès d'un incapable est censé l'avoir renouvelée en pleine liberté. La même présomption ne peut être attachée au fait purement négatif que le testateur n'a pas révoqué son testament (2).

Remarquons que la qualité de personne interposée, suppose l'incapacité du médecin que le disposant veut gratifier par son intermédiaire ; partant, si cette incapacité

(1) Cass., 22 janvier 1884. S. 84. 1. 287.— Poitiers, 27 février 1888. S. 88. 2. 8.

(2) V. en ce sens : Aubry et Rau, VII. § 650 bis, page 53, texte et note 19. — Laurent XI, n° 407 bis.

n'existe pas au jour où la libéralité s'adresse à la personne
interposée, la présomption de l'article 911 ne saurait
s'appliquer. Ainsi un testateur en pleine santé fait un legs
au profit du fils d'un médecin ; ce legs restera valable alors
même que le médecin aurait ensuite traité le disposant
pendant sa dernière maladie.

Après avoir combiné l'article 911 avec la règle de l'incapacité, il nous reste à le rapprocher des exceptions
prévues par l'article 909. Ces exceptions doivent-elles être
étendues aux présomptions légales d'interposition de personnes ?

L'affirmative est admise par la majorité des auteurs et
la jurisprudence. La présomption d'interposition de personnes repose, en effet, sur ce que la libéralité adressée à
la personne interposée, est adressée en réalité à l'incapable
lui-même. L'incapacité de l'interposé fait donc corps avec
celle de l'incapable, elle n'en est que l'accessoire. Par suite,
là où l'incapable direct et principal est relevé de son incapacité, l'incapable indirect et accessoire doit l'être également. Aussi déciderons-nous que le legs universel fait à
la femme du médecin qui a soigné le testateur dans sa
dernière maladie ne peut être réputé fait à une personne
interposée et doit être considéré comme valable (1), quand
cette femme se trouve parente du testateur à l'un des
degrés indiqués par l'article 9094, 2°.

(1) V. en ce sens : Demolombe, XVIII, n° 649. — Laurent, XI,
n° 408. — Huc, VI, n° 133. — Baudry et Colin. Don. I, n° 574. —
Toulouse, 9 déc. 1859. S. 60. 2. 145.

M. Bressoles va même plus loin : il enseigne que l'épouse du médecin ne doit pas être considérée comme personne interposée, quand elle se trouve héritière présomptive ab intestat du disposant, même hors des degrés fixés par l'article 909, 2°. « La présomption d'interposition, dit-il, repose sur ce que la seule qualité d'épouse de l'incapable a motivé la libéralité, or, comment admettre une pareille supposition lorsqu'à défaut du témoignage spécial d'affection que le défunt a donné à sa parente en lui laissant expressément son bien, elle eut également recueilli ce bien en vertu de la loi elle-même ? » (1).

Cette doctrine quelque séduisante qu'elle puisse être ne m'a pas entraîné. Il est certain, en effet, que le médecin non parent à l'un des degrés indiqués par l'article 909, 2°, resterait incapable alors même qu'il serait héritier présomptif du disposant, Par suite, sa femme doit, dans cette hypothèse, être légalement présumée personne interposée. Sans doute, quand l'article 909 cesse de s'appliquer, l'article 911 doit cesser également de recevoir son application ; mais quand la règle de l'article 909 subsiste, la présomption de l'article 911 doit subsister aussi.

(1) *Revue critique,* 1860. XVI, p. 11 et suiv.

CHAPITRE VIII

LOIS DE FINANCES ET DE POLICE RELATIVES A LA PROFESSION
MÉDICALE

SECTION I. — PATENTE.

Soumis à la patente par la loi de l'an **VII**, les médecins en furent affranchis par la loi du 25 avril 1844, mais y furent de nouveau assujettis par les lois des 18 mai 1850, du 15 juillet 1880 et du 28 avril 1893. Cette dernière loi désigne expressément comme imposables : les médecins, chirurgiens - dentistes, officiers de santé, et vétérinaires. Les sages-femmes n'étant pas visées restent exemptées de la patente aux termes de l'article 17 de la loi du 15 juillet 1880. Toutefois, si elles recevaient des pensionnaires, elles pourraient être imposées à un droit fixe et à un droit proportionnel comme tenant maison d'accouchement.

Les médecins attachés au service des pauvres ou des établissements de bienfaisance sont, comme tous les autres, assujettis à la patente (1).

Il en est de même du médecin d'un asile d'aliénés rétri-

(1) Conseil d'État, 23 juillet 1852. S. 53. 2. 94.

bué par l'administration (1) et du médecin de l'administration des chemins de fer de l'Etat, qui touche un traitement en cette qualité, alors même qu'il n'aurait en dehors de ce service aucune clientèle (2).

Aux termes de l'article premier de la loi de 1844, c'est l'exercice de la profession qui est atteint et non le titre. De là il suit que le docteur en médecine doit être déchargé de la patente à laquelle il est imposé au rôle d'un exercice, quand il justifie que, depuis le commencement de cet exercice, il s'est abstenu de pratiquer son art (3).

Mais le médecin, qui sans soigner les maladies se livre habituellement à la pratique de la vaccination, est imposable à la patente (4). Il en est de même du médecin-major, qui, en dehors de son service, a une clientèle civile et tient un cabinet de consultation (5).

Le médecin qui vend des médicaments dans le cas exceptionnel où il en a le droit d'après l'article 25 de la loi du 21 germinal an XI, n'est assujetti qu'à la patente de médecin et non à celle de pharmacien qui a une autre base et comporte de plus un droit fixe (6). Il pourrait en être différemment si en réalité il exerçait illégalement la pharmacie (7).

(1) Cons. d'État, 1er juillet 1887. S. 89. 3. 39.
(2) Cons. d'État, 17 janvier 1890. S. 92. 3. 85.
(3) Cons. d'État, 27 décembre 1854. D. P. 55. 3. 62.
(4) Cons. d'État, 6 février 1880. D. P. 80. 5. 274.
(5) Cons. d'État, 11 juillet 1871. S. 72. 2. 320.
(6) Cons. d'État, 19 juillet 1854. D. P. 55. 3. 25.
(7) Cons. d'État, 1er juin 1850. D. P. 50. 3. 71.

Il résulte de l'article 10 de la loi du 25 mai 1844 que le médecin imposé à la patente dans la commune où il réside habituellement, doit être de plus imposé à raison de l'habitation qu'il occupe dans une autre commune où il exerce pendant la saison des eaux et d'après le § 4 de l'article 23 de la même loi, il doit payer l'impôt pour l'année entière (1).

L'impôt de la patente consiste en un droit proportionnel qui est du quinzième de la valeur locative. Toutefois, par exception, d'après la loi du 28 avril 1893, art. 5, état R, tableau D, le taux de la patente est élevé au douzième pour tous les locaux soumis au droit proportionnel : 1° quand, exerçant leur profession à Paris, les médecins ou dentistes occupent, soit dans cette ville, soit ailleurs, des locaux imposables d'une valeur locative totale de plus de 4.000 francs ; 2° lorsque, exerçant leur profession dans une autre ville de plus de 100.000 âmes, ils occupent, soit dans cette ville, soit ailleurs, des locaux imposables d'une valeur locative totale de plus de 2.000 francs.

Bien que soumis à la patente, les médecins n'ont pas la qualité de commerçants (2).

Ils ne remplissent donc pas les conditions prescrites pour être inscrits sur la liste des électeurs consulaires (3).

Il en est ainsi quand bien même ils dirigeraient une

(1) Cons. d'État, 23 mai 1884. D. P. 85. 5. 343.
(2) Trib. paix, Pantin, 13 novembre 1885. *Gaz. Pal.*, 86. 1. suppl., 68.
(3) Cass., 14 janvier 1885. *Gaz. Pal.*, 85. 1. 235.

maison de santé où ils recevraient des pensionnaires. Les objets de consommation fournis à ces personnes ne sont que l'accessoire des secours de l'art qu'exige leur état (1).

On doit dénier également la qualité de commerçant au médecin qui achète des médicaments pour les revendre à ses malades quand il est établi dans une localité où il n'y a pas de pharmacien (2). C'est seulement au cas où il livrerait des remèdes à tout venant qu'il pourrait être poursuivi devant la juridiction commerciale pour le paiement de ses drogues (3).

SECTION II. — POLICE DES SALLES ET AMPHITHÉÂTRES DE DISSECTION.

La législation actuelle en matière de police des salles et amphithéâtres de dissection est contenue dans l'arrêté du 3 vendémiaire an VII, dans les ordonnances du préfet de police des 15 octobre 1813 et 11 janvier 1815, et dans l'ordonnance de police du 25 novembre 1834.

Le principe fondamental posé par l'arrêté du 3 vendémiaire est celui-ci : les salles de dissection et les laboratoires d'anatomie sont placés sous l'autorité et la surveillance du pouvoir municipal qui peut, par arrêté, prendre

(1) Paris, 15 avril 1837. D. P. 38. 2. 190.
(2) Cass., 9 juillet 1850. D. P. 50. 1. 221.
(3) Rennes, 20 janvier 1859. D. P. 59. 5. 11.

telle mesure et imposer telle condition qui lui paraît nécessaire à la salubrité publique et au bon ordre.

Voici les principales dispositions de l'ordonnance de
1834 spéciale à Paris : Les amphithéâtres particuliers, soit
pour professer l'anatomie ou la médecine opératoire, soit
pour faire disséquer ou manœuvrer sur le cadavre les opérations chirurgicales sont interdits. Il est défendu de disséquer dans les hôpitaux, hospices, maisons de santé, etc.
Les cadavres provenant des hôpitaux et hospices sont seuls
affectés au service des amphithéâtres d'anatomie. Toutefois
les familles peuvent réclamer pour les faire enterrer à
leurs frais les cadavres de leurs parents. Les cadavres ne
peuvent être enlevés que vingt-quatre heures après que le
décès aura été régulièrement constaté. Les cadavres seront
portés aux amphithéâtres dans des voitures couvertes et
pendant la nuit seulement. Il est expressément défendu
d'emporter hors des amphithéâtres des cadavres ou portions de cadavres.

Notons également que le médecin, appelé à exercer son
art dans un établissement ouvert au public, doit se conformer aux règlements de police. Il a été jugé en ce sens que
le médecin ne peut, contrairement à un arrêté municipal,
qui défend de faire des opérations chirurgicales en public,
en faire dans un établissement de bains, qu'avant l'heure
où il est ouvert aux baigneurs (1).

(1) Cass. 10 sept. 1841. D. Rep., v°. méd, n° 35.

SECTION III. — PRESCRIPTION DES SUBSTANCES VÉNÉNEUSES.

Aux termes de l'article 5 de l'ordonnance royale du 29 octobre 1846 : « La vente des substances vénéneuses ne peut être faite, pour l'usage de la médecine, que par les pharmaciens et sur la prescription d'un médecin, chirurgien, officier de santé ou d'un vétérinaire breveté. Cette prescription doit être signée, datée et énoncer en toutes lettres la dose desdites substances ainsi que le mode d'administration du médicament. »

Voici d'après le décret du 8 juillet 1850, auquel il faut ajouter la décision ministérielle du 9 avril 1852 et le décret du 1er octobre 1864 le tableau des substances vénéneuses :

Acide cyanhydrique.	Digitale, extrait et teinture.
Alcaloïdes végétaux et leurs sels	Emétique.
Arsenic et ses préparations.	Jusquiame, extrait et teinture.
Belladone, extrait et teinture.	Nicotiane.
Cantharides entières, poudre et extrait.	Nitrate de mercure.
Chloroforme.	Opium et son extrait.
Ciguë, extrait et teinture.	Phosphore et pâte phosphorée.
Coque du Levant.	Seigle ergoté (1).
Cyanure de mercure.	Stramonium, extrait et teinture.
Cyanure de potassium.	Sublimé corrosif.

(1) Le seigle ergoté peut être délivré sur l'ordonnance d'une sage-femme. (déc, 23 juillet 1873).

Les auteurs et la jurisprudence considèrent ce tableau comme limitatif (1).

L'ordonnance qui prescrit une de ces substances doit énoncer en toutes lettres la dose du médicament : on a voulu ainsi éviter les erreurs qui peuvent provenir du déplacement, par inadvertance, de la virgule dans l'indication en chiffres des fractions du gramme.

Le pharmacien qui délivrerait ces substances sans ordonnance ou en vertu d'une ordonnance ne satisfaisant pas aux prescriptions de la loi encourrait une amende de 100 francs à 3000 francs et un emprisonnement de six jours à deux mois (art. 1er de la loi du 19 juillet 1845). D'après une circulaire du ministre de l'agriculture et du commerce en date du 12 mars 1881, les mêmes peines seraient applicables au médecin qui aurait rédigé une semblable ordonnance, Mais ce qui est certain, c'est que le pharmacien aurait non seulement le droit, mais le devoir d'en refuser l'exécution.

(1) V. Briand et Chaudé, t. II, p. 783 . — Weil, n° 161. — Tr. corr. Lyon, 17 mars 1847. D. 47. 3. 69. — Tr. Seine, 8 avril 1885. *Le Droit*, 28 août 1885.

CHAPITRE IX

VARIA

SECTION I. — Crimes et délits commis par ceux qui exercent légalement l'art de guérir.

Ceux qui exercent légalement l'art de guérir peuvent, suivant la terminologie usitée en droit pénal, commettre soit des délits spéciaux, soit des délits communs ou ordinaires.

Nous avons examiné au cours de cette étude les différents délits spéciaux réprimés par la loi du 30 novembre 1892, notamment : le défaut d'enregistrement des titres (art. 22); le défaut de déclaration des maladies épidémiques (art. 15); le refus de déférer aux réquisitions de la justice (art. 23); l'emploi d'un pseudonyme (art. 9), et le fait de l'individu, qui, muni d'un titre régulier, sort des attributions que la loi lui confère (art. 16, § 2 et § 3). Nous n'avons rien à ajouter aux explications données plus haut; rappelons cependant que l'article 27 de la loi de

1892 permet au juge d'accorder aux délinquants des circonstances atténuantes.

Quant aux délits ordinaires, réprimés par le Code pénal, ils sont, en principe punis des mêmes peines, qu'ils aient été commis par des médecins ou par des particuliers non médecins. Il suffit, par suite, de se référer aux articles du Code qui les concernent. Toutefois, dans une hypothèse particulière, le législateur s'est montré plus sévère à l'égard des médecins qu'à l'égard des particuliers; il a considéré la qualité de médecin comme une circonstance aggravante de l'infraction et il a augmenté en conséquence la pénalité. Cette hypothèse dont il nous reste à dire quelques mots est relative au crime d'avortement.

L'avortement consiste, d'après Tardieu, dans l'expulsion violente ou prématurée du produit de la conception, quelles que soient les circonstances d'âge, de viabilité, de formation régulière ou non, de vie ou de mort du fœtus.

Ce crime est réprimé par l'article 317 ainsi conçu : « Quiconque par aliments, breuvages, médicaments, violence ou par tout autre moyen, aura procuré l'avortement d'une femme enceinte, soit qu'elle y ait consenti ou non, sera puni de la réclusion.

La même peine sera prononcée contre la femme, qui se sera procuré l'avortement à elle-même, ou qui aura consenti à faire usage des moyens à elle indiqués, ou administrés à cet effet, si l'avortement s'en est suivi.

Les médecins, chirurgiens, et autres officiers de santé,

ainsi que les pharmaciens qui auront indiqué ou administré ces moyens, seront condamnés à la peine des travaux forcés à temps, dans le cas où l'avortement aurait eu lieu. »

D'après la Cour de cassation, les sages-femmes doivent, comme comprises dans l'expression générique d'officiers de santé, dont se sert le § 3, être déclarées passibles, en cas de conviction du crime d'avoir procuré un avortement, de l'aggravation de peine prononcée par cet article (1).

La qualité de médecin, chirurgien, officier de santé ou sage-femme étant une circonstance aggravante de ce crime, doit nécessairement faire l'objet d'une question au jury (2).

Remarquons que c'est seulement dans l'hypothèse où l'avortement a eu lieu, que l'article 317, § 3 édicte contre ces personnes l'aggravation de peine qui consiste dans les travaux forcés à temps. Si l'avortement n'a pas eu lieu, c'est-à dire s'il n'y a eu que simple tentative, la jurisprudence prétend que le médecin n'est plus punissable que de la réclusion, comme un simple particulier, aux termes du premier paragraphe de l'article 317, et par application des principes généraux du droit pénal en matière de tentative (3). Mais la doctrine proteste en général contre cette solution, et elle décide avec raison que la loi, dans l'article 317, a entendu exclure la tentative de toute criminalité parce

(1) Cass., 23 nov 1872. D. 72, 1. 430.
(2) Cass., 10 déc. 1835. D. 1836. 1. 320.
(3) Cass., 7 octobre 1858. D. 58. 1. 474.

qu'elle a pris soin de l'exprimer dans les deuxième et troisième alinéas. Le deuxième alinéa, en effet, ne punit la femme pour avoir employé ou permis de pratiquer, sur sa personne, des manœuvres abortives, que si « l'avortement s'en est suivi »; et le troisième alinéa ne punit les médecins que « dans le cas où l'avortement aurait eu lieu ». Si l'on rapproche ces expressions de celle qui est employée dans le premier alinéa : « aura procuré l'avortement » il semble évident que le législateur n'a pas eu l'intention de punir la tentative d'avortement. Les travaux préparatoires d'ailleurs ne laissent aucun doute à cet égard, et les contradictions frappantes auxquelles aboutit le système de la Cour de cassation sont la meilleure réfutation de la solution qu'elle a consacrée. En voici un exemple : le texte dit formellement que la femme est à l'abri des poursuites quand l'avortement n'a pas été consommé. Eh bien! si la femme a été aidée dans sa tentative, il arrivera dans le système de la jurisprudence que l'auteur principal, la femme, ne sera pas poursuivie, et le complice sera condamné!.... Le crime n'existe pas pour la femme, donc pas d'auteur principal; et les complices seraient punis? Mais il n'y a pas de complice sans auteur principal.

Malgré ces considérations, la Cour de cassation persiste dans sa jurisprudence et elle punit la tentative d'avortement commise par les médecins de la peine de la réclusion. En frappant ainsi la tentative d'une peine moins forte que le crime accompli, la Cour suprême heurte de front l'article 2 du Code pénal qui veut que la tentative du crime

soit punie comme le crime lui-même. C'est un argument
de plus contre le système de la Cour.

Il est à peine b soin d'ajouter que la volonté de procurer
l'avortement est une condition essentielle à l'application de
l'article 317. Par suite, le jury doit être interrogé à peine
de nullité sur le point de savoir si l'accusé a eu ou non
l'intention du crime. Si les actes de nature à procurer
l'avortement avaient eu lieu sans la volonté de commettre
ce crime, ils pourraient cependant rester punissables, soit
comme constituant le crime ou le délit de violences volontaires, prévu par les articles 309 à 312 (1), soit comme constituant le crime ou le délit d'administration volontaire de
substances nuisibles à la santé, prévu par les trois derniers paragraphes de l'article 317, soit comme constituant
s'il y a eu bonne foi, mais en même temps imprudence ou
inobservation des règlements, le délit de blessures involontaires, prévu par l'article 320 du Code pénal (2).

Nous n'avons pas à nous prononcer sur la nécessité de
l'avortement médical, c'est-à-dire pratiqué comme opération chirurgicale. L'examen de cette question sortirait du
cadre de notre étude. Notons simplement que le praticien
qui se croira dans la nécessité de recourir à un moyen
aussi grave, devra agir avec la plus grande circonspection
et éviter toute légèreté ou imprudence pour ne pas engager
sa responsabilité.

(1) Montdidier, 6 décembre 1869. D. P. 70. 2. 179.
(2) Grenoble, 7 février 1873. D. 74, 2. 69.

Il ne faut pas confondre l'avortement avec l'infanticide. L'infanticide ne peut avoir lieu que sur un enfant déjà venu au monde, ou au moment même où il vient au monde, c'est-à-dire sur un enfant « nouveau-né » suivant les termes du Code pénal. Ce crime est frappé par l'article 302 de la peine capitale, qu'il ait été commis par un médecin ou par un particulier non médecin. Nous n'avons donc pas à nous en occuper davantage.

En terminant cette section, il est utile de rappeler que depuis la nouvelle législation médicale, la suspension temporaire ou l'incapacité absolue de l'exercice de leur profession peuvent être prononcées par les cours et tribunaux accessoirement à la peine principale contre tout médecin, officier de santé, dentiste ou sage-femme qui est condamné pour crime ou pour l'un des délits visés par l'article 25 de la loi de 1892.

SECTION II. — DE LA VENTE DES MÉDICAMENTS PAR LES MÉDECINS.

La loi du 30 novembre 1892 ne contient aucun article réglementant la question de savoir si les médecins peuvent vendre des médicaments. Cela tient à ce que les rédacteurs de la nouvelle législation médicale ont préféré renvoyer les dispositions de ce genre à la Commission de la loi sur l'exercice de la pharmacie, qui est en ce moment en préparation. Actuellement les médecins continuent donc à être

régis à ce point de vue par l'article 27 de la loi du 21 germinal an XI, ainsi conçu :

« Les officiers de santé établis dans les bourgs, villages,
ou communes, où il n'y aurait pas de pharmaciens ayant
officine ouverte, pourront, nonobstant les deux articles
précédents, fournir des médicaments simples ou compo-
sés aux personnes près desquelles ils seront appelés, mais
sans avoir le droit de tenir une officine ouverte. »

Par officiers de santé, la loi a entendu désigner tous
ceux qui exercent l'art de guérir. Toutefois l'exception
prévue par l'art. 27 ne saurait être étendue aux sages-
femmes.

Le praticien qui dans le cas exceptionnel prévu par cet
article a le droit de fournir des médicaments à ses malades
n'a besoin d'aucune autorisation administrative et n'est
tenu de faire aucune déclaration. Cependant, une ordonnance du 9 floréal an XI, art. 2, oblige les médecins du
département de la Seine qui veulent user de ce droit à
faire une déclaration aux maires.

L'art. 27 constituant une disposition exceptionnelle doit
être interprété restrictivement. Ainsi, le médecin établi
dans une commune où il y a un pharmacien ne peut
vendre des médicaments aux malades qu'il soigne dans
une localité où il n'y en a pas (1).

Réciproquement, s'il est établi dans une localité dépour-

______

(1) Orléans, 27 février 1840. Dall. Rep., v° méd. n° 141, note 2. —
Cass., 16 Oct. 1844. D. P. 45. 1. 26.

vue de pharmacie, il ne peut vendre des médicaments aux malades qu'il soigne dans une localité où il en existe. Il est en effet inadmissible qu'un médecin étranger puisse avoir des droits qui n'appartiennent pas aux médecins de la localité elle-même.

Mais la jurisprudence admet que le médecin établi dans une commune où il n'y a pas de pharmacien peut vendre des médicaments à des malades qui l'appellent dans une commune dépourvue également de pharmacie (1).

Dans le cas prévu par l'art. 27, c'est seulement aux malades qu'il soigne que le médecin peut vendre des médicaments; il n'a pas le droit d'en débiter à tous ceux qui se présentent pour lui en demander : en un mot, il ne peut tenir officine ouverte (2).

Si la pharmacie existant dans une commune était tenue par une personne non munie de diplôme et n'ayant pas le droit d'avoir une officine, le médecin pourrait incontestablement user de la faculté que lui donne l'art. 27 de la loi du 21 germinal an XI.

C'est ce qui a été jugé par la Cour de cassation dans une espèce où une officine était tenue par la veuve d'un pharmacien plus d'un an après le décès de ce dernier (3).

Mais, le médecin ne saurait être autorisé à fournir des remèdes à ses malades sous le prétexte que la pharmacie

(1) C. de Paris, 25 août 1868. S. 68. 2. 269.
(2) Cass., 23 août 1861. S. 62. 1. 1005.
(3) Cass., 26 novembre 1875. *Bull. crim.*; n° 333.

ouverte dans sa localité serait mal tenue ou mal approvi-
sionnée (1).

Si le médecin n'a pas le droit de fournir des remèdes à
ses malades, quand il existe une pharmacie au lieu de sa
résidence, on ne saurait lui contester le droit de se les procurer chez un pharmacien établi en dehors de la localité
où il habite et de les remettre ensuite à ses clients, pourvu
que les remèdes qu'il se procure ainsi lui soient livrés sur
ordonnance nominative, c'est-à-dire pour un cas déterminé.
Il agit alors comme mandataire de son malade et il est en
droit de réclamer avec ses honoraires le remboursement
du prix des remèdes qu'il a achetés pour le compte de son
client. Mais il ne pourrait, sans commettre le délit d'exercice illégal de la pharmacie, se procurer par avance un
approvisionnement de remèdes qu'il vendrait ensuite, pour
son compte à ses clients (2).

La prohibition d'exercer la pharmacie hors du cas
exceptionnel prévu par l'article 27 s'applique aux médecins
homéopathes comme aux autres (3).

Il résulte des arrêts rendus à leur égard que c'est seulement au cas de refus par les pharmaciens ordinaires de
la localité de se conformer à leurs ordonnances, et après

(1) Paris, 18 février 1882. D. P. 82. 2. 183. — Tr. de Saumur,
25 avril 1884. *Gaz. Pal.* suppl., 2e semestre, p. 94.

(2) Orléans, 25 août 1862. *Gaz. Trib.*, 10 et 15 octobre 1862. — Tr.
corr. Compiègne, 23 octobre 1875. *Le Droit*, 3 nov. 1875. — Tr. corr.
Seine, 26 déc. 1884. *Gaz. Tr.*, 11 janv. 1885.

(3) Cass. Ch. reun., 4 mars 1858. S. 58. 1. 241.

avoir dûment fait constater ce refus, que les médecins homéopathes peuvent débiter des médicaments homéopathiques.

Le médecin qui, en dehors de l'hypothèse visée par l'article 27, fournirait à ses malades des médicaments, commettrait le délit d'exercice illégal de la pharmacie, sans qu'il y ait à distinguer si cette remise a été faite gratuitement ou moyennant une rétribution (1). Et il pourrait être poursuivi de ce chef, non seulement en vertu de l'article 36 de la loi de germinal et de la loi du 29 pluviôse, an XIII, mais encore suivant la majeure partie des auteurs et la jurisprudence, par application de l'art. 6 de la déclaration du 25 avril 1777 qui prononce une amende de 500 livres au moins (2). (Cette déclaration réglemente l'exercice de l'épicerie et de la pharmacie à Paris seulement.)

Le praticien autorisé exceptionnellement à vendre des médicaments est, d'après la jurisprudence actuelle du Conseil d'État, soumis à la taxe pour vérification des poids et mesures, mais il n'est pas astreint à la surveillance spéciale qui s'exerce sur les pharmaciens, ni à la taxe spéciale destinée à couvrir les frais de visite (3).

(1) Cass., 18 juillet 1845. D. P. 45. 4. 31. — Amiens, 10 fév. 1854. D. P. 55. 2. 63.

(2) Cass., 20 janv. 1855. D. P. 55. 1. 87.

(3) Cons. d'État, 14 juin 1878. D. P. 79. 3. 19. — 16 mars 1888. D. P. 89. 3. 58; — 8 août 1890. *Droit*, 3 et 4 novembre 1890.

Le projet de loi sur l'exercice de la pharmacie modifie l'article 27 de la loi de germinal en ce qui concerne les conditions dans lesquelles les médecins pourront vendre des médicaments ; il les soumet en outre, dans cette hypothèse à toutes les obligations résultant pour les pharmaciens des lois et décrets en vigueur, à l'exception de la patente. Enfin, il leur permet, même quand il existe un pharmacien dans leur localité, de distribuer en cas d'urgence certains remèdes dont la liste sera arrêtée par un règlement d'administration publique. Notons qu'une loi du 25 avril 1895 relative à la vente des sérums thérapeutiques (V. son texte *Annexe*, p. 306) a déjà autorisé par avance les médecins à délivrer, en cas d'urgence, à leur clientèle les sérums ou autres produits analogues.

Actuellement, celui qui possède les deux diplômes de médecin et de pharmacien peut exercer simultanément les deux professions (1).

Mais les inconvénients sérieux qui résultent de ce cumul ont donné naissance à diverses propositions de loi ayant pour objet de l'interdire. Cette interdiction figurera vraisemblablement dans la nouvelle loi sur la pharmacie ; toute fois dès à présent, il est certain que si le médecin exerçait la pharmacie sans être muni du diplôme de pharmacien, il pourrait être poursuivi pour exercice illégal de la pharmacie.

La jurisprudence actuelle déclare nuls comme illicites

(1) Cass., 13 août 1841. Dalloz Rep. v° méd., n° 145, note 2.

tous pactes ou associations entre médecin et pharmacien, relativement à la vente des médicaments (1). On a toujours considéré avec raison qu'il y aurait danger pour la santé publique à ce que le médecin fût pécuniairement intéressé à la prescription des remèdes. Le projet de loi sur l'exercice de la pharmacie va plus loin. Non seulement, il prohibe les conventions de cette nature et les frappe de nullité, mais il décide en outre qu'une telle entente constituera un délit.

SECTION III. — DE LA CESSION DE CLIENTÈLE.

La clientèle d'un médecin peut-elle faire l'objet d'une cession valable ? Doit-on, au contraire la considérer comme une chose qui n'est pas dans le commerce et qui, par conséquent, aux termes des articles 1128 et 1598 du Code civil ne peut faire l'objet d'une vente ou d'une convention quelconque ?

Cette question très discutée est résolue différemment par une grande partie de la doctrine et par la jurisprudence.

De nombreux auteurs de médecine légale admettent la validité de la cession de clientèle. Pour eux, la clientèle du médecin comme toute autre clientèle consiste dans un ensem

____

(1) Cour de Pau, 8 mars 1884. D. P. 86. 2. 221.

ble de relations fondées sur la confiance, l'habitude, le voisinage, et ils décident que le médecin peut valablement s'engager à faire bénéficier son successeur de ses relations (1).

D'autres. au contraire, considèrent la clientèle d'un médecin comme une chose qui n'est pas dans le commerce et qui par suite ne peut faire l'objet d'une cession valable.

La clientèle d'un médecin, disent-ils, dépend de la confiance qu'il inspire et du choix que les malades font de lui. Or, le médecin ne peut pas plus vendre la confiance de ses clients que son talent et son expérience (2).

La jurisprudence paraît fixée en ce sens (3).

Toutefois, si elle annule la cession de clientèle pure et simple, si elle ne reconnaît pas au médecin le droit de réclamer le prix d'une semblable cession, elle ne méconnaît pas toute valeur aux conventions qui peuvent intervenir entre un médecin et l'un de ses confrères qu'il veut accréditer auprès de sa clientèle.

Ainsi, elle reconnaît comme licite l'obligation prise par

(1) V. en ce sens Briand et Chaudé, t. II, p. 564. — Legrand du Saulle, p. 1298.— Dubrac. nº 513. — Pabon, nº 209. — Adde : Demolombe. Oblig. I. nº 342.

(2) Roland, nº 161. — Laurent, XXIV, n° 96. — Baudry, III, nº 496.

(3) V. Tr. Seine. 25 fév. 1846.et arrêt confirmatif. Paris, 29 décembre 1847. S. 48. 2. 64. — Meaux, 27 août 1889, sous Paris; 6 mars 1851. D. 51. 2. 185. — Cass., 12 mai 1885. S. 85. 1. 445. — Riom, 13 mars 1894. S. 95. 2. 43.

un médecin de ne plus exercer sa profession dans un lieu déterminé, d'introduire un autre médecin auprès de ses clients dans cette localité et de l'aider pendant un certain temps à acquérir leur confiance. Elle admet parfaitement qu'une somme d'argent peut être stipulée comme prix de cet abandon et de la coopération qui en est la suite (1).

De même, elle admet la validité de la convention par laquelle un médecin s'interdit d'exercer la médecine dans un département pendant un certain délai et s'engage à ne jamais exercer dans un rayon déterminé. Plusieurs arrêts ou jugements ont décidé que l'inexécution d'un pareil engagement justifiait une demande de dommages-intérêts de la part du médecin vis-à-vis duquel cette obligation avait été prise (2).

Il a été jugé également que la cession d'une clientèle de médecin n'est pas destituée de tout effet, quand elle n'a été, suivant la commune intention des parties contractantes, qu'une promesse faite par un médecin à un confrère de la recommander à ses anciens clients. Cette promesse n'a en effet pour objet qu'une obligation soit de faire soit de ne pas faire, qui est autorisée par l'art. 1126, C. civ. (3).

Enfin, signalons dans le même ordre d'idées, un arrêt

---

(1) V. Trib. Seine, 17 mars 1846. D. 46. 3. 62.

(2) Angers, 28 déc. 1848. S. 49. 2. 105, — Cass., 13 mai 1861. D. 61. 1. 326. — Paris, 29 avril 1865. S. 65. 2. 123. — 25 juin 1884. Sous Cass., 12 juin 1885. D. 86. 1. 175.

(3) Paris, 6 mars 1851. S. 51. 2. 278.

de la Cour de Paris du 3 août 1894 (1), qui a reconnu la validité de la convention par laquelle un médecin exerçant dans une station d'eaux thermales avait cédé à un autre médecin, pour un prix déterminé, le droit au bail de la maison qu'il occupait et le mobilier garnissant cette maison, en s'engageant à se rendre avec lui pendant plusieurs jours dans la ville où le cessionnaire allait exercer, et à le présenter par voie de prospectus à ses clients et aux médecins qui avaient l'habitude d'envoyer leurs malades dans cette station,

La Cour a décidé que le médecin vis-à-vis duquel avaient été prises ces obligations ne pouvait demander ni la nullité ni la rescision de la convention, si son prédécesseur avait ponctuellement exécuté ses engagements.

On voit par ce qui précède que la décision de principe formulée par la jurisprudence est tellement mitigée dans ses applications qu'elle se réduit en pratique à un simple énoncé de doctrine pure. En dernière analyse, on peut dire que la validité d'une cession de clientèle dépend d'un artifice de rédaction (2)

(1) S. 96. 2. 158.
(2) Sic. Roland, p. 66.

ANNEXE

**Comprenant le texte de la loi du 30 novembre 1892, et celui
des décrets, arrêtés ministériels et circulaires s'y rattachant.**

I. — EXERCICE DE LA MÉDECINE

LOI FONDAMENTALE

Loi du 30 novembre 1892, sur l'exercice de la médecine.

Titre I. — Conditions de l'exercice de la médecine.

Art. 1er. — Nul ne peut exercer la médecine en France s'il
n'est muni d'un diplôme de docteur en médecine, délivré par le
gouvernement français à la suite d'examens subis devant un
établissement d'enseignement supérieur médical de l'Etat (Facultés, écoles de plein exercice et écoles préparatoires réorganisées conformément aux règlements rendus après avis du
Conseil supérieur de l'Instruction publique).

Les inscriptions précédant les deux premiers examens probatoires pourront être prises et les deux premiers examens probatoires subis dans une école préparatoire organisée comme il
est dit ci-dessus.

Titre II. — Conditions de l'exercice de la profession de dentiste.

Art. 2. — Nul ne peut exercer la profession de dentiste s'il
n'est muni d'un diplôme de docteur en médecine ou de chirurgien-dentiste. Le diplôme de chirurgien-dentiste sera délivré par
le gouvernement français à la suite d'études organisées suivant
un règlement rendu après avis du Conseil supérieur de l'instruction publique et d'examens subis devant un établissement
d'enseignement supérieur médical de l'Etat.

Titre III. — Conditions de l'exercice de la profession de sage-femme.

Art. 3. — Les sages-femmes ne peuvent pratiquer l'art des accouchements que si elles sont munies d'un diplôme de 1re ou de 2e classe délivré par le gouvernement français, à la suite d'examens subis devant une Faculté de médecine, une Ecole de plein exercice ou une Ecole préparatoire de médecine et de pharmacie de l'Etat.

Un arrêté pris après avis du Conseil supérieur de l'Instruction publique déterminera les conditions de scolarité et le programme applicable aux élèves sages-femmes.

Les sages-femmes de 1re et de 2e classe continueront à exercer leur profession dans les conditions antérieures.

Art. 4. — Il est interdit aux sages-femmes d'employer des instruments. Dans les cas d'accouchement laborieux, elles feront appeler un docteur en médecine ou un officier de santé.

Il leur est également interdit de prescrire des médicaments, sauf le cas prévu par le décret du 23 juin 1873 et par les décrets qui pourraient être rendus dans les mêmes conditions, après avis de l'Académie de médecine.

Les sages-femmes sont autorisées à pratiquer les vaccinations et les revaccinations antivarioliques.

Titre IV. — Conditions communes à l'exercice de la médecine de l'art dentaire et de la profession de sage-femme.

Art. 5. — Les médecins, les chirurgiens-dentistes et les sages-femmes diplômés à l'étranger, quelle que soit leur nationalité, ne pourront exercer leur profession en France qu'à la condition d'y avoir obtenu le diplôme de docteur en médecine, de dentiste ou de sage-femme, et en se conformant aux dispositions prévues par les articles précédents.

Des dispenses de scolarité et d'examens pourront être accordées par le ministre, conformément à un règlement délibéré en Conseil supérieur de l'Instruction publique. En aucun cas, les dispenses accordées pour l'obtention du doctorat ne pourront porter sur plus de trois épreuves.

Art. 6. — Les internes des hôpitaux et hospices français, nommés au concours et munis de 12 inscriptions, et les étudiants en médecine dont la scolarité est terminée, peuvent être autorisés à exercer la médecine pendant une épidémie ou à titre de remplaçants de docteurs en médecine ou d'officiers de santé.

Cette autorisation, délivrée par le préfet du département, est limitée à trois mois ; elle est renouvelable dans les mêmes conditions.

Art. 7. — Les étudiants étrangers qui postulent, soit le diplôme de docteur en médecine visé à l'article premier de la présente loi, soit le diplôme de chirurgien-dentiste visé à l'article 2, et les élèves de nationalité étrangère qui postulent le diplôme de sage-femme de 1re ou de 2e classe visé à l'article 3, sont soumis aux mêmes règles de scolarité et d'examens que les étudiants français,

Toutefois il pourra leur être accordé, en vue de l'inscription dans les Facultés et Ecoles de médecine, soit l'équivalence des diplômes ou certificats obtenus par eux à l'étranger, soit la dispense des grades requis pour cette inscription, ainsi que des dispenses partielles de scolarité correspondant à la durée des études faites par eux à l'étranger.

Art. 8. — Le grade de docteur en chirurgie est et demeure aboli.

Art. 9. — Les docteurs en médecine, les chirurgiens-dentistes et les sages-femmes sont tenus, dans le mois qui suit leur établissement, de faire enregistrer, sans frais, leur titre à la préfecture ou sous-préfecture et au greffe du tribunal civil de leur arrondissement.

Le fait de porter son domicile dans un autre département oblige à un nouvel enregistrement du titre dans le même délai.

Ceux ou celles qui. n'exerçant plus depuis deux ans, veulent se livrer à l'exercice de leur profession, doivent faire enregistrer leur titre dans les mêmes conditions.

Il est interdit d'exercer sous un pseudonyme les professions ci-dessus, sous les peines édictées à l'article 18.

Art. 10. — Il est établi chaque année dans les départements, par les soins des préfets et de l'autorité judiciaire, des listes distinctes portant les noms et prénoms, la résidence, la date et la provenance du diplôme des médecins, chirurgiens-dentistes et sages-femmes visés par la présente loi.

Ces listes sont affichées chaque année, dans le mois de janvier, dans toutes les communes du département. Des copies certifiées en sont transmises aux Ministres de l'Intérieur, de l'Instruction publique et de la Justice.

La statistique du personnel médical existant en France et aux colonies est dressée tous les ans par les soins du Ministre de l'Intérieur.

Art. 11. — L'article 2272 du Code civil est modifié ainsi qu'il suit

« L'action des huissiers. pour le salaire des actes qu'ils signifient. et des commissions qu'ils exécutent ;

« Celle des marchands, pour les marchandises qu'ils vendent aux particuliers non marchands ;

« Celles de maîtres de pensions, pour le prix de la pension de leurs élèves ; et des autres maîtres, pour le prix de l'apprentissage ;

« Celle des domestiques qui se louent à l'année, pour le payement de leur salaire, se prescrivent par un an.

« L'action des médecins, chirurgiens, chirurgiens-dentistes, sages-femmes et pharmaciens, pour leurs visites, opérations et médicaments se prescrit par deux ans. »

Art. 12. — L'article 2101 du Code civil, relatif aux privilèges généraux sur les meubles, est modifié ainsi qu'il suit dans son paragraphe 3 :

« Les frais quelconques de la dernière maladie, quelle qu'en ait été la terminaison, concurremment entre ceux à qui ils sont dus. »

Art. 13. — A partir de l'application de la présente loi, les médecins, chirurgiens-dentistes et sages-femmes jouiront du droit de se constituer en associations syndicales, dans les conditions de la loi du 21 mars 1884, pour la défense de leurs intérêts professionnels, à l'égard de toutes personnes autres que l'Etat, les départements et les communes.

Art. 14. — Les fonctions de médecins experts près les tribunaux, ne peuvent être remplies que par des docteurs en médecine français.

Un règlement d'administration publique revisera les tarifs du décret du 18 juin 1811, en ce qui touche les honoraires, vacations, frais de transport et de séjour des médecins.

Le même règlement déterminera les conditions suivant lesquelles pourra être conféré le titre d'expert devant les tribunaux.

Art. 15. — Tout docteur, officier de santé ou sage-femme est tenu de faire à l'autorité publique, son diagnostic établi, la déclaration des cas de maladies épidémiques tombées sous son observation et visées dans le paragraphe suivant.

La liste des maladies épidémiques, dont la divulgation n'engage pas le secret professionnel, sera dressée par arrêté du Ministre de l'Intérieur, après avis de l'Académie de médecine et du Comité consultatif d'hygiène publique de France. Le même arrêté fixera le mode de déclaration desdites maladies.

Titre V. — Exercice illégal. Pénalités.

Art. 16. — Exerce illégalement la médecine :

1º Toute personne qui, non munie d'un diplôme de docteur

en médecine, d'officier de santé, de chirurgien-dentiste ou de sage-femme, ou n'étant pas dans les conditions stipulées aux articles 6, 29 et 32 de la présente loi, prend part habituellement ou par une direction suivie au traitement des maladies ou des affections chirurgicales ainsi qu'à la pratique de l'art dentaire et des accouchements, sauf les cas d'urgence avérée ;

2º Toute sage-femme qui sort des limites fixées à l'exercice de sa profession par l'article 4 de la présente loi ;

3º Toute personne qui, munie d'un titre régulier, sort des attributions que la loi lui confère, notamment en prêtant son concours aux personnes visées dans les paragraphes précédents à l'effet de les soustraire aux prescriptions de la présente loi.

Les dispositions du paragraphe premier du présent article ne peuvent s'appliquer aux élèves en médecine qui agissent comme aides d'un docteur ou que celui-ci place auprès de ses malades, ni aux gardes-malades, ni aux personnes qui, sans prendre le titre de chirurgien-dentiste, opèrent accidentellement l'extraction des dents.

Art. 17. — Les infractions prévues et punies par la présente loi seront poursuivies devant la juridiction correctionnelle.

En ce qui concerne spécialement l'exercice illégal de la médecine, de l'art dentaire ou de la pratique des accouchements, les médecins, les chirurgiens-dentistes, les sages-femmes, les associations de médecins régulièrement constituées, les syndicats visés dans l'article 13 pourront en saisir les tribunaux par voie de citation directe donnée dans les termes de l'article 182 du code d'instruction criminelle, sans préjudice de la faculté de se porter, s'il y a lieu, partie civile dans toute poursuite de ces délits intentée par le ministère public.

Art. 18. — Quiconque exerce illégalement la médecine est puni d'une amende de 100 à 500 fr. et, en cas de récidive, d'une amende de 500 à 1.000 fr. et d'un emprisonnement de six jours à six mois, ou de l'une de ces deux peines seulement.

L'exercice illégal de l'art dentaire est puni d'une amende de 50 à 100 fr. et, en cas de récidive, d'une amende de 100 à 500 fr.

L'exercice illégal de l'art des accouchements est puni d'une amende de 50 à 100 fr. et, en cas de récidive, d'une amende de 100 à 500 fr. et d'un emprisonnement de 6 jours à un mois, ou de l'une de ces deux peines seulement.

Art. 19. — L'exercice illégal de la médecine ou de l'art dentaire, avec usurpation du titre de docteur ou d'officier de santé, est puni d'une amende de 1.000 à 2.000 fr. et, en cas de récidive, d'une amende de 2.000 à 3.000 fr. et d'un emprisonnement de six mois à un an, ou de l'une de ces deux peines seulement.

L'usurpation du titre de dentiste sera punie d'une amende de 100 à 500 fr. et, en cas de récidive, d'une amende de 500 à 1.000 fr. et d'un emprisonnement de six jours à un mois, ou de l'une de ces deux peines seulement.

L'usurpation du titre de sage-femme sera punie d'une amende de 100 à 500 fr. et, en cas de récidive, d'une amende de 500 à 1.000 fr. et d'un emprisonnement de un mois à deux mois, ou de l'une de ces deux peines seulement.

Art. 20. — Est considéré comme ayant usurpé le titre français de docteur en médecine quiconque, se livrant à l'exercice de la médecine, fait précéder ou suivre son nom du titre de docteur en médecine sans en indiquer l'origine étrangère. Il sera puni d'une amende de 100 à 200 fr.

Art. 21. — Le docteur en médecine ou l'officier de santé qui n'aurait pas fait la déclaration prescrite par l'article 15 sera puni d'une amende de 50 à 200 fr.

Art. 22. — Quiconque exerce la médecine, l'art dentaire ou l'art des accouchements sans avoir fait enregistrer son diplôme dans les délais et conditions fixés à l'article 9 de la présente loi est puni d'une amende de 25 à 100 fr.

Art. 23. — Tout docteur en médecine est tenu de déférer aux réquisitions de la justice, sous les peines portées à l'article précédent.

Art. 24. — Il n'y a récidive qu'autant que l'agent du délit relevé a été, dans les cinq ans qui précèdent ce délit, condamné pour une infraction de qualification identique.

Art. 25. — La suspension temporaire ou l'incapacité absolue de leur profession peuvent être prononcées par les cours et tribunaux accessoirement à la peine principale contre tout médecin, officier de santé, dentiste ou sage-femme qui est condamné :

« 1° A une peine afflictive et infamante ;

« 2° A une peine correctionnelle prononcée pour crime de faux, pour vol et escroquerie, pour crimes ou délits prévus par les articles 316, 317, 331, 332, 334 et 345 du code pénal ;

« 3° A une peine correctionnelle prononcée par une cour d'assises pour les faits qualifiés crimes par la loi.

En cas de condamnation prononcée à l'étranger pour un des crimes et délits ci-dessus spécifiés, le coupable pourra également, à la requête du ministère public, être frappé, par les tribunaux français, de suspension temporaire ou d'incapacité absolue de l'exercice de sa profession.

Les aspirants ou aspirantes aux diplômes de docteur en médecine, d'officier de santé, de chirurgien-dentiste et de sage-femme condamnés à l'une des peines énumérées aux paragraphes 1, 2. et 3 du présent article, peuvent être exclus des établissements d'enseignement supérieur.

La peine de l'exclusion sera prononcée dans les conditions prévues par la loi du 27 février 1880.

En aucun cas, les crimes et délits politiques ne pourront entraîner la suspension temporaire ou l'incapacité absolue d'exercer les professions visées au présent article, ni l'exclusion des établissements d'enseignement médical,

Art. 26. — L'exercice de leur profession par les personnes contre lesquelles a été prononcée la suspension temporaire ou l'incapacité absolue, dans les conditions spécifiées à l'article précédent, tombe sous le coup des articles 17, 18, 19, 20 et 21 de la présente loi.

Art. 27. — L'article 463 du code pénal est applicable aux infractions prévues par la présente loi.

Titre VI. — Dispositions transitoires.

Art. 28. — Les médecins et sages-femmes venus de l'étranger, autorisés a exercer leur profession avant l'application de la présente loi, continueront à jouir de cette autorisation dans les conditions où elle leur a été donnée.

Art. 29. — Les officiers de santé reçus antérieurement à l'application de la présente loi, et ceux reçus dans les conditions déterminées par l'article 31 ci-après, auront le droit d'exercer la médecine et l'art dentaire sur tout le territoire de la République. Ils seront soumis à toutes les obligations imposées par la loi aux docteurs en médecine.

Art. 30. — Un règlement délibéré en Conseil supérieur de l'instruction publique déterminera les conditions dans lesquelles : 1° un officier de santé pourra obtenir le grade de docteur en médecine ; 2° un dentiste qui bénéficie des dispositions transitoires ci-après pourra obtenir le diplôme de chirurgien-dentiste.

Art. 31. — Les élèves qui, au moment de l'application de la présente loi, auront pris leur première inscription pour l'officiat de santé, pourront continuer leurs études médicales et obtenir le diplôme d'officier de santé.

Art. 32. — Le droit d'exercer l'art dentaire est maintenu à tout dentiste justifiant qu'il est inscrit au rôle des patentes au 1er janvier 1892.

Les dentistes se trouvant dans les conditions indiquées au paragraphe précédent n'auront le droit de pratiquer l'anesthésie qu'avec l'assistance d'un docteur ou d'un officier de santé.

Les dentistes qui contreviendront aux dispositions du paragraphe précédent tomberont sous le coup des peines portées au deuxième paragraphe de l'article 19.

Art. 33. — Le droit de continuer l'exercice de leur profession est maintenu aux sages-femmes de 1re et de 2e classe, reçues en vertu des articles 30, 31 et 32 de la loi du 19 ventôse an XI, ou des décrets et arrêtés ministériels ultérieurs.

Art. 34. — La présente loi ne sera exécutoire qu'un an après sa promulgation.

Art. 35. — Des règlements d'administration publique détermineront les conditions d'application de la présente loi à l'Algérie et aux colonies et fixeront les dispositions transitoires ou spéciales qu'il sera nécessaire d'édicter ou de maintenir.

Un règlement délibéré en Conseil supérieur de l'instruction publique déterminera les épreuves qu'auront à subir pour obtenir le titre de docteur les jeunes gens des colonies françaises ayant suivi les cours d'une école de médecine existant dans une colonie.

Art. 36. — Sont et demeurent abrogées, à partir du moment où la présente loi sera exécutoire, les dispositions de la loi du 19 ventôse an XI et généralement toutes les dispositions de lois et règlements contraires à la présente loi.

Décret du 7 août 1896, *portant règlement d'administration publique pour l'application à l'Algérie de la loi du 30 novembre 1892, sur l'exercice de la médecine.*

Le Président de la République française.

Sur le rapport du Ministre de l'Intérieur ;

Vu l'art. 35 de la loi du 30 novembre 1892 sur l'exercice de la médecine, portant : « Des règlements d'administration publique détermineront les conditions d'application de la présente loi, à l'Algérie et aux colonies, et fixeront les dispositions transitoires ou spéciales qu'il sera nécessaire d'édicter ou de maintenir ; »

Le Conseil d'Etat entendu, décrète :

Art. 1er. — La loi du 30 novembre 1892 sur l'exercice de la médecine est applicable à l'Algérie, sous réserve des dispositions ci-après :

1° Le droit d'exercer l'art dentaire dans les conditions prévues par l'art. 32 est maintenu à tout dentiste justifiant qu'il est inscrit sur les rôles des patentes au 1er janvier 1896 ;

2° Il est permis aux femmes musulmanes d'accoucher leurs coreligionnaires, et aux opérateurs indigènes de pratiquer la circoncision des musulmans. Toutefois, il ne peut leur être délivré ni patente, ni certificat, et l'autorité administrative reste toujours libre de retirer le bénéfice de cette disposition à tout indigène, homme ou femme, signalé coupable d'abus, manœuvres criminelles ou délictueuses, imprudences préjudiciables à la santé publique ou contraires au bon ordre.

Les indigènes qui, ayant été l'objet d'une interdiction de ce genre continueront à prêter leur concours à des accouchements ou à des circoncisions, seront passibles des peines prévues par la loi contre l'exercice illégal de la médecine.

ASSISTANCE MÉDICALE GRATUITE

Loi du 15 juillet 1893 *sur l'assistance médicale gratuite.*

Titre 1. — Organisation de l'assistance médicale.

Art. 1er. — Tout Français malade, privé de ressources, reçoit gratuitement de la commune, du département ou de l'Etat, suivant son domicile de secours, l'assistance médicale à domicile ou, s'il y a impossibilité de le soigner utilement à domicile, dans un établissement hospitalier.

Les femmes en couches sont assimilées à des malades.

Les étrangers malades, privés de ressources, seront assimilés aux Français toutes les fois que le gouvernement aura passé un traité d'assistance réciproque avec leur nation d'origine.

Art. 2. — La commune, le département ou l'Etat peuvent toujours exercer leur recours, s'il y a lieu soit l'un contre l'autre, soit contre toutes personnes, Sociétés ou corporations tenues à l'assistance médicale envers l'indigent malade, notamment contre les membres de la famille de l'assisté désigné par les articles 205, 206, 207 et 212 du Code civil.

Art. 3. — Toute commune est rattachée pour le traitement de ses malades à un ou plusieurs des hôpitaux les plus voisins.

Dans le cas où il y a impossibilité de soigner utilement un malade à domicile, le médecin délivre un certificat d'admission à l'hôpital. Ce certificat doit être contresigné par le président du bureau d'assistance ou son délégué.

L'hôpital ne pourra réclamer à qui de droit le remboursement des frais de journée qu'autant qu'il représentera le certificat ci-dessus.

Art. 4. — Il est organisé dans chaque département, sous l'autorité du Préfet et suivant les conditions déterminées par la loi, un service d'assistance médicale gratuite pour les malades privés de ressources.

Le Conseil général délibère dans les conditions prévues par l'article 48 de la loi du 10 août 1871 :

1° Sur l'organisation du service de l'assistance médicale, la détermination et la création des hôpitaux auxquels est rattaché chaque commune ou syndicat de communes ;

2° Sur la part de la dépense incombant aux communes et au département.

Art. 5, — A défaut de délibération du Conseil général sur les objets prévus à l'article précédent, ou en cas de la suspension de la délibération en exécution de l'article 49 de la loi du 10 août 1871, il peut être pourvu à la réglementation du service par un décret rendu dans la forme des règlement d'administration publique.

Titre II. — Domicile de secours.

Art. 6. — Le domicile de secours s'acquiert :

1° Par une résidence habituelle d'un an dans une commune postérieurement à la majorité ou à l'émancipation ;

2° Par la filiation. L'enfant a le domicile de secours de son père. Si la mère a survécu au père, ou si l'enfant est un enfant naturel reconnu par sa mère seulement, il a le domicile de sa mère. En cas de séparation de corps ou de divorce des époux, l'enfant légitime partage le domicile de l'époux à qui a été confié le soin de son éducation ;

3° Par le mariage. La femme, du jour de son mariage, acquiert le domicile de secours de son mari. Les veuves, les femmes divorcées ou séparées de corps, conservent le domicile de secours antérieur à la dissolution du mariage ou au jugement de séparation.

Pour les cas non prévus dans le présent article, le domicile de secours est le lieu de la naissance jusqu'à la majorité ou à l'émancipation.

Art. 7. — Le domicile de secours se perd :

1° Par une absence ininterrompue d'une année postérieurement à la majorité ou à l'émancipation ;

2° Par l'acquisition d'un autre domicile de secours.

Si l'absence est occasionnée par des circonstances excluant toute liberté de choix de séjour ou par un traitement dans un établissement hospitalier situé en dehors du lieu habituel de résidence du malade, le délai d'un an ne commence à courir que du jour où ces circonstances n'existent plus.

Art. 8. — A défaut de domicile de secours communal, l'assistance médicale incombe au département dans lequel le malade privé de ressources aura acquis son domicile de secours.

Quand le malade n'a ni domicile de secours communal ni domicile de secours départemental, l'assistance médicale incombe à l'Etat.

Art. 9. — Les enfants assistés ont leur domicile de secours dans le département au service duquel ils appartenaient, jusqu'à ce qu'ils aient acquis un autre domicile de secours.

Titre III. — Bureau et Liste d'Assistance.

Art. 10. — Dans chaque commune, un bureau d'assistance assure le service de l'assistance médicale.

La commission administrative du bureau d'assistance est formée par les commissions administratives réunies de l'hospice et du bureau de bienfaisance, ou par cette dernière seulement quand il n'existe pas d'hospice dans la commune.

A défaut d'hospice ou de bureau de bienfaisance, le bureau d'assistance est régi par loi du 21 mai 1873 (articles 1 à 5), modifiée par loi du 5 août 1879, et possède, outre les attributions qui lui sont dévolues par la présente loi, tous les droits et attributions qui appartiennent au bureau de bienfaisance.

Art. 11. — Le président du bureau d'assistance a le droit d'accepter, à titre conservatoire, des dons et legs et de former, avant l'autorisation, toute demande en délivrance.

Le décret du Président de la République ou l'arrêté du préfet qui interviennent ultérieurement ont effet du jour de cette aceptation.

Le bureau d'assistance est représenté en justice et dans tous les actes de la vie civile par un des ses membres que ses collègues élisent, à cet effet, au commencement de chaque année.

L'administration des fondations, dons et legs qui ont été faits aux pauvres ou aux communes, en vue d'assurer l'assistance médicale, est dévolue au bureau d'assistance.

Les bureaux d'assistance sont soumis aux règles qui régissent l'administration et la comptabilité des hospices, en ce qu'elles n'ont rien de contraire à la présente loi.

Art. 12. — La Commission administrative du bureau d'assistance. sur la convocation de son président. se réunit au moins quatre fois par an.

Elle dresse, un mois avant la première session ordinaire du conseil municipal. la liste des personnes qui. ayant dans la commune leur domicile de secours, doivent être. en cas de maladie, admises à l'assistance médicale, et elle procède à la revision de cette liste un mois avant chacune des trois autres sessions.

Le médecin de l'assistance ou un délégué des médecins de l'assistance, le receveur municipal et un des répartiteurs désignés par le sous-préfet. peuvent assister à la séance avec voix consultative,

Art. 13. — La liste d'assistance médicale doit comprendre nominativement tous ceux qui seront admis aux secours, lors même qu'ils sont membres d'une même famille.

Art. 14. — La liste est arrêtée par le conseil municipal, qui délibère en comité secret : elle est déposée au secrétariat de la mairie.

Le maire donne avis du dépôt par affiches aux lieux accoutumée.

Art. 15. — Une copie de la liste et du procès-verbal constatant l'accomplissement des formalités prescrites par l'article précédent est en même temps transmise au sous-préfet de l'arrondissement.

Si le préfet estime que les formalités prescrites par la loi n'ont pas été observées, il défère les opérations, dans les huit jours de la réception de la liste, au conseil de préfecture, qui statue dans les huit jours et fixe. s'il y a lieu, le délai dans lequel les opérations annulées seront refaites.

Art. 16. — Pendant un délai de vingt jours à compter du dépôt, les réclamations en inscription ou en radiation peuvent être faites par tout habitant ou contribuable de la commune,

Art. 17. — Il est statué souverainement sur ces réclamations, le maire entendu ou dûment appelé, par une commission cantonale composée du sous-préfet de l'arrondissement, du conseiller général, d'un conseiller d'arrondissement dans l'ordre de nomition et du juge de paix du canton,

Le sous-préfet ou, à son défaut, le juge de paix préside la commission.

Art, 18. — Le président de la commission donne, dans les huit jours, avis des décisions rendues au sous-préfet et au maire, qui opèrent sur la liste les additions ou les retranchements prononcés.

Art. 19. — En cas d'urgence, dans l'intervalle de deux sessions, le bureau d'assistance peut admettre provisoirement, dans les conditions de l'article 12 de la présente loi, un malade non inscrit sur la liste.

En cas d'impossibilité de réunir à temps le bureau d'assistance, l'admission peut être prononcée par le maire, qui en rend compte, en comité secret, au conseil municipal dans sa plus prochaine séance.

Art. 20. — En cas d'accident ou de maladie aiguë, l'assistance médicale des personnes qui n'ont pas de domicile de secours dans la commune où s'est produit l'accident ou la maladie incombe à la commune, dans les conditions prévues à l'article 21, s'il n'existe pas d'hôpital dans la commune.

L'admission de ces malades à l'assistance médicale est prononcée par le maire, qui avise immédiatement le préfet et en rend compte, en comité secret, au conseil municipal dans sa plus prochaine séance.

Le préfet accuse réception de l'avis et prononce dans les dix jours sur l'admission au cours de l'assistance.

Art. 21. — Les frais avancés par la commune en vertu de l'article précédent, sauf pour les dix premiers jours de traitement, sont remboursés par le département d'après un état régulier dressé conformément au tarif fixé par le conseil général.

Le département qui a fourni l'assistance peut exercer son recours contre qui de droit. Si l'assisté a son domicile de secours dans un autre département, le recours est exercé contre le département, sauf la faculté par ce dernier d'exercer à son tour son recours contre qui de droit.

Art. 22. — L'inscription sur la liste prévue à l'article 12 continue à valoir pendant un an, au regard des tiers, à partir du jour où la personne inscrite a quitté la commune, sauf la faculté pour la commune de prouver que cette personne n'est plus en situation d'avoir besoin de l'assistance médicale gratuite.

Art. 23. — Le préfet prononce l'admission aux secours de l'assistance médicale des malades privés de ressources et dépourvus d'un domicile de secours communal.

Le préfet est tenu d'adresser, au commencement de chaque mois, à la commission départementale ou au ministre de l'intérieur, suivant que l'assistance incombe au département ou à l'Etat, la liste nominative des malades ainsi admis pendant le mois précédent aux secours de l'assistance médicale.

Titre IV. — Secours hospitaliers.

Art. 24. — Le prix de journée des malades placés dans les

hôpitaux aux frais des communes, des départements ou de l'Etat est réglé, par arrêté du préfet, sur la proposition des commissions administratives de ces établissements et après avis du conseil général du département, sans qu'on puisse imposer un prix de journée inférieur à la moyenne du prix de revient constaté pendant les cinq dernières années.

Art. 25. — Les droits résultant d'actes de fondations, des édits d'union ou de conventions particulières sont et demeurent réservés.

Il n'est pas dérogé à l'article 1er de la loi du 7 août 1851.

Tous les lits dont l'affectation ne résulte pas des deux paragraphes précédents ou qui ne seront pas reconnus nécessaires aux service des vieillards ou incurables, des militaires, des enfants assistés et des maternités, seront affectés au service de l'assistance médicale.

Titre V. — Dépenses, voies et moyens.

Art. 26. — Les dépenses du service de l'assistance médicale se divisent en dépenses ordinaires et dépenses extraordinaires :

Les dépenses ordinaires comprennent :

1º Les honoraires des médecins, chirurgiens et sages-femmes du service d'assistance à domicile ;

2º Les médicaments et appareils ;

3º Les frais de séjour des malades dans les hôpitaux.

Ces dépenses sont obligatoires. Elles sont supportées par les communes, le département et l'Etat, suivant les règles établies par les articles 27, 28 et 29.

Les dépenses extraordinaires comprennent les frais d'agrandissement et de constructions d'hôpitaux.

L'état contribuera à ces dépenses par des subventions dans la limite des crédits votés.

Chaque année, une somme sera à cet effet inscrite au budget.

Art. 27. — Les communes dont les ressources spéciales de l'assistance médicale et les ressources ordinaires inscrites à leur budget seront insuffisantes pour couvrir les frais de ce service sont autorisées à voter des centimes additionnels aux quatre contributions directes ou des taxes d'octroi pour se procurer le complément des ressources nécessaires.

Les taxes d'octroi votées en vertu du paragraphe précédent seront soumises à l'approbation de l'autorité compétente, conformément aux dispositions de l'article 137 de la loi du 5 avril 1884.

La part que les communes seront obligées de demander aux centimes additionnels ou aux taxes d'octroi ne pourra être moindre de 20 °/₀ ni supérieure à 90 °/₀ de la dépense à couvrir, conformément au tableau A ci-annexé.

Art. 28. — Les départements, outre les frais qui leur incombent de par les articles précédents, sont tenus d'accorder aux communes qui auront été obligées de recourir à des centimes additionnels ou à des taxes d'octroi, des subventions d'autant plus fortes que leur centime sera plus faible, mais qui ne pourront dépasser 80 °/₀ ni être inférieures à 10 °/₀ du produit de ces centimes additionnels ou taxes d'octroi conformément au tableau A précité.

En cas d'insuffisance des ressources spéciales de l'assistance médicale et des ressources ordinaires de leur budget, ils sont autorisés à voter des centimes additionnels aux quatre contributions directes dans la mesure nécessitée par la présente loi.

Art. 29. — L'État concourt aux dépenses départementales de l'assistance médicale par des subventions aux départements dans une proportion qui variera de 10 à 70 °/₀ du total de ces dépenses couvertes par des centimes additionnels et qui sera calculée en raison inverse de la valeur du centime départemental par kilomètre carré, conformément au tableau B ci-annexé.

L'État est en outre chargé :

1° Des dépenses occasionnées par le traitement des malades n'ayant aucun domicile de secours ;

2° Des frais d'administration relatifs à l'exécution de la présente loi.

Titre VI. — Dispositions générales.

Art. 30. — Les communes, les départements, les bureaux de bienfaisance et les établissements hospitaliers possédant, en vertu d'actes de fondations, des biens dont le revenu a été affecté par le fondateur à l'assistance médicale des indigents à domicile, sont tenus de contribuer aux dépenses du service de l'assistance médicale jusqu'à concurrence dudit revenu, sauf ce qui a été dit à l'article 25.

Art. 31. — Tous les recouvrements relatifs au service de l'assistance médicale s'effectuent comme en matière de contributions directes.

Toutes les recettes du bureau d'assistance pour lesquelles les lois et règlements n'ont pas prévu un mode spécial de recouvrement s'effectuent sur les états dressés par le président.

Ces états sont exécutoires après qu'ils ont été visés par le préfet ou le sous-préfet.

Les oppositions. lorsque la matière est de la compétence des tribunaux ordinaires. sont jugées comme affaires sommaires, et le bureau peut y défendre sans autorisation du conseil de préfecture.

Art. 32. — Les certificats. significations. jugements. contrats, quittances et autres actes faits en vertu de la présente loi et exclusivement relatifs au service de l'assistance médicale, sont dispensés du timbre et enregistrés gratis lorsqu'il y a lieu à la formalité de l'enregistrement. sans préjudice du bénéfice de la loi du 22 janvier 1851 sur l'assistance judiciaire.

Art. 33. — Toute les contestations relatives à l'exécution soit de la délibération du conseil général prise en vertu de l'article 4. soit du décret rendu en vertu de l'article 5. ainsi que les réclamations des commissions administratives relatives à l'exécution de l'arrêté préfectoral prévu à l'article 24, sont portées devant le conseil de préfecture du département du requérant. et, en cas d'appel, devant le conseil d'Etat.

Les pourvois devant le conseil d'Etat dans les cas prévus au paragraphe précédent sont dispensés de l'intervention de l'avocat.

Art. 34. — Les médecins du service de l'assistance médicale gratuite ne pourront être considérés comme inéligibles au conseil général ou au conseil d'arrondissement à raison de leur rétribution sur le budget départemental.

Art. 35. — Les communes ou syndicats de communes qui justifient remplir d'une manière complète leur devoir d'assistance envers leurs malades peuvent être autorisés par une décision spéciale du ministre de l'intérieur. rendue après avis du conseil supérieur de l'assistance publique, à avoir une organisation spéciale.

Art. 36. — Sont abrogées les dispositions du décret-loi du 24 vendémiaire an II, en ce qu'elles ont de contraire à la présente loi.

NOMINATION DES EXPERTS. TARIF

Décret du 24 novembre 1893, *relatif : 1º aux conditions suivant lesquelles peut être conféré le titre d'expert devant les tribunaux ; 2º à la revision des tarifs du décret du 18 juin 1811 en ce qui concerne les honoraires. vacations. frais de transport et de séjour des médecins.*

Le Président de la République française.
Sur le rapport du Garde des Sceaux. Ministre de la Justice ;

Vu la loi du 30 novembre 1892 sur l'exercice de la médecine et notamment les § 2 et 3 de l'article 14;

Vu le décret du 18 juin 1811, contenant règlement pour l'administration de la justice en matière criminelle, de police correctionnelle et de simple police, et le tarif général des frais ;

Le Conseil d'Etat entendu,

Décrète :

Chapitre I. — Des conditions dans lesquelles est conféré le titre d'expert médecin devant les tribunaux.

Art. 1er. — Au commencement de chaque année judiciaire et dans le mois qui suit la rentrée, les cours d'appel, en chambre du conseil, le Procureur général entendu, désignent, sur des listes de propositions des tribunaux de première instance du ressort, les docteurs en médecine à qui elles confèrent le titre d'experts devant les tribunaux.

Art. 2. — Les propositions du tribunal et les désignations de la Cour ne peuvent porter que sur les docteurs en médecine français, ayant au moins cinq ans d'exercice de la profession médicale et demeurant soit dans l'arrondissement du tribunal, soit dans le ressort de la Cour d'appel.

Art. 3. — En dehors des cas prévus aux articles 43, 44, 235 et 269 du Code d'instruction criminelle, les opérations d'expertise ne peuvent être confiées à un docteur en médecine qui n'aurait pas le titre d'expert. Toutefois, suivant les besoins particuliers de l'instruction de chaque affaire, les magistrats peuvent désigner un expert près un tribunal autre que celui auquel ils appartiennent.

En cas d'empêchement des médecins experts résidant dans l'arrondissement, et s'il y a urgence, les magistrats peuvent, par ordonnance motivée, commettre un docteur en médecine français de leur choix.

Chapitre II. — Des honoraires, vacations, frais de transport et de séjour des experts médecins.

Art. 4. — Chaque médecin requis par des officiers de justice ou de police judiciaire ou commis par ordonnance, dans les cas prévus par le Code d'instruction criminelle, reçoit à titre d'honoraires :

1° Pour une visite avec premier pansement.   8 fr.
2° Pour toute opération autre que l'autopsie.   10 fr.

3º Pour autopsie avant inhumation . . . . . 25 fr.

4º Pour autopsie après exhumation . . . . . 35 fr.

Au cas d'autopsie d'un nouveau-né les honoraires sont de 15 et 25 francs, suivant que l'opération a eu lieu avant inhumation ou après exhumation.

Tout rapport écrit donne droit, au minimum, à une vacation de. . . . . 5 fr.

Art. 5. — Le coût des fournitures reconnues nécessaires pour les opérations est remboursé sur la production des pièces justificatives de la dépense.

Art. 6. — Il n'est rien alloué pour soins et traitements administrés soit après le premier pansement, soit après les visites ordonnées d'office.

Art. 7. — En cas de transport à plus de deux kilomètres de leur résidenc, les médecins reçoivent par kilomètre parcouru, en allant et en revenant :

1º 20 centimes si le transport a été effectué en chemin de fer ;

2º 40 centimes si le transport a eu lieu autrement.

Art. 8. — Dans le cas où les médecins sont retenus dans le cours de leur voyage par force majeure, ils reçoivent une indemnité de 10 fr. par chaque journée de séjour forcé en route, à la condition de produire à l'appui de leur demande d'indemnité un certificat du juge de paix ou du maire de la localité constatant la cause du séjour forcé.

Art. 9. — Il est alloué aux médecins, outre les frais de transport, s'il y a lieu, une vacation de 5 francs à raison de leurs dépositions, soit devant un tribunal, soit devant un magistrat instructeur.

Si les médecins sont obligés de prolonger leur séjour dans la ville où siège soit le tribunal, soit le juge d'instruction devant lequel ils sont appelés, il leur est alloué, sur leur demande, une indemnité de 10 francs par chaque journée de séjour forcé.

Art. 10. — Sont abrogées toutes les dispositions du décret du 18 juin 1811 en ce qu'elles ont de contraire au présent chapitre.

Chapitre III. — Dispositions transitoires.

Art. 11. — Les officiers de santé reçus antérieurement au 1er décembre 1893 et ceux reçus dans les conditions déterminées par l'article 31 de la loi du 30 novembre 1892 peuvent être portés sur la liste d'experts près les tribunaux s'ils réunissent les conditions de nationalité, de durée d'exercice de leur profession et de résidence prévues à l'article 2 du présent décret.

Ils ont droit aux mêmes honoraires, vacations, frais de transport et de séjour que les docteurs en médecine.

Art. 12. — Le tarif prévu au chapitre II du présent décret ne sera applicable qu'aux opérations requises postérieurement au 30 novembre 1893.

MALADIES ÉPIDÉMIQUES

Arrêté ministériel du 23 novembre 1893, *relatif à la déclaration des maladies épidémiques.*

Le président du conseil, ministre de l'intérieur,
Vu l'article 15 de la loi du 30 novembre 1892 ;
Vu l'article 21 de la même loi ;
Vu l'avis de l'Académie de médecine et du comité consultatif d'hygiène publique de France ;
Sur la proposition du conseiller d'État directeur de l'assistance et de l'hygiène publiques,

Arrête :

Art. 1er. — La liste des maladies épidémiques prévues par l'article 15 précité est dressé de la manière suivante :
1o La fièvre typhïde ;
2o Le typhus exanthématique ;
3o La variole et la varioloïde ;
4o La scarlatine ;
5o La diphtérie (croup et angine couenneuse) ;
6o La suette miliaire ;
7o Le choléra et les maladies cholériformes ;
8o La peste ;
9o La fièvre jaune ;
10o La dysenterie ;
11o Les infections puerpérales, lorsque le secret au sujet de la grossesse n'aura pas été réclamé ;
12o L'ophtalmie des nouveau-nés.

Art. 2. — L'autorité publique, qui doit, aux termes de l'article 15 susvisé, recevoir la déclaration des maladies épidémiques, est représentée par le sous-préfet et par le maire. Les praticiens mentionnés dans ledit article 15 devront faire la déclaration à l'un et à l'autre aussitôt le diagnostic établi.

Art. 3. — La déclaration se fait à l'aide de cartes détachées d'un carnet à souche qui portent nécessairement la date de la déclaration, l'indication de l'habitation contaminée, la nature de la maladie désignée par un numéro d'ordre suivant la nomenclature inscrite à la première page du carnet. Elles peuvent contenir, en outre, l'indication des mesures prophylactiques jugées utiles.

Les carnets sont mis gratuitement à la disposition de tous les docteurs, officiers de santé et sages-femmes.

Circulaire du ministre de l'Intérieur aux préfets, du 1er décembre 1893, *relative à la déclaration des maladies épidémiques.*

Monsieur le préfet,

Je vous adresse deux exemplaires de la loi du 30 novembre 1892 sur l'exercice de la médecine qui, aux termes de l'article 34, est exécutoire à dater de ce jour.

Cette loi contient des prescriptions concernant les études en vue de l'obtention des diplômes de médecin, de chirurgien-dentiste, de sage-femme ; il appartient à M. le ministre de l'Instruction publique d'en assurer l'éxécution. Elle renferme également des dispositions relatives à l'exercice de la médecine proprement dit.

Déclaration des cas de maladies épidémiques. — Mesures à prendre. — Une des dispositions les plus importantes de la loi, parce qu'elle a pour but d'assurer la protection de la santé publique, est l'obligation imposée par l'article 15 à tout docteur, officier de santé ou sage-femme, son diagnostic établi, de faire à l'autorité publique la déclaration des cas de maladies épidémiques tombés sous son observation. Le même article charge le ministre de l'Intérieur d'arrêter, d'une part, la liste des maladies épidémiques dont la divulgation n'engage pas le secret professionnel, et, d'autre part, le mode de déclaration desdites maladies.

Vous trouverez joint à la présente circulaire un arrêté, en date du 23 novembre, qui contient dans son article 1er, la liste des maladies dont il s'agit dressée, conformément à la loi, après avis de l'Académie de médecine et du Comité consultatif d'hygiène publique de France.

La déclaration obligatoire se justifie d'elle-même.

« Il est possible, disait le rapporteur de la loi au Sénat, d'organiser l'hygiène dans une ville, dans une commune, si la municipalité, si le bureau d'hygiène qui la représente dans un certain nombre de nos grandes villes françaises ne sont pas prévenus, au début d'une épidémie, de chaque fait de maladie épidémique qui se présente dans la ville ou dans la commune. Il faut connaître le mal dès son apparition, sa localisation dans telle maison, dans tel quartier, pour y porter un remède efficace. »

C'est donc l'intérêt qu'a le corps social à connaître dès son apparition une maladie épidémique qui a conduit le législateur à faire de la dénonciation de cette maladie une obligation pour les médecins.

« C'est là en quelque sorte, disait le rapporteur de la loi à la Chambre des députés, le prix du monopole concédé aux médecins par l'État ». Et le rapporteur de la loi au Sénat exprimait la même opinion : « Il est juste que l'administration demande au corps médical des services d'intérêt public en même temps qu'elle lui octroie des privilèges. »

L'article 15 n'est du reste pas une innovation ; il étend à certaines maladies épidémiques l'obligation que l'article 13 de la loi du 3 mars 1822 impose au médecin de dénoncer immédiatement tout cas de choléra, de fièvre jaune ou de peste. Cette obligation n'est pas considérée par les juges les plus compétents comme imposant au médecin la violation du secret professionnel. L'obligation nouvelle de déclarer à l'autorité publique les cas de scarlatine, de diphtérie, de fièvre typhoïde, etc., n'est pas davantage contraire au devoir professionnel de secret. La dénonciation à l'autorité publique n'est pas une révélation dans le sens de l'article 378 du Code pénal, par exemple un médecin ne trahit pas le secret professionnel lorsqu'il délivre à l'administration, qui a, elle aussi, le devoir d'observer le secret, un certificat permettant de séquestrer un aliéné dangereux.

Sans doute, il peut se rencontrer que le devoir du secret résulte non pas de la nature propre de la maladie, mais des circonstances spéciales, exceptionnelles, dans lesquelles cette maladie se produit. Pour la plupart des maladies épidémiques, ces cas seront extrêmement rares. Si, dans une telle occurrence, un médecin était poursuivi pour défaut de déclaration, il justifierait que les circonstances étaient telles qu'il ne pouvait avertir l'autorité publique et provoquer par conséquent certaines mesures prophylactiques, sans manquer à son devoir professionnel.

Pour une des maladies portées sur la liste, le fait pourra se présenter avec une certaine fréquence, je veux parler des infections puerpérales. Des scrupules se sont élevés à cet égard chez beaucoup de médecins; les services spéciaux, les personnes s'occupant des questions intéressant les nouveau-nés ont manifesté des appréhensions. Le rapporteur de la loi au Sénat semblait croire que l'article 15 ne s'appliquerait pas aux infections puerpérales. Je n'ai pas cru devoir les supprimer de la liste dressée par l'Académie de médecine et le Comité consultatif d'hygiène publique, mais j'ai jugé nécessaire d'accompagner leur indication d'une réserve formelle. La déclaration de l'infection puerpérale ne sera obligatoire qu'autant que le secret au sujet de la grossesse n'aura pas été réclamé. Il ne suffit donc pas, pour dégager le médecin du devoir de la déclaration, que le secret ait été demandé sur le fait de l'infection, il faut qu'il ait été réclamé sur le fait même de la grossesse. C'est seulement dans le cas où la connaissance de l'infection puerpérale révèlerait une grossesse qu'il y a intérêt à cacher, que le médecin ne sera pas tenu d'en faire la déclaration.

Le Gouvernement n'avait pas manqué de signaler aux Chambres les considérations qui, hors ces cas exceptionnels, établissent la nécessité et la légitimité de la déclaration. Voici en quels termes il faisait connaître son opinion dans l'exposé des motifs du projet de loi :

« Le Gouvernement n'a point hésité non plus à suivre la commission chargée, sous la précédente législature, d'examiner les projets relatifs à l'exercice de la médecine dans la proposition qu'elle avait faite de rendre obligatoire la déclaration par le médecin des cas de maladies transmissibles. Il a pensé, comme le Comité consultatif d'hygiène publique, que les éléments constitutifs du secret professionnel ne se rencontrent pas pour la presque totalité des maladies épidémiques et que tout médecin doit être tenu de faire à l'autorité publique la déclaration des maladies transmissibles tombées sous son observation et n'engageant pas le secret professionnel.

« Cette question est depuis longtemps à l'ordre du jour de de toutes les assemblées médicales et elle a souvent fait l'objet des préoccupations des pouvoirs publics. Dans un grand nombre de pays étrangers (Angleterre, Suisse, Italie, Allemagne, Autriche-Hongrie, Pays-Bas, États-Unis), elle est réglée par la loi, et l'exécution des mesures administratives qu'elle comporte ne donne lieu à aucune difficulté. En France, l'Académie de médecine, le Comité consultatif d'hygiène publique de France, l'Association générale des médecins de France, nombre de conseils d'hygiène, de sociétés médicales dans les départements, en ont fait l'objet de vœux explicites. Les congrès internationaux d'hygiène se sont prononcés dans le même sens. Partout l'on est unanime à penser que cette déclaration est indispensable au fonctionnement des services d'hygiène publique.

« Les médecins légistes eux-mêmes — on le voit par le rapport de M. le président du Comité consultatif d'hygiène publique de France — reconnaissent que, pour ces maladies, les exigences du secret professionnel n'existent que très exceptionnellement et qu'elles ne sauraient faire obstacle à l'intérêt supérieur de la santé publique. D'ailleurs. la législation et la jurisprudence actuelles mettent à cet égard le corps médical aux prises avec des difficultés qu'il devient nécessaire d'aplanir par des dispositions législatives.

« Le corps médical ne s'est jamais refusé à admettre que la société. en lui accordant certains privilèges. exige de lui quelques services. et les médecins ont assez souvent payé de leur personne et de leur dévouement dans les épidémies pour qu'on soit certain qu'ils prendront volontiers leur part de responsabilité et d'action dans les mesures destinées à sauvegarder la santé publique.

« La déclaration des cas de maladies transmissibles est donc l'une des charges mêmes de la profession médicale, et c'est répondre à la fois aux intérêts des médecins, des malades et de la société toute entière que de l'inscrire. comme on l'a maintes fois demandé. dans la loi sur l'exercice de la médecine. »

Telles sont, M. le préfet. les idées dont vous vous inspirerez pour obtenir des médecins qui exercent dans votre département le concours dont l'administration sanitaire a besoin et dont la loi nouvelle leur fait un devoir. Je ne doute pas que vous ne réussissiez à écarter les scrupules mal fondés et à assurer sur tous les points l'exécution de la loi.

Quant au mode de déclaration, il est du devoir de l'administration de faciliter par tous les moyens l'accomplissement de l'obligation imposée dans l'intérêt de la santé publique. A cet effet. j'ai décidé. sur l'avis du Comité consultatif d'hygiène publique. que la déclaration se ferait à l'aide de cartes postales détachées d'un carnet à souche et que ces carnets seraient mis gratuitement à la disposition des déclarants. Les cartes devront porter la mention de la maladie observée et les indications nécessaires pour trouver facilement la maison où la maladie s'est produite; ce sont là deux conditions essentielles. sans lesquelles la déclaration serait inefficace. La déclaration devra être datée. Pour tenir compte, dans la mesure compatible avec l'exécution de la loi. de certains scrupules, la nature de la maladie sera désignée par un numéro d'ordre correspondant à une nomenclature inscrite à la première page du carnet. Le médecin ne sera pas tenu de signer sa déclaration; un numéro inscrit sur chacune des feuilles de son carnet suffira pour le faire reconnaître par l'administration. La carte porte : « Nom et adresse du malade ». parce que. dans la plupart des cas. il serait malaisé de trouver la maison contaminée si l'on ne connaissait pas le nom du malade; mais l'indication de ce nom n'est pas une formalité essentielle. et le médecin ne serait pas tenu de l'inscrire s'il pouvait. sans le faire. désigner la maison d'une manière suffisamment précise. Enfin. un petit espace sera réservé sur la carte pour que le médecin y mentionne, s'il le juge convenable, les mesures de prophylaxie que la circonstance lui paraîtra comporter.

L'arrêté du 23 novembre décide que l'autorité publique chargée de recevoir la déclaration sera représentée par le maire de la commune habitée par le malade et par le sous-préfet de l'arrondissement ; la déclaration devra donc être adressée à la fois au maire et au sous-préfet (au préfet, dans l'arrondissement chef-lieu ; à Paris, au préfet de police). Les carnets seront disposés à cet effet, chaque déclaration comportant deux avis, adressés d'avance, l'un au sous-préfet, l'autre au maire. Des démarches sont faites en ce moment près de mon collègue M. le ministre du commerce pour obtenir qu'il accorde à ces déclarations le bénéfice de la franchise postale. Quand une décision aura été prise dans ce sens, il suffira au médecin qui vient d'observer un cas de fièvre typhoïde, par exemple, d'inscrire sur chacune des deux déclarations reliées ensemble à la souche une adresse, celle du malade, et un numéro, celui de la fièvre typhoïde ; d'écrire au dos de l'une des cartes, celle destinée au maire, le nom de la commune, et sur l'autre le nom de l'arrondissement où réside le malade, et de jeter les deux cartes à la première boîte aux lettres qui se trouvera sur son trajet. L'on reconnaîtra qu'il est difficile de simplifier davantage les écritures.

A quel moment le sous-préfet et le maire devront-ils être prévenus ? L'article 15 dispose que tout praticien est tenu de faire la déclaration « son diagnostic établi », c'est-à-dire aussitôt que son diagnostic est établi. Cette interprétation résulte avec évidence du but que s'est proposé le législateur en rendant la déclaration obligatoire, et qui est de permettre de porter immédiatement le remède là où est le mal. Le rapporteur de la loi au Sénat, M. Cornil, a écarté la proposition de faire faire la déclaration par le chef de famille, à cause des retards que ce circuit pourrait entraîner. « Pour peu que le chef de la famille ou ses ayants droit, écrivait M. Cornil, mettent de la négligence à faire la déclaration prescrite par la loi et que le médecin lui-même, dont la responsabilité ne serait plus directement en jeu, attende un jour avant d'avertir l'autorité, celle-ci ne serait prévenue de l'apparition d'une maladie épidémique que trente-six ou quarante-huit heures après sa constatation. La maladie épidémique aurait eu le temps de se propager aux membres de la famille, à la maison habitée par elle et aux personnes qui s'y rendent journellement pour leurs relations ou leurs affaires. » C'est donc sans aucun retard, au moment même où son diagnostic est établi, que le médecin doit faire la déclaration.

C'est encore la nécessité d'agir immédiatement qui a rendu

nécessaire la double déclaration. Si, en effet, le maire néglige ou refuse de prendre les mesures que commande la protection de la santé publique, il importe que le préfet, en vertu de l'article 99 de la loi du 5 avril 1884, puisse se substituer à lui. Il faut donc que l'administration départementale soit informée indépendamment de la municipalité. Elle le sera par l'intermédiaire du sous-préfet.

La déclaration reçue, que devra faire le maire ? Que devra faire le sous-préfet ?

Chaque mairie sera pourvue par vos soins d'un ou plusieurs exemplaires de mon arrêté du 23 novembre. Cet arrêté porte la liste numérotée des maladies dont la déclaration est obligatoire, et cette liste est conforme à celle qui sera imprimée sur la couverture du carnet des médecins. Le maire n'aura donc aucune peine à savoir quelle est la maladie dont un cas vient de se produire dans sa commune. Les maladies transmissibles ont fait l'objet d'une instruction générale du comité consultatif d'hygiène publique de France, et chacune d'elles l'objet d'une instruction spéciale. Le maire se reportera à ces documents et, par tous les moyens dont il dispose, il s'efforcera de faire exécuter les prescriptions qu'ils contiennent. Il recommandera surtout de ne laisser approcher du malade que les personnes qui sont nécessaires pour le soigner et de détruire ou de désinfecter avec un soin extrême tous les objets ayant été en contact avec lui. Si le malade est pauvre, le maire jugera sans doute qu'il est de grand intérêt pour la commune, en vue d'éviter les contagions, de fournir gratuitement les désinfectants. Si la maladie déclarée est la variole, le maire devra faire connaître à ses administrés que la vaccination ou la revaccination est le seul moyen efficace d'empêcher la transmission du mal, et s'entendre avec un médecin pour cette opération soit faite. Du vaccin animal sera, sur sa demande, immédiatement et gratuitement fourni par l'Académie de médecine.

En agissant ainsi, le maire ne fera d'ailleurs que « prendre les mesures nécessaires pour prévenir les épidémies », ce qui est un des devoirs que lui impose l'article 97 de la loi du 5 avril 1884.

Le sous-préfet devra veiller à ce que les instructions du comité consultatif soient entre les mains du maire et s'assurer que les prescriptions ci-dessus sont exécutées. Plus il s'occupera avec rapidité et d'une manière méticuleuse du premier cas d'une maladie transmissible, moins il aura à combattre d'épidémies.

Si plusieurs cas de la même maladie venaient à se produire, si ainsi un foyer épidémique était créé, le sous-préfet enverrait immédiatement sur place le médecin des épidémies. Il vous préviendrait, et, à votre tour, vous voudriez bien m'informer de toute épidémie qui aurait un caractère bien déterminé et me faire connaître en détail les mesures prises pour la combattre. Pour chaque cas particulier, j'examinerais avec vous la conduite à tenir.

Même en dehors des épidémies, vous observerez avec soin les déclarations faites par les médecins en exécution de la loi. Vous connaîtrez ainsi les localités dans lesquelles prévaut telle ou telle maladie. Cette étude sera pour vous la plus utile préparation à l'exécution future de la loi pour la protection de la santé publique dont le projet a été adopté par la Chambre des députés et qui est actuellement soumis aux délibérations du Sénat.

J'ai dit que chaque feuille du carnet devra porter un numéro permettant de connaître de quel praticien elle émane. Je vous prie de faire dresser une liste complète des docteurs en médecine, officiers de santé et sages-femmes exerçant dans votre département et de donner à chaque praticien un numéro. Un exemplaire de cette liste devra être remis à chacun de MM. les sous-préfets. Après l'avoir dressée, vous me ferez connaître combien vous désirez recevoir de carnets (chaque carnet comprendra vingt déclarations doubles).

Les autres dispositions de la loi du 30 novembre 1892, en tant qu'elles concernent l'exercice de la médecine proprement dit, ne me paraissent motiver de ma part, du moins pour le moment, que deux observations.

Vaccination par les sages-femmes. — Aux termes de l'article 4, les sages-femmes sont autorisées à pratiquer les vaccinations et revaccinations antivarioliques. Depuis un grand nombre d'années, les sages-femmes font ces opérations. Tous les ans un certain nombre d'entre elles reçoivent des récompenses, des médailles sur la proposition de l'Académie de médecine pour leur zèle à propager la vaccine. Le législateur a tenu à consacrer cette pratique utile par une autorisation formelle.

Exercice de la médecine par les internes des hôpitaux et les étudiants en médecine. — L'article 6 permet aux internes des hôpitaux nommés au concours, et aux étudiants en médecine dont la scolarité est terminée, d'exercer, avec l'autorisation du préfet, la médecine pendant une épidémie ou à titre de remplaçants de docteurs en médecine ou d'officiers de santé.

L'autorisation du préfet est limitée à trois mois : elle est renouvelable. « Cette disposition nous semble indispensable, disait M. le professeur Brouardel dans un rapport présenté au Comité consultatif d'hygiène publique de France sur le projet de loi relatif à l'exercice de la médecine ; actuellement, en temps d'épidémie, on fait appel au zèle de ces jeunes gens, on applaudit à leur courage, parfois on les récompense, et même quelquefois on les décore ; mais ils exercent illégalement ; on pourrait les poursuivre. Il en est de même dans le cas de remplacement d'un médecin temporairement empêché d'exercer. C'est en réalité la régularisation d'une situation parfois encouragée, souvent tolérée, quelquefois poursuivie. »

Si l'application des dispositions dont je viens de vous entretenir ou de toute autre partie de la loi du 30 novembre 1892 donnait lieu à des difficultés, vous voudriez bien m'en référer. Pour l'établissement des statistiques qui devront être faites ultérieurement et la publication des listes prévues aux articles 9 et 10. vous recevrez des instructions spéciales.

Recevez, monsieur le Préfet.......

L° président du conseil, ministre de l'intérieur :

Pour le ministre et par autorisation :

Le conseiller d'Etat, directeur de l'assistance et de l'hygiène publiques.

Henri Monod.

Instructions générales du Comité Consultatif d'hygiène publique de France, du 17 juin 1889, *relatives aux mesures à prendre pour empêcher la propagation des maladies transmissibles.*

I

Les maladies transmissibles contre lesquelles il y a lieu de prendre des mesures pour en empêcher la transmission sont :

Le choléra,
La fièvre typhoïde,
La dysenterie épidémique,
La diphtérie,
La variole et la varioloïde.
La scarlatine,
La rougeole (1),
La suette miliaire,
La coqueluche (2),
La tuberculose (3).

(1, 2, 3). La rougeole, la coqueluche et la tuberculose ne sont pas soumises à la déclaration.

II

Les moyens de transmission des maladies contagieuses sont :
1° Le malade, ses déjections et ses produits de sécrétion ;
2° L'eau et les aliments ;
3° Les personnes qui sont ou ont été en rapport avec le malade ;
4° Les objets ayant servi au malade (vêtements, linge, meubles, etc.) ;
5° Les pièces occupées par le malade ;
6° Les cadavres.

III

Toutes les affections contagieuses n'exigent pas l'emploi des mêmes moyens. Une instruction spéciale à chaque maladie indiquera les mesures à prescrire contre la propagation de cette maladie.

Mais dans toutes les maladies contagieuses on cherche à obtenir le même résultat : empêcher le premier malade de transmettre sa maladie et de devenir ainsi le foyer d'une épidémie, empêcher l'étincelle d'allumer un incendie.

Pour cela, il faut obtenir le plus rapidement possible :
1° L'isolement du malade ;
2° La désinfection de ses déjections, de ses produits de sécrétion, de ses linges, des objets qui l'entourent et de son logement.

IV

Dès qu'un cas est signalé, le médecin des épidémies ou un médecin spécial délégué constate la nature de l'affection.

Si le malade ne peut être isolé et s'il ne peut recevoir chez lui les soins convenables, il doit être, quand il y consent, transporté à l'hôpital et son logement immédiatement désinfecté.

Dans le cas où le malade ne sera pas transporté à l'hôpital, il sera nécessaire de l'isoler complètement dans une chambre spéciale. Les personnes appelées à lui donner des soins pénètrent seules près de lui.

Tant que le malade séjournera dans la chambre les objets qu'elle renferme n'en sortiront pas sans avoir été préalablement désinfectés, surtout s'il s'agit de linge de corps et de literie.

Le malade guéri devra avant de sortir prendre un bain savonneux, mettre du linge blanc et se vêtir d'habits désinfectés.

V

Désinfection.

La désinfection a pour but d'empêcher l'extension des maladies contagieuses en détruisant les germes ou en les rendant inoffensifs.

Une instruction spéciale pour chaque maladie indiquera le procédé de désinfection à employer.

Il est nécessaire d'ajouter à la désinfection la propreté rigoureuse du malade, de son entourage et du milieu dans lequel il est placé.

VI

Les germes morbides seront détruits :

1° Par l'exposition des objets dans une étuve à vapeur sous pression ;

2° Par l'immersion dans l'eau bouillante ;

3° Par l'action d'une solution désinfectante.

Les désinfectants principalement recommandés sont :

Le sulfate de cuivre ;

Le chlorure de chaux fraîchement préparé ;

Le lait de chaux fraîchement préparé (1) ;

Le sublimé.

On fera usage de deux solutions suivant les circonstances indiquées plus bas :

L'une forte :

Sulfate de cuivre, chlorure de chaux 5 p. 100, c'est-à-dire 50 grammes de sulfate de cuivre, de chlorure de chaux dans un litre d'eau ; lait de chaux, 20 p. 100.

L'autre faible :

Sulfate de cuivre, chlorure de chaux 2 p. 100, c'est-à-dire 20 grammes de ces substances dans un litre d'eau ; lait de chaux, 7 p. 100.

---

(1) Pour avoir du lait de chaux très actif, on prend de la chaux de bonne qualité, on la fait se déliter en l'arrosant petit à petit avec la moitié de son poids d'eau. Quand la délitescence est effectuée, on met la poudre dans un récipient soigneusement bouché et placé dans un endroit sec. Comme un kilogramme de chaux qui a absorbé 500 gr. d'eau, pour se déliter a acquis un volume de 2 lit. 200, il suffit de la délayer dans le double de son volume d'eau, soit 4 lit. 400, pour avoir un lait de chaux qui soit environ à 20 p. 100. Pour désinfecter les selles des malades, on verse dessus une proportion de lait de chaux égale en volume à 2 p. 100.

La solution de sublimé sera employée à un p. 1.000 (*forte*) ou à un demi p. 1.000 (*faible*) suivant les cas. La solution de sublimé sera colorée avec la fuschine ou l'éosine et additionnée de 10 grammes d'acide chlorhydrique par litre.

L'emploi de ces divers procédés variera suivant la nature de l'objet à désinfecter.

VII.

Pour le lavage des mains on se sert de la solution faible.

Les déjections ou produits de sécrétion des malades seront désinfectés avec la solution forte.

Dans le choléra :

Matières de vomissements.

Selles.

Urines.

Dans la diphtérie et la scarlatine :

Matières de l'expectoration et de vomissements.

Mucus nasal.

Urine.

Dans la fièvre typhoïde et la dysenterie :

Selles.

VIII.

La maladie terminée, on fera porter à l'établissement de désinfection les vêtements, les lits, oreillers, matelas et couvertures, les tapis, etc., etc.

On s'abstiendra de trop les remuer et on les placera dans un drap imbibé d'une solution désinfectante. S'il n'y a pas d'établissement de désinfection, les habits seront désinfectés par l'acide sulfureux de la façon qui est indiquée ci-dessous (*désinfection du logement infecté*).

La chambre sera désinfectée par des fumigations de soufre ou des pulvérisations d'une solution de sublimé de la façon suivante.

Désinfection des logements infectés.

A. *Désinfection par l'acide sulfureux.* — On procédera par la combustion de 40 grammes de soufre par mètre cube de l'espace à désinfecter en opérant de la façon suivante :

On colle quelques bandes de papier sur les fissures ou joints qui pourraient laisser échapper des vapeurs sulfureuses.

On fait bouillir sur un réchaud pendant une demi-heure une

certaine quantité d'eau, de manière à remplir la chambre de vapeur.

Du soufre concassé en très petits morceaux est placé dans les vases en terre ou en fer peu profonds, largement ouverts, et d'une contenance d'environ un litre.

Les vases en fer sont d'une seule pièce ou rivés sans soudure.

Pour éviter le danger d'incendie, on place les vases contenant le soufre au centre de bassins en fer ou baquets contenant une couche de 5 à 6 centimètres d'eau.

Pour enflammer le soufre, on l'arrose d'un peu d'alcool, ou on le couvre d'un peu de coton largement imbibé de ce liquide auquel on met le feu.

Le soufre étant enflammé, on ferme les portes de la pièce et l'on colle des bandes de papier sur les joints.

La chambre n'est ouverte qu'au bout de vingt-quatre heures.

B. *Désinfection par le sublimé* — La désinfection des murs crépis, blanchis à la chaux, couverts de papiers de tenture, sera faite méthodiquement sur toute la surface des parois des chambres, à l'aide de pulvérisations avec la solution forte de sublimé. On commencera à pulvériser cette solution à la partie supérieure de la paroi suivant une ligne horizontale et l'on descendra successivement, de telle sorte que toute la surface soit couverte d'une couche de liquide pulvérisé en fines gouttelettes.

Les planchers, carrelages, boiseries ou pisés seront lavés à l'eau bouillante, balayés, essuyés et arrosés avec la même solution.

L'administration municipale veillera à la désinfection et, au défaut des habitants, y procédera d'office.

Il est de son devoir d'assurer un abri aux habitants du logement pour procéder à une purification sérieuse.

La chambre n'est réhabitée qu'après avoir subi une ventilation d'au moins vingt-quatre heures.

IX. — *Hygiène privée.*

Eau potable. — On doit veiller avec un très grand soin à la pureté de l'eau potable.

En cas d'épidémie, boire de l'eau bouillie.

L'eau provenant des puits susceptibles d'être souillés est prohibée.

Les boulangers ne doivent jamais, dans la fabrique du pain, se servir de l'eau de ces puits.

Sont interdits dans les cours d'eau le lavage des linges contaminés, ainsi que la projection de toute matière des déjections.

Déclaration obligatoire. — Tout cas de maladie contagieuse doit être immédiatement déclaré à la mairie.

Voitures. — Les voitures dans lesquelles ont été transportés des malades atteints de maladies contagieuses doivent être désinfectées ; elles seront lavées avec l'une des solutions fortes.

X. — *Hygiène publique.*

Toutes les causes d'insalubrité qui préparent le terrain à l'invasion des épidémies doivent être écartées lorsqu'il s'agit d'une maladie contagieuse.

Aussi, les règles d'hygiène générale, applicables en tout temps, seront plus rigoureusement observées en temps d'épidémies, surtout en ce qui concerne :

La pureté de l'eau potable ;

Les agglomérations d'individus, les fêtes, les foires, les pèlerinages ;

La surveillance et l'approvisionnement des marchés ;

La propreté du sol ;

Le contrôle minutieux des puits et la recherche des causes possibles d'infection ;

L'enlèvement régulier des immondices (1) ;

La propreté des habitations ;

La surveillance particulière des locaux, ateliers, chantiers, etc., destinés à la population ouvrière et industrielle ;

La propreté et la désinfection régulière des cabinets d'aisances publics et privés ;

La surveillance et la désinfection des fosses d'aisances ;

L'entretien et le lavage des égouts (2), etc.

---

(1) *Ordures ménagères.* — Les ordures ménagères, placées dans une caisse bien fermée sont arrosées deux fois par jour avec l'une des solutions fortes en quantité suffisante.

Quand la caisse a été vidée, on verse à l'intérieur un verre d'une solution désinfectante forte.

Fumiers, amas d'immondices. — Les fumiers et amas d'immondices ne sont enlevés qu'après avoir été largement arrosés avec une des solutions désinfectantes fortes.

(2) Si l'on craint l'invasion d'une épidémie, pendant la *période qui peut précéder* cette épidémie, les égouts, les canaux, etc., sont complètement curés, les fosses d'aisances vidées, de façon qu'il y ait le moins de mouvement de matières en putréfaction *pendant* l'épidémie.

La sollicitude de l'Administration doit surtout porter sur la salubrité des quartiers et des habitations qui, lors des épidémies antérieures, ont été frappés.

Le Rapporteur,

A. PROUST.

Le Président du Comité
consultatif d'hygiène publique de France.

P. BROUARDEL.

Arrêté ministériel du 18 août 1893 et règlement modèle, *relatifs aux prescriptions hygiéniques à prendre dans les écoles primaires publiques, pour prévenir et combattre les épidémies.*

Le Ministre de l'Instruction publique, des Beaux-Arts et des Cultes,

Vu la loi du 27 février 1880, articles 4 et 5 ;

Vu la loi municipale du 5 avril 1884, articles 94 et 97 ;

Vu la loi du 30 octobre 1886, article 9, qui porte :

« L'inspection des établissements d'instruction primaire publics ou privés est exercée.... 7° au point de vue médical, par les médecins inspecteurs communaux ou départementaux.....

« L'inspection des écoles publiques s'exerce conformément aux règlements délibérés par le conseil supérieur....

« Celle des écoles privées porte sur l'hygiène.... » ;

Le conseil supérieur de l'instruction publique entendu,

Arrête :

Art. 1er. — Les prescriptions hygiéniques à prendre dans les écoles primaires publiques pour prévenir et combattre les épidémies sont fixées dans tous les départements par arrêté du préfet.

Art. 2. — Elles sont rédigées d'après les indications contenues dans le règlement modèle ci-annexé.

Règlement modèle.

Chapitre 1er. — Mesures générales à prendre pour éviter l'éclosion des maladies contagieuses.

Art. 1er. — Les écoles doivent être pourvues d'eau pure (eau de source, eau filtrée ou bouillie). L'eau pure seule sera mise à la disposition des élèves.

Art. 2. — Les cabinets d'aisances des écoles ne doivent pas communiquer directement avec les classes.

Les fosses doivent être étanches et le plus possible éloignées des puits.

Art. 3. — Pendant la durée des récréations et le soir après le départ des élèves, les classes doivent être aérées par l'ouverture de toutes les fenêtres.

Art. 4. — Le nettoyage du sol ne doit pas être fait à sec par le balayage, mais au moyen d'un linge ou d'une éponge mouillée promenée sur le sol.

Art. 5. — Hebdomadairement, il est fait un lavage du sol à grande eau et avec un liquide antiseptique. — Un lavage analogue des parois doit être fait au moins deux fois par an, notamment aux vacances de Pâques et aux grandes vacances.

Art. 6. — La propreté de l'enfant est surveillée à son arrivée. Chaque enfant doit se laver les mains au lavabo avant la rentrée en classe après chaque récréation.

Chapitre II. — Mesures générales à prendre en présence
d'une maladie contagieuse.

Art. 7. — Le licenciement de l'école ne doit être prononcé que dans les cas spécifiés à l'article 14. Auparavant l'on doit recourir aux évictions successives et employer les mesures de désinfection prescrites ci-après.

Art. 8. — Tout enfant atteint de fièvre doit être immédiatement éloigné de l'école ou envoyé à l'infirmerie dans le cas d'un internat.

Art. 9. — Tout enfant atteint d'une maladie contagieuse confirmée doit être éloigné de l'école et, sur l'avis du médecin chargé de l'inspection, cette éviction peut s'étendre aux frères et sœurs dudit enfant ou même à tous les enfants habitant la même maison.

Art. 10. — La désinfection de la classe est faite, soit dans l'entreclasse, soit le soir après le départ des élèves.

Elle comprend :

Le lavage de la classe (sol et parois) avec une solution antiseptique.

La désinfection par pulvérisation des cartes et objets scolaires appendus au mur.

La désinfection par lavages des tables, bancs, meubles, etc.

La désinfection complète du pupitre de l'élève malade. La destruction par le feu des livres, cahiers, etc., de l'élève malade, et des jouets ou objets qui auraient pu être contaminés dans les écoles maternelles.

Art. 11. — Il est adressé à la famille de chaque enfant atteint d'une affection contagieuse une instruction sur les précautions à prendre contre les contagions possibles et sur la nécessité de ne renvoyer l'enfant qu'après qu'il aura été baigné ou lavé plusieurs fois au savon et que tous ses habits auront subi, soit la désinfection, soit un lavage complet à l'eau bouillante.

Art. 12. — Les enfants qui ont été malades ne rentreront à l'école qu'avec un certificat médical et après qu'il se sera écoulé, depuis le début de la maladie, une période de temps égale à celle prescrite par les instructions de l'Académie de médecine.

Art. 13. — Dans le cas où le licenciement est reconnu nécessaire, il est envoyé à chaque famille, au moment du licenciement, un exemplaire de l'instruction relative à la maladie épidémique qui l'aura nécessité.

Chapitre III. — Mesures particulières à prendre pour chaque maladie contagieuse.

Art. 14. — Sur l'avis du médecin inspecteur, les mesures suivantes doivent être prises, conformément aux indications contenues dans le rapport adopté par le Comité consultatif d'hygiène annexé, lorsque les maladies ci-dessous désignées sévissent dans une école :

Variole. — Eviction des enfants malades (durée : 40 jours), — Destruction de leurs livres et cahiers. — Désinfection générale. — Revaccination de tous les maîtres et élèves.

Scarlatine. — Eviction des enfants malades (durée 40 jours. — Destruction de leurs livres et cahiers. — Désinfection générale. — Licenciement si plusieurs cas se produisent en quelques jours malgré toutes précautions.

Rougeole. — Eviction des enfants malades (durée 16 jours). — Destruction de leurs livres et cahiers. — Au besoin licenciement des enfants au-dessous de six ans.

Varicelle. — Eviction successive des malades.

Oreillons. — Evictions successives de chacun des malades (durée : 10 jours).

Diphtérie. — Éviction des malades (durée : 40 jours). – Destruction des livres. des cahiers, des jouets et objets qui ont pu être contaminés. — Désinfections successives.

Coqueluche. — Évictions successives (durée : trois semaines).

Teigne et pelade. -- Éviction successive. — Retour après traitement et avec pansement méthodique.

Loi du 25 avril 1895, *relative à la préparation. à la vente et à la distribution des sérums thérapeutiques et autres produits analogues.*

Art. 1er. — Les virus atténués, sérums thérapeutiques, toxines modifiées et produits analogues pouvant servir à la prophylaxie et à la thérapeutique des maladies contagieuses, et les substances injectables d'origine organique non définis chimiquement, appliquées au traitement des affections aiguës ou chroniques, ne pourront être débitées, à titre gratuit ou onéreux. qu'autant qu'ils auront été. au point de vue soit de la fabrication. soit de la provenance. l'objet d'une autorisation du gouvernement, rendue après avis du Comité consultatif d'hygiène publique de France et de l'Académie de médecine.

Ces produits ne bénéficieront que d'une autorisation temporaire et révocable. Ils seront soumis à une inspection exercée par une commission nommée par le ministre compétent.

Art. 2. — Ces produits sont délivrés au public par les pharmaciens, sur ordonnances médicales. Chaque bouteille ou récipient portera la marque du lieu d'origine et la date de sa fabrication. En cas d'urgence. les médecins sont autorisés à fournir à leur clientèle ces mêmes produits.

Lorsqu'ils seront destinés à être délivrés à titre gratuit aux indigents, les flacons contenant ces produits porteront, dans la pâte du verre ces mots : « Assistance publique-gratuit. »

Ils pourront alors être déposés, en dehors des officines des pharmacies, et sous la surveillance d'un médecin, dans des établissements d'assistance désignés par l'administration, qui auront la faculté de se procurer directement ces produits.

Toutes ces prescriptions ne s'appliquent pas au vaccin jennérien humain ou animal.

Art. 3. — La livraison des substances mentionnées à l'article 1er, à quelque titre qu'elle soit faite, sera assimilée à la vente et soumise aux dispositions de l'article 423 du Code pénal et de la loi du 27 mars 1871. En conséquence, seront punis des peines portées par l'article 423 du Code pénal et par la loi du 27 mars 1871 ceux qui auront trompé sur la nature des dites substances qu'ils sauront être falsifiées ou corrompues et ceux qui auront trompé ou tenté de tromper sur la qualité des choses livrées.

Art. 4. — Toutes autres infractions aux dispositions de la présente loi seront punies d'une amende de 16 à 1.000 francs.

Décret du 26 juillet 1895, rendant exécutoire en Algérie la loi du 25 avril 1895, *relative à la préparation, à la vente et à la distribution des sérums thérapeutiques et autres produits analogues.*

(C'est la loi qui précède).

Décret du 15 mai 1895, *instituant au ministère de l'intérieur une commission chargée de l'étude des questions relatives à l'application de la loi du 25 avril 1895 concernant la préparation, la vente et la distribution des sérums thérapeutiques et des produits analogues.*

Le Président de la République française ;
Sur la proposition du Ministre de l'Intérieur ;
Vu la loi du 25 avril 1895, relative à la préparation, à la vente et à la distribution des sérums thérapeutiques et autres produits analogues ;

Décrète :

Art. 1er. — Il est institué au ministère de l'intérieur une commission chargée de l'étude de toutes les questions relatives à l'application de la loi précitée.

Cette commission sera chargée, notamment, de déterminer les conditions suivant lesquelles seront instruites les demandes en autorisation prévues à l'article 1er de la dite loi et d'assurer l'inspection prescrite par le même article.

Art. 2. — La commission est composée des membres du comité de direction des services de l'hygiène institué par décret du 30 septembre 1884, 3 mai et 23 juin 1893 ; du secrétaire perpétuel de l'Académie de médecine, de huit membres désignés par le Ministre de l'Intérieur et choisis moitié parmi les membres de l'Académie de médecine et moitié parmi les membres ou auditeurs du Comité consultatif d'hygiène publique de France.

La commission sera, présidée par le président du Comité de direction des services de l'hygiène.

Un des membres de la commission, désigné par le ministre, sera chargé des fonctions de secrétaire.

Décret du 26 janvier 1896, *relatif à la préparation, à la vente et à la distribution de sérums thérapeutiques ou autres produits analogues.*

Le Président de la République française ;

Sur la proposition du Président du Conseil, Ministre de l'Intérieur ;

Vu la loi du 25 avril 1895, relative à la préparation, à la vente et à la distribution des sérums thérapeutiques et autres produits analogues ;

Vu le décret du 15 mai 1895 instituant une commission chargée de l'étude des questions se référant à l'application de la loi précitée ;

Vu l'avis de cette Commission ;

Vu l'avis du Comité consultatif d'hygiène publique de France ;

Vu l'avis de l'Académie de médecine ;

Décrète :

Art. 1er. — La préparation des virus atténués, sérums thérapeutiques, toxines modifiées ou produits analogues pouvant servir à la prophylaxie ou à la thérapeutique des maladies contagieuses, et des substances injectables d'origine organique appliquées au traitement des affections aiguës ou chroniques, est autorisée dans les établissements et suivant les conditions ci-après déterminées :

1° Institut Pasteur de Paris : sérum antidiphtérique, sérum ativenimeux ;

2° Institut Pasteur de Lille, dirigé par M. Calmettes : sérum antidiphtérique, sérum antivenimeux ;

3° Laboratoire du Havre, dirigé par M. Dumont : sérum antidiphtérique ;

4° Laboratoire de Nancy, dirigé par M. Macé : sérum antidiphtérique ;

5° Laboratoire de Lyon, dirigé par M. Arloing : sérum antidiphtérique ;

6° Laboratoire de Grenoble, dirigé par MM. Berlioz et Jourdan : sérum antidiphtérique ;

7° Laboratoire de MM. Égasse et Bouyé, rue des Fossés-Saint-

Jacques, à Paris : extraits organiques préparés selon la méthode Brown-Sequard ;

8° Laboratoire de M. Bazin, cour Victor-Hugo, à Bordeaux : extraits organiques préparés selon la méthode Brown-Sequard.

Art. 2. — Ces produits pourront être débités à titre gratuit ou onéreux. L'autorisation dont ils sont l'objet est temporaire et révocable ; ils sont soumis à l'inspection prescrite par la loi.

Décret du 27 juin 1896, *autorisant la préparation, la vente et la distribution des sérums thérapeutiques dans certains établissements et suivant des conditions déterminées.*

Le Président de la République française ;

Sur la proposition du Ministre de l'Intérieur;

Vu la loi du 25 avril 1895, relative à la préparation, à la vente et à la distribution des sérums thérapeutiques et autres produits analogues ;

Vu le décret du 15 mai 1895, instituant une Commission chargée de l'étude des questions se référant à la loi précitée ;

Vu l'avis de cette Commission ;

Vu l'avis du Comité consultatif d'hygiène publique de France ;

Vu l'avis de l'Académie de médecine ;

Décrète :

Art. 1er. — La préparation des sérums thérapeutiques est autorisée dans les établissements et suivant les conditions ci-après déterminées :

1° Institut Pasteur de Paris : sérum antistreptococcique, sérum antiténanique ;

2° Laboratoire de Bordeaux, dirigé par M. le professeur Ferré : sérum antidiphtérique ;

3° Laboratoire de Marseille, dirigé par M. le professeur d'Astros : sérum antidiphtérique ;

4° Laboratoire de Montpellier, dirigé par M. le docteur Poujol : sérum antidiphtérique ;

Art. 2. — Ces produits pourront être débités à titre gratuit ou onéreux. L'autorisation dont ils sont l'objet est temporaire et révocable ; ils sont soumis à l'inspection prescrite par la loi.

II. — ENSEIGNEMENT

RÉORGANISATION DES ÉCOLES PRÉPARATOIRES

Décret du 31 juillet 1893, *modifiant le décret du 1ᵉʳ août 1883 relatif à la réorganisation des Écoles préparatoires de médecine et de pharmacie.*

Le Président de la République française,

Sur le rapport du Ministre de l'Instruction publique, des Beaux-arts et des cultes,

Vu le décret du 1ᵉʳ août 1883 ;

Vu les décrets du 25 juillet 1885, relatifs aux suppléants et aux chefs de travaux dans les écoles préparatoires de médecine et de pharmacie ;

Vu le décret en date du 31 juillet 1893, relatif au certificat d'études physiques, chimiques et naturelles ;

Vu le décet en date du 31 juillet 1893, relatif aux études en vue du doctorat en médecine ;

Vu la loi du 30 novembre 1892 ;

Vu loi du 27 février 1880 ;

Le Conseil supérieur de l'Instruction publique entendu,

Décrète :

Art. 1ᵉʳ. — Les articles 2, 6 et 11 du décret du 1ᵉʳ août 1883 relatif à la réorganisation des écoles préparatoires de médecine et de pharmacie sont modifiés ainsi qu'il suit :

Art. 2. — Les professeurs titulaires sont au nombre de douze, savoir :

Un professeur d'anatomie descriptive,
Un professeur d'histologie,
Un professeur de physiologie,
Un professeur de pathologie interne,
Un professeur de pathologie externe et de médecine opératoire,
Un professeur de clinique médicale,
Un professeur de clinique chirurgicale,
Un professeur de clinique obstétricale,
Un professeur de physique,
Un professeur d'histoire naturelle,

Un professeur de chimie et toxicologie.
Un professeur de pharmacie et matière médicale.

Art. 6. — Les chefs des travaux sont au nombre de cinq, savoir :
Un chef des travaux d'anatomie et d'histologie.
Un chef des travaux de physiologie,
Un chef des travaux de médecine opératoire.
Un chef des travaux de physique et de chimie.
Un chef des travaux d'histoire naturelle,
Les grades à exiger des chefs de travaux sont :
1° Pour les chefs des travaux d'anatomie et d'histologie, de physiologie et de médecine opératoire, le diplôme de docteur en médecine ;
2° Pour les chefs de travaux de physique et de chimie, le diplôme de docteur en médecine ou de pharmacien de 1re classe ou de licencié ès sciences physiques;
3° Pour les chefs de travaux d'histoire naturelle, le diplôme de docteur en médecine ou de pharmacien de 1re classe ou de licencié ès sciences naturelles.
Les suppléants prennent part à l'enseignement. Ils peuvent être chargés, sans concours, des fonctions de chefs des travaux.

Art. 11. — Les villes sièges d'écoles préparatoires de médecine et de pharmacie contractent l'obligation :
1° D'assurer le service des trois cliniques médicale, chirurgicale et obstétricale ;
2° De mettre à la disposition de l'école une ou plusieurs salles consacrées aux maladies des enfants.
La clinique médicale et la clinique chirurgicale doivent comprendre chacune cinquante lits au moins.
La clinique obstétricale ne peut en avoir moins de vingt.

CERTIFICAT D'ÉTUDES PHYSIQUES, CHIMIQUES ET NATURELLES.

Décret du 31 juillet 1893, *portant institution dans les facultés des sciences d'un certificat d'études physiques, chimiques et naturelles.*

Le Président de la République française.

Sur le rapport du Ministre de l'Instruction publique, des Beaux-Arts et des Cultes,
Vu le décret du 20 juin 1878 ;

Vu le décret du 8 août 1890 relatif au baccalauréat de l'enseignement secondaire classique ;

Vu la loi du 27 février 1880 ;

Le Conseil supérieur de l'Instruction publique entendu,

Décrète :

Art. 1er. — Il est institué dans les facultés des sciences un enseignement préparatoire des sciences physiques, chimiques et naturelles.

Art. 2. — Sont admis à suivre cet enseignement les jeunes gens pourvus d'un diplôme de bachelier, et, après constatation de leur aptitude par la faculté, les jeunes gens âgés de dix-sept ans au moins, pourvus, soit du brevet supérieur de l'enseignement primaire, soit du certificat d'études primaires supérieures.

Art. 3. — A la suite de cet enseignement et après examens subis devant les facultés des sciences, il est délivré un certificat d'études physiques, chimiques et naturelles.

Art. 4. — Pour être admis à l'examen, les aspirants doivent justifier de quatre inscriptions trimestrielles et de leur participation aux travaux pratiques.

Art. 5. — L'examen est subi devant la faculté dans laquelle le candidat a pris les quatre inscriptions.

Il comprend :

Une interrogation et une épreuve pratique de physique ; une interrogation et une épreuve pratique de chimie ; une épreuve pratique de zoologie ;

Une interrogation et une épreuve pratique de botanique.

Le tout conformément aux programmes qui seront déterminés par arrêté ministériel.

Art. 6. — Le jury est composé de trois membres de la faculté.

Art. 7. — L'enseignement institué par le présent décret peut être organisé près les écoles de médecine de plein exercice et près les écoles préparatoires réorganisées, situées dans les villes où il n'existe pas de faculté des sciences.

Les examens ont lieu sous la présidence d'un professeur d'une faculté des sciences délégué par le ministre.

Arrêté du Ministre de l'Instruction publique du 31 décembre 1893, *relatif au certificat d'études physiques, chimiques et naturelles.*

Le Ministre de l'Instruction publique,

Vu le décret du 31 juillet 1893, instituant, dans les Facultés des sciences, un enseignement préparatoire des sciences physiques, chimiques et naturelles ;

Vu l'arrêté en date du 31 décembre 1893, déterminant les programmes de cet enseignement ;

Le Conseil supérieur de l'Instruction publique entendu,

Arrête :

Art. 1er. — Les Facultés des sciences procèdent. chaque année, à l'examen prévu par l'article 5 du décret du 31 juillet 1893 susvisé, en deux sessions qui ont lieu, la première, en juillet, la seconde, dans la première quinzaine de novembre.

Art. 2. — Les candidats ajournés ne peuvent subir de nouveau l'examen qu'à une session suivante.

Art. 3. — Les épreuves ont pour base les programmes déterminés par l'arrêté susvisé en date du 31 décembre 1893 (1).

Art. 4. — Les notes obtenues par les candidats aux interrogations et aux travaux pratiques sont communiquées aux examinateurs par les soins du Doyen. Il en est tenu compte pour le résultat de l'examen.

Art. 5. — L'épreuve sur la physique donne lieu à une note variant de 0 à 30 ;

L'épreuve sur la chimie, à une note variant de 0 à 40 ;

L'épreuve sur la zoologie, à une note variant de 0 à 20 ;

L'épreuve sur la botanique, à une note variant de 0 à 20 ;

Nul n'est admis s'il n'a obtenu 55 points au minimum.

Art. 6. — L'admission ou l'ajournement sont prononcés après délibération de jury.

Art. 7. — Les règles établies par le présent arrêté sont applicables aux examens subis dans les conditions prévues par l'article 7 du décret du 31 juillet 1893.

---

(1) Cet autre arrêté, également du 31 décembre 1893, est trop long pour que nous en donnions ici le texte entier. On peut se procurer le programme qu'il renferme à la librairie classique Delalain, moyennant 0 fr. 20.

Art. 8. — A la suite de chaque session, les certificats signés par les membres du jury sont transmis au Recteur de l'Académie qui, par délégation du Ministre de l'Instruction publique, les ratifie, s'il y a lieu, et les délivre aux impétrants.

Décret du 14 février 1894, *fixant les droits à percevoir des aspirants au certificat d'études physiques, chimiques et naturelles.*

Le Président de la République française.

Sur le rapport du Ministre de l'Instruction publique, des Beaux-Arts et des Cultes,

Vu l'article 6 de la loi du 27 février 1880,

Vu la loi de finances du 26 février 1887, article premier ;

Vu le décret en date du 31 juillet 1893, portant organisation d'un enseignement préparatoire des sciences physiques, chimiques et naturelles ;

Vu l'avis du Conseil supérieur de l'Instruction publique ;

Le Conseil d'Etat entendu.

Décrète :

Art. 1er. — Les droits à percevoir des aspirants au certificat d'études physiques, chimiques et naturelles sont fixés ainsi qu'il suit :

4 inscriptions à 32 fr. 50, y compris le droit de bibliothèque	130
Travaux pratiques, payables par trimestre, une année	90
Examen	30
Certificat	40
Visa du certificat	10
Total	300

Art. 2. — Les droits acquittés par les élèves des facultés des sciences sont versés au Trésor public. Les droits d'inscription, de bibliothèque, de travaux pratiques et d'examen acquittés par les élèves des cours institués dans les conditions prévues par l'article 7 du décret en date du 31 juillet 1893 sont versés dans les caisses municipales. Sont versés au Trésor public les droits de certificat et de visa acquittés par les mêmes élèves.

Art. 3. — Tout candidat qui, sans excuse jugée valable par le jury, ne répond pas à l'appel de son nom le jour qui lui a été indiqué pour l'examen, perd le montant des droits d'examen qu'il a consignés.

Il est fait remboursement aux candidats ajournés des droits de certificat et de visa.

DOCTORAT

Décret du 31 juillet 1893, *relatif aux études en vue du doctorat en médecine.*

Le Président de la République française,

Sur le rapport du Ministre de l'Instruction, des Beaux-Arts et des Cultes ;

Vu les décrets des 20 juin 1878, 23 juillet 1882 et 5 août 1884, relatifs au doctorat en médecine ;

Vu les décrets des 1er août 1883 et 31 juillet 1893, relatifs aux écoles de plein exercice et préparatoires de médecine et de pharmacie ;

Vu le décret du 8 août 1890, relatif au baccalauréat de l'enseignement secondaire classique ;

Vu le décret du 31 juillet 1893, relatif au certificat d'études physiques, chimiques et naturelles ;

Vu la loi du 30 novembre 1892 sur l'exercice de la médecine ;

Vu la loi du 27 février 1880 ;

Le Conseil supérieur de l'Instruction publique entendu.

Décrète :

Art. 1er. — Les études en vue du doctorat en médecine durent quatre années.

Elles peuvent être faites :

Pendant les trois premières années, dans une école préparatoire de médecine et de pharmacie.

Pendant les quatre années, dans une faculté de médecine, dans une faculté mixte de médecine et de pharmacie ou dans une école de plein exercice de médecine et de pharmacie.

Art. 2. — Les aspirants au doctorat en médecine doivent produire, pour prendre leur première inscription, le diplôme de bachelier ds l'enseignement secondaire classique (lettres-philosophie) et le certificat d'études physiques, chimiques et naturelles.

Art. 3. — Ils subissent cinq examens et soutiennent une thèse.

Art. 4. — Les examens portent sur les matières suivantes :

Premier examen

Anatomie, moins l'anatomie topographique. Epreuve pratique de dissection.

Deuxième examen.

Histologie ; physiologie, y compris la physique biologique et la chimie biologique.

Troisième examen.

1re partie. — Médecine opératoire et anatomie topographique. Pathologie externe ; accouchements.

2e partie. — Pathologie générale, parasites animaux, végétaux ; microbes.

Pathologie externe ; épreuve pratique d'anatomie pathologique.

Quatrième examen.

Thérapeutique, hygiène, médecine légale, matière médicale, pharmacologie, avec les applications des sciences physiques et naturelles.

Cinquième examen.

1re partie. — Clinique externe ; clinique obstétricale.

2e partie. — Clinique externe.

Thèse sur un sujet au choix du candidat.

Art. 5. — Le premier est subi entre la sixième et la huitième inscription ; le second entre la huitième et la dixième ; le troisième entre le treizième et la seizième ; le quatrième et le cinquième après la seizième.

Art. 6. — Les notes obtenues par les candidats, soit aux travaux pratiques, soit aux interrogations, soit dans les services cliniques où ils ont été régulièrement admis comme stagiaires, sont communiquées aux examinateurs par les soins du doyen. Il en est tenu compte pour le résultat de l'examen.

Art. 7. — Les étudiants inscrits dans les écoles de plein exercice et dans les écoles préparatoires réorganisées subissent le premier et le second examen devant l'école à laquelle ils appartiennent.

Art. 8. — Le jury est présidé par un professeur de faculté délégué par le ministre.

Immédiatement après les épreuves, le président du jury adresse au ministre un rapport sur les résultats des examens.

Art. 9. — Les sessions d'examen ont lieu, dans les écoles de plein exercice et dans les écoles prépatoires réorganisées, deux fois par an, aux dates fixées par le Ministre.

Art. 10. — Les étudiants inscrits dans les écoles préparatoires non réorganisées subissent le premier et le second examen devant une faculté, aux époques fixées par l'article 5.

En cas d'ajournement, ils sont tenus de se représenter devant la même faculté.

Art. 11. — Les travaux pratiques de dissection, de laboratoire et le stage près les hôpitaux sont obligatoires.

Le stage près les hôpitaux est de trois ans au moins. Il doit comprendre un stage d'au moins un trimestre dans un service obstétrical.

Un arrêté ministériel fixera la durée des travaux de dissection et deux autres travaux pratiques.

Art. 12. — Les quatrième et cinquième examen et la thèse doivent être subis devant la même faculté.

Art. 13. — Les présentes dispositions seront mises à exécution à dater du 1er novembre 1895.

Les aspirants inscrits avant cette époque subiront leurs examens conformément au décret du 20 juin 1878.

Ils devront, en se faisant inscrire, justifier soit du baccalauréat ès lettres, soit du baccalauréat de l'enseignement secondaire classique (lettres-philosophie) et du baccalauréat ès sciences restreint pour la partie mathématique.

Art. 14. — Sont et demeurent abrogées toutes les dispositions antérieures contraires à celles du présent décret.

Décret du 31 décembre 1894, *autorisant les aspirants au doctorat à subir le 3e examen devant les écoles de plein exercice de médecine et de pharmacie.*

Le Président de la République Française;

Sur le rapport du Ministre de l'Instruction publique et des Beaux-Arts;

Vu le décret du 1er août 1883, relatif aux écoles de plein exercice de médecine et de pharmacie;

Vu le décret du 31 juillet 1893, relatif à la réorganisation des études médicales;

Vu la loi du 27 février 1880;

Le Conseil supérieur de l'Instruction publique entendu;

    Décrète :

Art. 1er. — Les aspirants au doctorat en médecine inscrits dans les écoles de plein exercice de médecine et de pharmacie subissent devant ces écoles les 1er, 2e et 3e examens de doctorat.

Les jurys d'examen sont présidés par un professeur de Faculté.

Art. 2. — Sont abrogées les dispositions antérieures, contraires à celles du présent décret.

Décret du 20 novembre 1893, *relatif au stage hospitalier et aux cliniques annexes de la Faculté de médecine de Paris.*

Art. 1er. — Tous les étudiants en médecine feront un stage dans les hôpitaux de Paris, dont la durée ne sera pas inférieure à trois années.

Les étudiants accompliront ce stage pendant leurs deuxième, troisième et quatrième années d'études.

Pendant les deux premières années du stage les élèves seront attachés aux services généraux de médecine et de chirurgie.

Pendant la troisième année, les élèves seront nécessairement attachés pendant un trimestre aux services d'accouchement. Ils devront, en outre, accomplir une partie du stage de cette troisième année dans l'un des services spéciaux affectés aux maladies de la peau et de la syphilis, aux maladies nerveuses, aux maladies mentales, aux maladies des enfants, aux maladies des yeux, aux maladies des voies urinaires.

Art. 2. — Les élèves stagiaires sont répartis par groupes de vingt dans les services affectés à l'enseignement.

Art. 3. — Chacun des groupes de stagiaires sera composé d'élèves appartenant à une même année de stage.

Art. 4. — Pendant toute la durée de cet enseignement, l'élève devra être exercé individuellement à la recherche des signes, des symptômes des maladies. Il devra prendre part personnellement à l'examen des malades.

Art. 5. — Les services affectés à l'enseignement pendant les deux premières années de stage sont :

1° Les services de clinique générale de la Faculté de médecine ;

2° Des services pris parmi ceux qui sont dirigés par des médecins et chirurgiens attachés aux hôpitaux généraux.

Les services affectés à l'enseignement pendant la troisième année sont :

1° Les chaires d'accouchement et de cliniqu spéciale de la Faculté de médecine ;

2° Des services pris parmi ceux qui sont consacrés aux accouchements et aux spécialités dans divers établissements hospitaliers.

M. le Directeur de l'Assistance publique désignera, dans les hôpitaux. le nombre des services dirigés par des médecins, chirurgiens et accoucheurs, qui, dans chaque hôpital, sera affecté à cet enseignement.

Art. 6. — Les médecins, chirurgiens et accoucheurs qui désireront être chargés de l'enseignement des stagiaires adresseront leur demande. avant le 15 juin, à M. le Directeur de l'Assistance publique.

Celui-ci convoquera une commission composée : pour la Faculté de médecine, de quatre membres, le doyen et trois professeurs délégués par la Faculté ; pour l'Assistance publique, de quatre membres, le Directeur et trois membres du Conseil de surveillance, dont le représentant des médecins des hôpitaux et le représentant des chirurgiens.

Le Directeur présidera la commission, en cas de partage la voix du président sera prépondérante.

Le Directeur soumettra à la commission le projet de répartition des services dans les différents hôpitaux. la liste des demandes adressées par les médecins, chirurgiens et accoucheurs.

Le doyen de la Faculté indiquera le nombre des élèves soumis au stage.

La Commission dressera une liste de présentation comprenant pour chaque place deux noms, si cela est possible.

Cette liste sera adressée à M. le Ministre de l'Instruction publique, qui nommera les médecins, chirurgiens et accoucheurs chargés de ces cours.

Art. 7. — L'enseignement durera du 1er décembre au 15 juin. Les titulaires des cours seront nommés pour trois ans.

Les élèves seront répartis de façon qu'ils passent trois mois dans un service de médecine et trois mois dans un service de chirurgie.

Le professeur donnera à la fin du cours des notes sur le travail de chaque élève. Ces notes seront transmises par les soins du Directeur de l'Assistance publique au Doyen de la Faculté pour être jointes au dossier de l'élève.

Art. 8. — Il recevra de l'État une indemnité annuelle de 3.000 francs.

Aucuns frais ne résulteront pour l'Assistance publique de cet enseignement.

Art. 9. — La répartition des élèves dans les cliniques de la Faculté et dans les services désignés par la Commission sera établie à la Faculté par son doyen.

Au moment où leur nom sera appelé, les élèves de troisième année de stage désigneront le service d'accouchements dans lequel ils désirent faire leur stage, ainsi que l'époque de ce stage, puis le ou les services spéciaux qu'ils veulent suivre et, pour le reste du temps, le ou les services généraux auxquels ils désirent être attachés.

Les stagiaires de deuxième année seront de préférence répartis dans les hôpitaux du centre; les stagiaires de première année dans les hôpitaux excentriques.

La liste de répartition sera transmise à M. le Directeur de l'Assistance publique qui délivrera les cartes d'entrée dans les hôpitaux aux élèves.

Art. 10. — Les élèves internes et externes des hôpitaux qui, pendant la durée de leur service hospitalier, n'auraient pas été attachés à un service d'accouchements, devront faire un stage dans un de ces services ou, s'ils le préfèrent, ils seront admis à accomplir un stage de deux mois à la clinique Baudelocque, de 10 heures du soir à 8 heures du matin.

Art. 11. — La Commission établira dans quelles conditions les spécialités pourraient être enseignées dans l'après-midi de façon à faciliter cette période de stage et les études de la cinquième année de médecine en combinant les heures de façon à ne pas entraver les exercices pratiques exigés par la Faculté pendant la même période scolaire.

Art. 12. — Si l'Assistance publique autorise la création de cours libres payés directement par les élèves, les chefs de service qui pourraient être appelés à siéger dans les jurys d'examens de la Faculté ne recevront pas cette autorisation.

Art. 13. — La discipline dans l'intérieur de l'hôpital appartient au directeur de l'établissement.

Art. 14. — Le Ministre de l'Instruction publique, des Beaux-Arts et des Cultes, et le Président du Conseil, Ministre de l'Intérieur, sont chargés de l'exécution du présent décret.

Décret du 25 juillet 1893, *relatif aux dispenses qui peuvent être accordées aux médecins pourvus d'un diplôme étranger aspirant au titre français de docteur en médecine.*

Le Président de la République française,

Sur le rapport du Ministre de l'Instruction publique, des Beaux-Arts et des Cultes;

Vu l'article 5 de la loi du 30 novembre 1892;

Vu la loi du 27 février 1880;

Le Conseil supérieur de l'Instruction publique entendu,

Décrète :

Art. 1er. — Les médecins pourvus d'un diplôme étranger qui postulent le grade de docteur en médecine peuvent obtenir dispense partielle ou totale des inscriptions et dispense partielle des examens exigés pour ce grade.

Art. 2. — La dispense d'examens ne peut en aucun cas porter sur plus de trois épreuves.

Art. 3. — Les dispenses sont accordées par le Ministre de l'Instruction publique après avis de la faculté compétente et du comité consultatif de l'enseignement public.

CONVERSION DE L'OFFICIAT EN DOCTORAT

Décret du 31 juillet 1893, *relatif à la conversion de l'officiat en doctorat.*

Le Président de la République française,

Sur le rapport du Ministre de l'Instruction publique, des Beaux-Arts et des Cultes.

Vu l'article 30 de la loi du 30 novembre 1892 ;

Vu les décrets en date des 20 juin 1878 et 31 juillet 1893, relatifs aux études médicales ;

Vu la loi du 27 février 1880 ;

Le Conseil supérieur de l'Instruction publique entendu,

Décrète :

Art. 1er. — Pour obtenir le diplôme de docteur en médecine, les officiers de santé doivent subir les épreuves du 3e, du 5e examen et de la thèse, conformément aux règlements en vigueur sur le doctorat en médecine.

Art. 2. — Le Ministre de l'Instruction publique, des Beaux-Arts et des Cultes est chargé de l'exécution du présent décret.

Décret du 25 juillet 1893, *relatif à la conversion des inscriptions d'officiat de santé en inscriptions de doctorat en médecine.*

Le Président, Vu la loi du 30 novembre 1892, Vu la loi du 27 février 1880. . . . .

Décrète :

Art. 1er. — Les aspirants au titre d'officier de santé en cours d'études à la date du présent décret et qui justifient de l'un des diplômes de bachelier ès-lettres, de bachelier de l'enseignement secondaire classique, de bachelier ès-sciences complet, de bachelier de l'enseignement secondaire spécial, sont autorisés à convertir leurs inscriptions en inscriptions de doctorat en médecine.

Art. 2. — Le ministre de l'Instruction publique, des Beaux-Arts et des Cultes est chargé de l'exécution du présent décret,

Décret du 14 février 1894, *fixant les droits à percevoir des aspirants au doctorat en médecine.*

Le Président de la République française,

Sur le rapport du Ministre de l'Instruction publique, des Beaux-Arts et des Cultes.

Vu l'article 6 de la loi du 27 février 1880, portant qu'un décret rendu en la forme des règlements d'administration publique, après avis du Conseil supérieur de l'Instruction publique, détermine le tarif des droits d'inscription, d'examen et de diplôme à percevoir dans les établissements d'enseignement supérieur chargés de la collation des grades ;

Vu la loi de finances du 26 février 1887, article 1er ;

Vu le décret en date du 31 juillet 1893, portant réorganisation des études médicales ;

Vu l'avis du Conseil supérieur de l'Instruction publique ;

Le Conseil d'Etat entendu,

Décrète :

Art. 1er. — Les droits à percevoir des aspirants au doctorat en médecine sont fixés ainsi qu'il suit à dater du 1er novembre 1895 :

16 inscriptions à 32 fr. 50, y compris le droit de bibliothèque. 520

Travaux pratiques payables par trimestre, 4 années.	1re année 60 fr. 2e année, 40 3e année, 40 4e année, 20	160

7 examens ou épreuves à 30 fr. 210
7 certificats d'aptitude à 25 fr. 165
Thèse 100
Certificat d'aptitude de la thèse 40
Diplôme 100

      Total. 1,305

Art. 2. — Les droits acquittés par les élèves des facultés sont versés au Trésor public. Les droits d'inscription, de bibliothèque, de travaux pratiques et d'examens acquittés par les élèves des écoles de plein exercice et des écoles préparatoires sont versés dans les caisses municipales. Les droits de certificat acquittés par les mêmes élèves sont versés au Trésor.

Art. 3. — Tout candidat qui, sans excuse jugée valable par le jury, ne répond pas à l'appel de son nom le jour qui lui a été indiqué, perd le montant des droits d'examen qu'il a consignés.

Il est fait remboursement aux candidats ajournés des droits de certificat et de diplôme.

Circulaire du Ministre de l'Instruction publique du 9 mars 1894, *relative aux nouveaux règlements des études médicales*

Monsieur le Recteur.

J'ai l'honneur de vous adresser les nouveaux règlements des études médicales, qui entreront en vigueur le 1er novembre 1895. J'y joins le décret qui a institué, corrélativement, dans les facultés des sciences, un certificat d'études physiques, chimiques et naturelles, et l'arrêté qui a déterminé les programmes de l'examen dudit certificat.

La réforme à laquelle le Conseil supérieur a donné, après la majorité des facultés, une pleine adhésion, réalise des idées depuis trop longtemps agitées dans l'enseignement supérieur pour qu'il soit nécessaire de la commenter ici ; vous en trouverez d'ailleurs les raisons dans les deux rapports présentés au Conseil supérieur, au nom de ses commissions, par MM. les doyens de la faculté de médecine et de la faculté des sciences de Paris.

L'objet de la présente circulaire est d'appeler votre attention, celle des corps enseignants et surtout celle des familles, sur deux questions relatives à l'application de ces nouveaux règlements. Tout d'abord, la date d'application. Aux termes des décrets, le nouveau régime des études médicales doit commencer à fonctionner à partir de l'année scolaire 1895-1896, et l'enseignement préparatoire au certificat d'études physiques, chimiques et naturelles exigible à partir du 1er novembre 1895, des aspirants au doctorat en médecine, doit être organisé, dans les facultés des sciences et près les écoles de médecine de plein exercice et les écoles préparatoires de médecine réorganisées situées dans les villes dépourvues de faculté des sciences, à partir du 1er novembre 1894.

Il en résulte que, pour l'année scolaire 1894-1895, les aspirants au doctorat en médecine seront admis à prendre leur première inscription à la date réglementaire en justifiant du baccalauréat ès lettres ou du baccalauréat de l'enseignement secondaire classique (lettres-philosophie) et du baccalauréat ès sciences restreint pour la partie mathématique, et feront leurs études médicales sous le régime du décret de 1878.

Par suite, il sera ouvert pour ledit baccalauréat restreint des sessions d'examen en juillet et en novembre 1894.

Par là sera ménagée, dans la mesure la plus large, la transition entre les deux régimes. Mais il serait impossible d'aller plus loin. Les candidats au baccalauréat restreint qui n'auraient pas réussi au plus tard à la session de novembre 1894 devront suivre, à partir de cette date, l'année préparatoire des sciences physiques, chimiques et naturelles, et se pourvoir, s'ils veulent être admis à prendre plus tard inscription en vue du doctorat en médecine, du certificat d'études institué par le décret du 31 juillet 1893.

J'appelle maintenant l'attention toute particulière des familles sur un des effets qu'avec le conseil supérieur de l'instruction publique j'attends de la nouvelle organisation.

Le nombre des étudiants en médecine s'est beaucoup accru en ces trois dernières années. J'ai la conviction que ce fait résulte en très grande partie de la loi de 1892 sur l'exercice de la médecine, qui a supprimé l'officiat de santé, tout en permettant de prendre inscription en vue de l'officiat jusqu'au 1er décembre 1893 ; autrement je ne serais pas sans concevoir quelque alarme d'un accroissement disproportionné avec les besoins du pays. Quoi qu'il en soit, l'accroissement constaté, et c'est là le point sur lequel je crois devoir insister, ne s'est pas produit partout dans les mêmes proportions. Très sensible dans les facultés de Lyon, de Bordeaux et de Montpellier, il a été véritablement excessif à la faculté de Paris. Il en résulte pour les étudiants de cette faculté des inconvénients divers, sur lesquels mon attention vient d'être tout récemment appelée par le Conseil général des facultés de Paris. Si considérables, si variées que soient les ressources, elles sont fatalement insuffisantes pour les 5,000 étudiants de la faculté.

Le nouveau régime d'études, en organisant dans un assez grand nombre de départements l'année d'études scientifiques préparatoires aux études médicales proprement dites, pourra, si les familles comprennent les vrais intérêts de leurs enfants, remédier en grande partie à ce fâcheux état de choses. Pourquoi, au sortir du collège, venir, par exemple, de la Côte-d'Or, du Calvados ou de la Loire-Inférieure, chercher à Paris cet enseignement préparatoire, quand on l'aura donné dans d'excellentes conditions, par des maîtres d'élite, à Dijon, à Caen ou à Nantes ? Et pourquoi, une fois achevée cette année préparatoire, ne pas faire aux mêmes lieux, dans des conditions plus avantageuses pour le travail et le progrès que dans des centres pléthoriques, quelques années d'études médicales ? Il en résulterait, sans dommages pour personne, au profit de tous, une décentralisation indispensable. La loi, l'administration de l'instruction publique et les municipalités ont tout fait pour que les écoles de médecine répondissent à leur destination. Les familles ne le savent pas assez.

J'aurai à vous adresser prochainement, pour les facultés des sciences, des instructions spéciales touchant le certificat d'études physiques, chimiques et naturelles. Elles seront l'objet d'une autre circulaire. J'ai voulu me borner aujourd'hui à des indications de nature à répondre aux préoccupations des familles.

CHIRURGIENS-DENTISTES

Décret du 25 juillet 1893, *relatif au diplôme de chirurgien-dentiste.*

Le Président....

Vu la loi du 30 novembre 1892 et notamment les articles 2 et 5 ;

Vu la loi du 27 février 1880 ;

Le Conseil supérieur de l'Instruction publique entendu,

Décrète :

Art. 1er. — Les études en vue du diplôme de chirurgien-dentiste ont une durée de trois ans.

Art. 2. — Les aspirants doivent produire, pour prendre leur première inscription, soit un diplôme de bachelier, soit le certificat d'études prévu par le décret du 30 juillet 1886, modifié par le décret du 25 juillet 1893, soit le certificat d'études primaires supérieures.

Art. 3. Ils subissent, après la douzième inscription, trois examens sur les matières suivantes :

1er Examen.

Eléments d'anatomie et de physiologie ;
Anatomie et physiologie spéciales de la bouche.

2ᵉ Examen.

Eléments de pathologie et de thérapeutique;
Pathologie spéciale de la bouche;
Médicaments; anesthésiques.

3ᵉ Examen.

Clinique; affections dentaires et maladies qui y sont liées. — Opérations.

Exécution d'une pièce de prothèse dentaire.

Art. 4. — Les examens sont subis au siège des facultés et écoles de médecine où l'enseignement dentaire est organisé, devant un jury de trois membres.

Peuvent faire partie du jury des chirurgiens-dentistes, et, par mesure transitoire, des dentistes désignés par le ministre de l'Instruction publique.

Le jury est présidé par un professeur de faculté de médecine.

Art. 5. — Les dentistes inscrits au rôle des patentes au 1ᵉʳ janvier 1892 peuvent postuler le diplôme de chirurgien-dentiste à la seule condition de subir les examens prévus par l'article 3 du présent décret.

Les dentistes de nationalité française, inscrits à ce rôle antérieurement au 1ᵉʳ janvier 1889, sont dispensés en outre du premier examen.

Les dentistes pourvus, antérieurement au 1ᵉʳ novembre 1893, d'un diplôme délivré par l'une des écoles d'enseignement dentaire existant en France à la date du présent décret, peuvent postuler le diplôme de chirurgien-dentiste à la seule condition de subir le deuxième examen.

Art. 6. — Les dentistes reçus à l'étranger et qui voudront exercer en France seront tenus de subir les examens prévus au présent décret.

Ils pourront obtenir dispense partielle ou totale de la scolarité, après avis du comité consultatif de l'enseignement public.

Art. 7. — Un règlement spécial, rendu après avis de la section permanente du Conseil supérieur de l'instruction publique, organisera l'enseignement dans celles des facultés et écoles de médecine où il pourra être établi.

Décret du 25 juillet 1893, *relatif au certificat d'études, pouvant être exigé des candidats au grade de chirurgien-dentiste.*

Le Président de la République Française,

Sur le rapport du Ministre de l'Instruction publique, des Beaux-Arts et des Cultes.

Vu le décret du 30 juillet 1886, portant création d'un certificat
d'études à exiger des aspirants aux grades d'officier de santé et
de pharmacien de 2e classe ;

Vu le décret du 28 décembre 1887 ;

Vu les décret et arrêté du 8 août 1890, relatifs au baccalauréat de l'enseignement secondaire classique ;

Vu les décret et arrêté du 5 juin 1891, relatifs au baccalauréat
de l'enseignement secondaire moderne ;

Vu la loi du 30 novembre 1892 sur l'exercice de la médecine ;

Vu la loi du 27 février 1880 ;

Le conseil supérieur de l'instruction publique entendu,

Décrète :

Art. 1er. — Les dispositions du décret du 30 juillet 1886 susvisé sont remplacées par les articles suivants :

Art. 1er. — A dater du 1er novembre 1894, les candidats au
grade de pharmacien de 2e classe devront produire, en prenant
la première inscription de stage, un certificat d'études, délivré
par le recteur, après examen subi devant un jury siégeant au
chef-lieu de chaque académie et composé de l'inspecteur d'académie, président, et de trois professeurs agrégés de l'enseignement secondaire désignés par le recteur.

Art. 2. — Les épreuves de cet examen sont :

Epreuves écrites :

Une composition française sur un sujet simple (lettre,
récit, etc.) ;

Une version latine, de la force de la classes de quatrième de
l'enseignement secondaire classique, ou, au choix des candidats
une version de langue vivante (allemand, anglais, italien ou
espagnol), de la force de la classe de troisième de l'enseignement
secondaire moderne.

Les épreuves écrites sont éliminatoires.

Les sujets et textes de la composition sont donnés par le
jury.

Art. 3. — Epreuves orales :

Explication d'un texte tiré des auteurs français prescrits dans
la division de grammaire de l'enseignement secondaire classique ou dans les quatre premières années de l'enseignement
secondaire moderne (6e, 5e, 4e et 3e) ;

Une interrogation sur les éléments de l'arithmétique, de la
géométrie et de l'algèbre, d'après les programmes des quatre
premières années de l'enseignement secondaire moderne ;

Une interrogation sur les éléments de la physique et de la
chimie, d'après les programmes de la classe de troisième de l'enseignement secondaire moderne ;

Une interrogation sur les éléments de l'histoire naturelle, d'après les programmes des classes de sixième et de cinquième de l'enseignement secondaire moderne.

Pour chacune de ces interrogations, il est proposé au candidat trois sujets différents, entre lesquels il a le droit de choisir.

Art. 4. — Chaque épreuve écrite et orale donne lieu à une note spéciale variant de 0 à 20.

Pour être admis, les candidats doivent avoir obtenu 60 points au minimum. Toutefois quel que soit le total des points obtenus, l'ajournement peut être prononcé, après délibération du jury, pour insuffisance de l'une des épreuves soit écrites, soit orales.

Art. 5. — Il est accordé trois heures pour la composition française et deux heures pour la version.

L'ensemble des épreuves orales dure trois quarts d'heure.

Art. 6. — Les sessions ont lieu à la fin et au commencement de l'année scolaire, à des dates fixées par le recteur.

Art. 7. — L'inscription a lieu au secrétariat de chaque académie pendant une période déterminée par le recteur et qui ne peut être inférieure à quinze jours.

Art. 8. — Les candidats au grade de pharmacien de 2e classe qui auront obtenu, avant le 1er novembre 1887, soit le certificat d'étude de l'enseignement secondaire spécial, soit le certificat de grammaire complété par l'examen scientifique, conformément à l'article 1er du décret du 1er août 1883, pourront prendre leur première inscription sans produire le certificat d'études institué par le présent décret.

Art. 2. — Sont abrogées les dispositions antérieures contraires au présent décret, notamment celles de l'article 2 du décret du 10 avril 1852 et le décret du 30 juillet 1886.

Décret du 31 décembre 1894, *modifiant le décret du 25 juillet 1893, relatif aux études pour le diplôme de chirurgien-dentiste.*

Le Président de la République française,

Sur le rapport du Ministre de l'Instruction publique et des Beaux-Arts :

Vu la loi du 30 nov. 1892, et notamment les articles 2 et 5 ;

Vu le décret du 25 juillet 1893 ;

Vu la loi du 27 février 1880 ;

Le Conseil supérieur de l'Instruction publique entendu ;

Décrète :

Art. 1er. — Le § 4 de l'art. 3 du décret du 25 juillet 1893, relatif aux études, en vue du diplôme de chirurgien-dentiste, est modifié ainsi qu'il suit :

« 3e Examen : clinique : affections dentaires et maladies qui y sont liées. — Opérations.

« Opérations préliminaires à la prothèse dentaire. »

Décret du 31 décembre 1894, *concernant les établissements d'enseignement supérieur libre dentaire.*

Le Président de la République française,

Sur le rapport du Ministre de l'Instruction publique et des Beaux-Arts ;

Vu la loi du 12 juillet 1875 ;

Vu la loi du 18 mars 1880, notamment les art. 1 et 2 ;

Vu l'art. 2 de la loi du 30 nov. 1892 ;

Vu le décret du 25 juil. 1893 ;

Le Conseil supérieur de l'Instruction publique entendu ;

Décrète :

Art. 1er. — Peuvent délivrer les inscriptions exigées en vue de l'obtention du diplôme de chirurgien-dentiste, les établissements libres d'enseignement supérieur dentaire qui justifient :

1° Que leur enseignement comprend au moins un cours d'anatomie et de physiologie, un cours de pathologie et de thérapeutique spéciale de la bouche, un cours de clinique dentaire ;

2° Que leur personnel enseignant comprendra au moins trois docteurs en médecine ;

3° Qu'ils disposent au moins d'une salle de cours, d'une salle de clinique, d'un laboratoire d'histologie et de bactériologie, d'une salle de dissection anatomique, le tout muni des instruments et appareils nécessaires à l'enseignement et aux travaux pratiques des élèves.

Décret du 31 décembre 1894, *relatif à l'admission aux examens de chirurgien-dentiste des aspirants au doctorat en médecine.*

Le Président de la République française,

Sur le rapport du Ministre de l'Instruction publique et des Beaux-Arts ;

Vu l'art. 2 de la loi du 30 nov. 1892, relative à l'exercice de la médecine ;

Vu le décret en date du 25 juillet 1893, relatif aux études pour le diplôme de chirurgien-dentiste ;

Vu la loi du 27 février 1880 ;

Le Conseil supérieur de l'Instruction publique entendu ;

Décrète :

Art. 1er. — Sont admis à subir les examens en vue du diplôme de chirurgien-dentiste, avec dispense du premier de ces examens, les aspirants au doctorat en médecine pourvus de douze inscriptions, qui justifient d'une année de stage dans un service dentaire hospitalier.

Décret du 14 février 1894, *fixant les droits à percevoir des aspirants au diplôme de chirurgien-dentiste.*

Le Président de la République française,

Sur le rapport du Ministre de l'Instruction publique, des Beaux-Arts et des Cultes,

Vu la loi du 30 novembre 1892, article 2 ;

Vu l'article 6 de la loi du 27 février 1880 ;

Vu la loi de finances du 26 février 1887, article 1er ;

Vu le décret en date du 25 juillet 1893, relatif au diplôme de chirurgien-dentiste ;

Vu l'avis du conseil supérieur de l'instruction publique ;

Le Conseil d'Etat entendu,

Décrète :

Art. 1er. — Les droits à percevoir des aspirants au diplôme de chirurgien-dentiste sont fixés ainsi qu'il suit :

12 inscriptions à 32 fr. 50, y compris le droit de
    bibliothèque . . . . 390 fr.
          Travaux pratiques payables par trimestre :
          1re année. 60
          2e année. 130
          3e année. 130
          3 examens à 30 fr. 90
          3 certificats à 20 fr. 60
          Diplôme 100

                    Total 960

Art. 2. — Les droits acquittés par les élèves des facultés de médecine sont versés au Trésor public. Les droits d'inscription, de bibliothèque, de travaux pratiques et d'examens acquittés par les élèves des écoles de médecine sont versés dans les caisses municipales. Sont versés au Trésor publics les droits de certificat et de diplôme acquittés par les mêmes élèves.

Art. 3. — Tout candidat qui, sans excuse jugée valable par le jury, ne répond pas à l'appel de son nom le jour qui lui a été indiqué pour l'examen, perd le montant des droits d'examen qu'il a consignés.

Il est fait remboursement aux candidats ajournés des droits de certificat et de diplôme.

SAGES-FEMMES

Décret du 25 juillet 1893 *relatif aux conditions exigées des aspirantes au diplôme de sage-femme.*

Le Président de la Réqublique française,

Sur le rapport du Ministre de l'Instruction publique, des beaux-Arts et des Cultes,

Vu le règlement en date du 11 messidor an X, relatif au cours d'accouchements de l'hospice de la Maternité de Paris ;

Vu le titre V de la loi du 19 ventôse an XI ;

Vu le paragraphe 7 de l'arrêté des consuls, en date du 20 prairial an XI ;

Vu le règlement général pour l'école d'accouchements établie à l'hospice de la Maternité de Paris, en date du 8 novembre 1810 ;

Vu l'ordonnance, en date du 13 octobre 1840, portant organisation des écoles préparatoires de médecine et de pharmacie ;

Vu l'arrêté, en date du 19 août 1845, qui détermine les conditions exigées des élèves sages-femmes, pour être admises aux cours ;

Vu le règlement du 23 décembre 1854. relatif à la réception des praticiens du second ordre ;

Vu les circulaires des 23 juin, 16 octobre 1856, et 19 août 1857, relatifs à l'échange du certificat de capacité coutre le diplôme de sage-femme de 1re ou de 2e classe ;

Vu le décret du 14 juillet 1875, portant organisation des écoles de plein exercice de médecine et de pharmacie ;

Vu l'arrête du 1er août 1879, relatif à l'examen que

doivent subir les aspirantes au titre d'élève sage-femme de 1re classe ;

Vu la circulaire du 13 juin 1888 ;

Vu la loi du 27 février 1880 ;

Vu les articles 3, 5 et 25 de la loi du 30 novembre 1892 ;

Le Conseil sup'rieur de l'Instruction publique entendu,

Décrète :

Art. 1er. — Les études en vue de l'obtention des diplômes de sage-femme durent deux années.

Elles sont théoriques et pratiques.

Art. 2. — La première année d'études pour le diplôme de 1re classe peut être faite dans une faculté, dans une école de plein exercice. dans une école préparatoire de médecine et de pharmacie ou dans une maternité.

La seconde est nécessairement faite dans une faculté ou dans une école de plein exercice de médecine et de pharmacie.

Art. 3. — Les deux années d'études pour le diplôme de 2e classe peuvent être faites dans une faculté, dans une école de plein exercice, dans une école préparatoire de médecine et de pharmacie ou dans une maternité.

Art. 4. — Les aspirantes au diplôme de sage-femme subissent deux examens :

Le premier, à la fin de la première année ; il porte sur l'anatomie. la physiologie et la pathologie élémentaire ;

Le second, à la fin de la deuxième année ; il porte sur la théorie et la pratique des accouchements.

Les élèves ajournées par les jurys des facultés ou par les jurys des écoles à la session de juillet-août sont admises à renouveler l'examen dans une session qui sera ouverte à cet effet à la fin du mois d'octobre suivant.

A la suite de ce dernier examen, le diplôme est conféré, s'il y a lieu, dans les formes établies.

Art. 5. — Le premier examen des aspirantes au diplôme de 1re classe peut avoir lieu devant la faculté ou école où a été faite la première année d'études ; si cette année d'études a été faite dans une maternité, l'examen a lieu indifféremment devant une faculté, une école de plein exercice ou une école préparatoire de médecine et de pharmacie.

Le deuxième exemen ne peut avoir lieu que devant l'établissement où a été faite la deuxième année d'études.

Les examens pour le diplôme de 2e classe ont lieu devant une faculté ou une école de plein exercice ou une école préparatoire de médecine et de pharmacie.

Lorsque les examens ont lieu devant une école, le jury est composé de deux professeurs de l'école, présidés par un professeur ou un agrégé de faculté.

Art. 6. — Les aspirantes au diplôme de sage-femme se font inscrire dans les facultés ou dans les écoles de médecine, du 1er au 15 octobre de chaque année.

Passé ce délai, aucune inscription n'est admise.

Art. 7. — En se faisant inscrire dans une faculté, dans une école de médecine ou dans une maternité, les aspirantes au diplôme de sage-femme déposent les pièces suivantes :

1º Un extrait de leur acte de naissance constatant qu'elles ont l'âge re-quis par les règlements ;

2º Si elles sont mineures non mariées, l'autorisation de leur père ou tuteur ;

3º Si elles sont mariées et non séparées de corps, l'autorisation de leur mari et leur acte de mariage ;

4º En cas de séparation de corps, l'extrait du jugement passé en force de chose jugée ;

5º En cas de dissolution du mariage, l'acte de décès du mari ou l'acte constatant le divorce ;

6º Un certificat de vaccine ;

7º Un certificat de bonnes vie et mœurs ;

8º Un extrait du casier judiciaire ;

9º Pour le diplôme de sage-femme de 1re classe, le brevet de capacité élémentaire de l'enseignement primaire.

Pour le diplôme de sage-femme de 2e classe, le certificat obtenu à la suite de l'examen prévu par l'arrêté du 1er août 1879.

Art. 8. — Les sages-femmes reçues à l'étranger devront subir les examens prévus au présent décret.

Elles pourront obtenir dispense partielle ou totale de la scolarité.

Art. 9. — Le présent décret recevra son effet à dater du 1er octobre 1893.

Cependant les aspirantes au diplôme de sage-femme de 1re classe qui ne seraient pas pourvues du brevet de capacité élémentaire de l'enseignement primaire pourront, pendant une période de trois années, du 1er octobre 1893 au 1er octobre 1896 exclusivement, présenter le certificat obtenu à la suite de l'examen prévu par l'arrêté du 1er août 1879.

Il n'est rien modifié aux conditions actuelles d'admission aux grades des élèves de la maternité de Paris.

Art. 10. — Les dispositions antérieures contraires à celles du présent décret sont et demeurent abrogées.

Décret du 14 février 1894, *fixant les droits à percevoir des aspirantes au diplôme de sage-femme, et leur âge.*

Le Président de la République française,

Sur le rapport du Ministre de l'Instruction publique, des Beaux-Arts et des Cultes,

Vu la loi du 30 novembre 1892, article 3 ;

Vu l'article 6 de la loi du 27 février 1880 portant qu'un décret rendu en la forme des règlements d'administration publique, après avis du Conseil supérieur de l'instruction publique, détermine le tarif des droits d'inscription, d'examen et de diplôme à percevoir dans les établissements d'enseignement supérieur chargés de la collation des grades ainsi que les conditions d'âge pour l'admission aux grades.

Vu le décret du 25 juillet 1893 ;

Vu l'avis du Conseil Supérieur de l'instruction publique ;

Le Conseil d'Etat entendu,

Décrète :

Art. 1er. — A dater du 1er octobre 1894, nulle aspirante ne pourra se faire inscrire pour les études en vue des examens de sage-femme si elle n'est âgée de dix-neuf ans.

Art. 2. — 1er octobre 1893, les droits à percevoir pour l'obtention des diplômes de sage-femme sont fixés ainsi qu'il suit.

1re classe

1er examen	Examen. . . . . . . 40 Certificat d'aptitude correspondant. 10	50
2e examen.	Examen . . . . . . 40 Certificat d'aptitude correspondant. . . . 10 Diplôme. 30	80
	Total	130

2e classe

1er examen	Examen. . . . . . . 20 Certificat d'aptitude correspondant. . . . 10	30
2e examen.	Examen. . . . . . . 20 Certificat d'aptitude correspondant. . . . 10 Diplôme. 20	50
	Total.	80

Décret du 18 janvier 1896, *relatif à l'inspection de l'enseignement donné aux élèves sages-femmes dans les maternités.*

Le Président de la République française ;

Sur le rapport du Président du Conseil, Ministre de l'Intérieur,
et du Ministre de l'Instruction publique, des Beaux-Arts et des
Cultes ;

Décrète :

Art. 1er. — L'enseignement donné aux élèves sages-femmes
dans les maternités, en exécution du décret du 25 juillet 1893,
peut être inspecté par les délégués du Ministère de l'Instruction
publique.

Le Ministre de l'Instruction publique transmet au Ministre de
l'Intérieur le résultat de ces inspections.

III. – TEXTES ABROGÉS

Loi du 19 ventôse an XI (10 mars 1803), relative à l'exercice de la médecine.

(Abrogée.)

Titre 1er. — Dispositions générales.

Art, 1er. — A compter du 1er vendémiaire de l'an XII, nul ne pourra embrasser la profession de médecin, de chirurgien ou d'officier de santé, sans être examiné et reçu comme il sera prescrit par la présente loi.

Art. 2. — Tous ceux qui obtiendront, à partir du commencement de l'an XII, le droit d'exercer l'art de guérir, porteront le titre de docteurs en médecine ou en chirurgie, lorsqu'ils auront été examinés et reçus dans l'une des six écoles spéciales de médecine, ou celui d'officiers de santé, quand ils seront reçus par les jurys.

. . . .

Art. 4. — Le gouvernement pourra, s'il le juge convenable, accorder à un médecin ou à un chirurgien étranger et gradué dans les Universités étrangères, le droit d'exercer la médecine ou la chirurgie sur le territoire de la République.

Titre II. — Des examens et de la réception des docteurs en médecine ou en chirurgie.

Art. 5. — Il sera ouvert, dans chacune des six écoles spéciales de médecine, des examens pour la réception des docteurs en médecine ou en chirurgie.

Art. 6. — Ces examens seront au nombre de cinq, savoir : — le premier, sur..... — Les examens seront publics ; deux d'entre eux seront nécessairement soutenus en latin.

Art. 7. — Après les cinq examens, l'aspirant sera tenu de soutenir une thèse qu'il aura écrite en latin ou en français.

Art. 8. — Les étudiants ne pourront se présenter aux examens des écoles, qu'après avoir suivi, pendant quatre années, l'une ou l'autre d'entre elles, et acquitté les frais d'étude qui seront déterminés.

Art. 9. — *Les conditions d'admission des étudiants aux écoles, le mode des inscriptions qu'ils y prendront, l'époque et la durée des examens, ainsi que les frais d'étude et de réception, et la forme du diplôme à délivrer par les écoles aux docteurs reçus, seront déterminés par un règlement délibéré dans la forme adoptée pour tous les règlements d'administration publique ; néanmoins, la somme totale de ces frais ne pourra excéder 1.000 francs ; et cette somme sera partagée dans les quatre années d'étude et dans celle de la réception.*

Titre III. — *Des études et de la réception des officiers de santé.*

. . . .

Titre IV. — *De l'enregistrement et des listes des docteurs et officiers de santé.*

Art. 24. — *Les docteurs ou officiers de santé reçus suivant les formes établies dans les deux titres précédents, seront tenus de présenter, dans le délai d'un mois, après la fixation de leur domicile, les diplômes qu'ils auront obtenus, au greffe du tribunal de première instance et au bureau de la sous-préfecture de l'arrondissement dans lequel les docteurs et officiers de santé voudront s'établir.*

Art. 25. — *Les commissaires du gouvernement près les tribunaux de première instance, dresseront les listes des médecins et chirurgiens anciennement reçus, de ceux qui sont établis depuis dix ans sans réception, et des docteurs et officiers de santé nouvellement reçus suivant les formes de la présente loi et enregistrés aux greffes de ces tribunaux : ils adresseront, en fructidor de chaque année, copie certifiée de ces listes au grand-juge ministre de la justice.*

Art. 26. — *Les sous-préfets adresseront l'extrait de l'enregistrement des anciennes lettres de réception, des anciens certificats et des nouveaux diplômes dont il vient d'être parlé, aux préfets, qui dresseront et publieront les listes de tous les médecins et chirurgiens anciennement reçus, des docteurs et officiers de santé domiciliés dans l'étendue de leurs départements. Ces listes seront adressées par les préfets au ministre de l'intérieur, dans le dernier mois de chaque année.*

Art. 27. — *A compter de la publication de la présente loi, les fonctions de médecins et chirurgiens jurés appelés par les tribunaux, celles de médecins et chirurgiens en chef dans les hospices civils, ou chargés par des autorités administratives de divers objets de salubrité publique, ne pourront être rem-*

plies que par des médecins et des chirurgiens reçus suivant les formes anciennes ou par des docteurs reçus suivant celles de la présente loi.

Art. 28. — Les docteurs reçus dans les écoles de médecine pourront exercer leur profession dans toutes les communes de la République, en remplissant les formalités prescrites par les articles précédents.

Art. 29. — Les officiers de santé ne pourront s'établir que dans le département où ils auront été examinés par le jury, après s'être fait enregistrer comme il vient d'être prescrit. Ils ne pourront pratiquer les grandes opérations chirurgicales, que sous la surveillance et l'inspection d'un docteur, dans les lieux où celui-ci sera établi. Dans le cas d'accidents graves arrivés à la suite d'une opération exécutée hors de la surveillance et de l'inspection prescrites ci-dessus, il y aura recours à indemnité contre l'officier de santé qui s'en sera rendu coupable.

Titre V. — *De l'instruction et de la réception des sages-femmes.*

Art. 30. — Outre l'instruction donnée dans les écoles de médecine, il sera établi, dans l'hospice le plus fréquenté de chaque département, un cours annuel et gratuit d'accouchement théorique et pratique, destiné particulièrement à l'instruction des sages-femmes. — Le traitement du professeur et les frais du cours seront pris sur la rétribution payée pour la réception des officiers de santé.

Art. 31. — Les élèves sages-femmes devront avoir suivi au moins deux de ces cours, et vu pratiquer pendant neuf mois, ou pratiqué elles-mêmes les accouchements pendant six mois dans un hospice ou sous la surveillance du professeur, avant de se présenter à l'examen.

Art. 32. — Elles seront examinées par des jurys, sur la théorie et la pratique des accouchements, sur les accidents qui peuvent les précéder, les accompagner et les suivre, et sur les moyens d'y remédier. — Lorsqu'elles auront satisfait à leur examen, on leur délivrera gratuitement un diplôme, dont la forme sera déterminée par le règlement prescrit par les articles 9 et 20 de la présente loi.

Art. 33. — Les sages-femmes ne pourront employer les instruments dans les cas d'accouchement laborieux, sans appeler un docteur, ou un médecin ou chirurgien anciennement reçu.

Art. 34. — Les sages-femmes feront enregistrer leur diplôme au tribunal de première instance, et à la sous-préfecture de l'arrondissement où elles s'établiront et où elles auront été reçues. — La liste des sages-femmes reçues pour chaque département, sera dres-

sée dans les tribunaux de première instance, et par les préfets, suivant les formes indiquées aux articles 25 et 26 ci-dessus.

Titre VI. — *Dispositions générales.*

Art. 35. — Six mois après la publication de la présente loi, tout individu qui continuerait d'exercer la médecine ou la chirurgie, ou de pratiquer l'art des accouchements, sans être sur les listes dont il est parlé aux articles 25, 26 et 34, et sans avoir de diplôme, de certificat ou de lettre de réception, sera poursuivi et condamné à une amende pécuniaire envers les hospices.

Art. 36. — Ce délit sera dénoncé aux tribunaux de police correctionnelle, à la diligence du commissaire du gouvernement près ces tribunaux. — L'amende pourra être portée jusqu'à 1.000 fr. pour ceux qui prendraient le titre et exerceraient la profession de docteur ; — à 500 francs pour ceux qui se qualifieraient d'officiers de santé et verraient des malades en cette qualité ; — à 100 francs pour les femmes qui pratiqueraient illicitement l'art des accouchements. — L'amende sera double en cas de récidive et les délinquants pourront en outre être condamnés à un emprisonnement qui n'excédera pas six mois.

BIBLIOGRAPHIE

ANNALES d'hygiène publique et de médecine légale.

AUBRY et RAU. — Cours de Droit civil français.

BAUDRY-LACANTINERIE et HOUCQUES-FOURCADE. — Des personnes.

BAUDRY-LACANTINERIE et COLIN. — Des donations entre vifs et des testaments.

BAUDRY-LACANTINERIE et DE LOYNES. — Du nantissement, des privilèges et hypothèques et de l'expropriation forcée.

BAUDRY-LACANTINERIE et TISSIER. — De la prescription.

BRIAND et CHAUDÉ. — Manuel complet de médecine légale.

BROUARDEL. — Le secret médical.

CASPER. — Traité pratique de médecine légale.

CHAUVEAU et HÉLIE. — Théorie du Code pénal.

COLMET DE SANTERRE et DEMANTE. — Cours analytique de Code civil.

DEMOLOMBE. — Cours de Code Napoléon.

DUBRAC. — Traité de jurisprudence médicale et pharmaceutique.

FAUSTIN HÉLIE. — Traité de l'instruction criminelle.

GARRAUD. — Traité théorique et pratique du Droit pénal français.

HALLAYS. — Le Secret professionnel.

HU. — Etude historique et juridique sur la responsabilité du médecin.

HUC. — Commentaire théorique et pratique du Code civil.

JACQUEY. — Etude historique et juridique sur la condition des médecins et archiâtres dans le Droit romain, et des médecins d'après le Code civil français.

LACASSAGNE. — Précis de médecine judiciaire.

LAROMBIÈRE. — Théorie et pratique des obligations.

LAURENT. — Principes de Droit civil.

LECHOPIÉ et FLOQUET. — La nouvelle législation médicale.

LEGRAND DU SAULLE. — Traité de médecine légale.

LUTAUD. — Manuel de médecine légale et de jurisprudence médicale.

MARCADÉ. — Explication théorique et pratique du Code Napoléon.

MUTEAU. — Du secret professionnel.

ORFILA. — Traité de médecine légale.

PABON. — Manuel juridique des médecins, des dentistes et des sages-femmes.

PAUL PONT. — Traité des privilèges et hypothèques.

ROLAND. — Les médecins et la loi du 30 novembre 1892.

DE SALLES. — Traité de médecine légale.

MAX SIMON. — Déontologie médicale.

SOURDAT. — Traité général de la responsabilité.

TRÉBUCHET. — Jurisprudence de la médecine, de la chirurgie et de la pharmacie en France.

TOURDES et METZQUER. — Traité de médecine légale.

VERWAEST. — Etude médico-légale sur le secret professionnel.

VIBERT. — Précis de médecine légale.

WEIL. — De l'exercice illégal de la médecine et de la pharmacie.

NOTES et ARTICLES de MM. Beaude, Bressoles, Dalboussière, Demange, Derouet, Devergie, Géry, Hémar, Labbé, Lecointa, Lavaux, Le Lorrain, Le Poittevin, Louiche-Défontaine, Planiol, Rousseau, Tarron, Tardieu, Tourdes, Vailhé, de Vallée, Villey.

TABLE DES MATIÈRES

II. — ENSEIGNEMENT

Vu : Le Président de la Thèse,　　　　Vu : Le Doyen,

ANDRÉ WEISS.　　　　　　　　GARSONNET.

Vu et permis d'imprimer :

Le Vice-Recteur de l'Académie de Paris,

GRÉARD.